戦争・革命の東アジアと日本のコミュニスト

1920–1970年

黒川伊織

有志舎

戦争・革命の東アジアと日本のコミュニスト

——一九二〇—一九七〇年——

【目次】

【凡例】

巻末の主要参考文献を参照する場合には（黒川二〇一四）のように示した。

引用文は現代かなづかいに改めた。

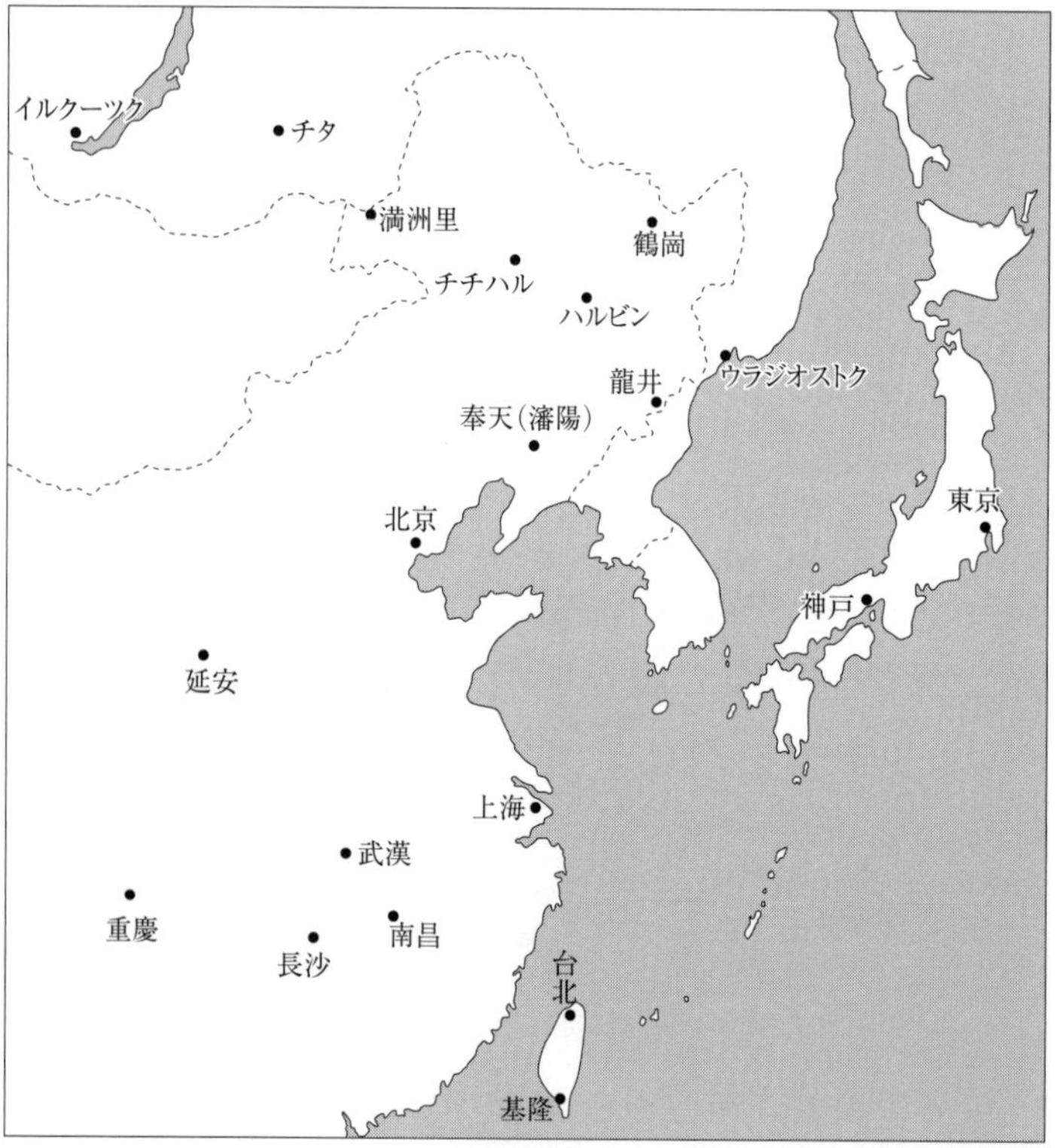
イルクーツク
チタ
満洲里
鶴崗
チチハル
ハルビン
ウラジオストク
龍井
奉天(瀋陽)
北京
東京
神戸
延安
上海
武漢
重慶
南昌
長沙
台北
基隆

関連地図

はじめに――〈帝国に抗する社会運動〉のその後へ

「雨の降る品川駅」とプロレタリア国際主義

まずは次に引く詩作品を味読していただきたい。日本におけるプロレタリア国際主義を象徴する作品として繰り返し参照され、さまざまなかたちで議論もされてきた、中野重治「雨の降る品川駅」（『改造』一九二九年二月号初出）だ。ここでは、検閲の結果伏字だらけの無惨な姿で発表された初出のかたちではなく、戦後に復元されたかたち（『中野重治詩集』一九四七年）で引用する。

辛よ　さようなら
金よ　さようなら
君らは雨の降る品川駅から乗車する

李よ　さようなら

も一人の李よ　さようなら
君らは君らの父母の国にかえる

君らの国の河はさむい冬に凍る
君らの叛逆する心はわかれの一瞬に凍る

海は夕ぐれのなかに海鳴りの声をたかめる
鳩は雨にぬれて車庫の屋根からまいおりる

君らは雨にぬれて君らを逐う日本天皇をおもい出す
君らは雨にぬれて　髭　眼鏡　猫背の彼をおもい出す

ふりしぶく雨のなかに緑のシグナルはあがる
ふりしぶく雨のなかに君らの瞳はとがる

雨は敷石にそそぎ暗い海面におちかかる
雨は君らのあつい頬にきえる

君らのくろい影は改札口をよぎる
君らの白いモスソは歩廊の闇にひるがえる

シグナルは色をかえる
君らは乗りこむ

君らは出発する
君らは去る

さようなら　辛
さようなら　金
さようなら　李
さようなら　女の李

行ってあのかたい　厚い　なめらかな氷をたたきわれ
ながく堰かれていた水をしてほとばしらしめよ

日本プロレタリアートの後だて前だて
さようなら
報復の歓喜に泣きわらう日まで

当時の朝鮮は、帝国日本の植民地支配下にあった。仕事を求めて、あるいは、より高い教育を受ける機会を求めて、一九二八年に日本内地に在住していた朝鮮人は当時の統計で約三六万人にのぼる。彼らのうちの少なからぬ人びとにはロシア一〇月革命以後に高揚した国際共産主義運動の影響が及んでおり、そのような人びとと国際共産主義運動の日本人側の担い手であった中野重治（一九〇二―七九年）のような人びととの間に同志的な連帯感が存在していたことは、この作品から十分に読み取れるはずだ。昭和天皇の「御大典」（即位の礼、一九二八年一一月一〇日に京都で行われた）を控えて予防的に植民地朝鮮へ強制送還されていく朝鮮人の仲間たちに中野がおくる「さようなら」という挨拶は、彼らの運動が帝国日本の支配秩序に抗する社会運動としてあったことを象徴している。

日露戦争後の大逆事件（一九一〇年）により「冬の時代」に入った日本の社会主義運動が息を吹き返すのは、第一次世界大戦（一九一四―一八年）中に起こったロシア一〇月革命（一九一七年）の影響下においてのことだった。史上初の社会主義国家としてソヴィエト・ロシアが成立した影響は大きく、さらにロシア一〇月革命の指導者レーニンが革命を世界サイズに拡大することを意図して共産主義インタナショナル（コミンテルン）を組織すると（一九一九年三月、創立大会）、日本においてもその支部として共産党が組織されることになる（一九二二年四月、第一次日本共産党成立）。

また、コミンテルンは、一九二〇年の第二回大会で、「民族・植民地問題に関するテーゼ」を採択して、第一次世界大戦後の戦後処理のなかで高揚しつつあった植民地・半植民地における民族解放運動を支援する立場を明確にする。資本主義国家に取り囲まれて孤立していた史上初の社会主義国家ソヴィエト・ロシアは、戦後処理において民族自決を唱えたアメリカ大統領ウィルソンと対抗しながら、植民地・半植民地における民族解放運動のうちに支持を求めていったのだ。

帝国日本において、「雨の降る品川駅」に見られるようなプロレタリア国際主義＝インターナショナリズムが成立したのは、そのようなロシア一〇月革命のインパクトとコミンテルンの働きかけのもとにおいてのことにほかならない。この意味で、ロシア一〇月革命以後の日本においてコミンテルンの働きかけのもと、国際共産主義運動の一翼として左派の人びとを担い手としつつ展開された社会運動は、〈帝国に抗する社会運動〉としてあったといえる。

〈帝国に抗する社会運動〉の原点——高津正道と朝鮮

本書の課題は、そのような意味での〈帝国に抗する社会運動〉は、いつどのように誰を担い手として成立したのか、それは世界情勢・東アジア情勢と連動しながらどう展開したのか、そしていつどのようなかたちで解体し次のフレームワークへと移行したのかを明らかにすることにある。このような「国際共産主義運動の一翼として左派の人びとを担い手としつつ展開された社会運動」をなぜ〈帝国に抗する社会運動〉と位置づけるのか、まずはそう位置づけるに至った背景について説明しておこう。

一九七四年に生まれ、一九八九年の「六・四」（第二次天安門事件）の衝撃により社会主義体制にも党派的な左翼運動にも強い違和感を抱いていた私が社会運動史の研究に関わりはじめたのは、二〇〇三年に社会人学生として、神戸大学大学院総合人間科学研究科博士前期課程に入学してからのことである。伝統的な小講座制をとらない自由な学風の大学院で歴史学を学ぶなかで最初の課題としたのが、日本の社会主義者の植民地へのまなざしを問いなおすことだった。そのきっかけは、日本社会党の代議士・高津正道（一八九三―一九七四年）の朝鮮問題への関わりを知ったことにはじまる。

僧籍を棄てて社会主義運動に身を投じた高津は、第一次日本共産党に参加したのち、共産党から離れて合法無産政党最左派の立場で運動を続け、一九三七年の第一次人民戦線事件で検挙された。敗戦後は日本社会党の結党に参加し、衆議院議員四期、衆議院副議長も務めている。その高津が、一九四八年四月の阪神教育闘争（本書二一四頁参照）の際に、朝鮮人を支持する立場から国会質問を行っていることは、ほとんど知られていない。当時大阪では朝鮮人少年が武装警官に射殺されるという事態にまで立ち至っていたにもかかわらず、朝鮮人の行動を一方的に非難する圧倒的な世論に抗して侵略と植民地支配の実態を告発しつつ朝鮮人の立場を守ろうとした国会議員は、共産党選出の細川嘉六と、社会党選出の高津のわずか二人に過ぎなかった（共産党選出の野坂参三も質問してはいるが、共産党が事件とは無関係なことを強調しているに過ぎず、朝鮮人の置かれている立場への言及はない）。このことに驚いた私は、母方の祖父の戦前からの古い友人でもある高津が、占領下の国会でこのような勇気ある質問をした背景を探ることから、日本の社会主義者の植民地認識という課題へと分け入っていくことになった。

「帝国主義」から「帝国」へ

日本の社会主義者の植民地認識という課題に取り組むにあたって第一に参照すべきは、日本共産党の成立史を日本近現代史の一環に位置づけた歴史家・松尾尊兊（一九二九―二〇一四年）による記念碑的著作『大正デモクラシー』（岩波書店、一九七四年）ではじめて取り上げられた「アンケート無産階級から見た朝鮮解放問題」である。第一次日本共産党の合法機関誌『赤旗』（一九二三年四月号）に掲載されたこのアンケートは、日本の社会主義者の植民地問題への無理解・無反省を象徴する言説として、松尾の著書以降つねに引き合いに出されてきた。ある研究会での報告の際、このアンケートを引用した私は、松尾の教え子でもある歴史家・田中真人（一九四三―二〇〇七年）に「相も変わらずこれしかないのか」と厳しく叱られた。この出来事をきっかけに、私は新たな史料の探索と新たな論点の析出をはじめ、冷戦体制の崩壊後に公開されたコミンテルン文書日本共産党ファイルの閲覧に取り組んだ。このファイルは、コミンテルンと日本共産党の間で交わされた膨大な報告書や書簡、議事録よりなる。私は、高津が関わった第一次日本共産党の三年間に絞ってその分析をはじめた。

その過程で新たな論点として私が見いだしたのが、帝国日本という把握に立つということだった。それは「帝国主義」から「帝国」への思考の転換だった。日本「帝国主義」と植民地という把握に立つとき問われることになる関係性は「民族・植民地問題」に基づく「連帯」の可能性であるのに対し、日本「帝国」の支配的秩序のもとにある宗主国民族と植民地民族という把握に立つなら、相互交渉や軋轢として両者の関係性を捉えることができると考えたからだ。こうして私の研究は、高津がいかに植民地問題を認識したかを問う段階から、高津もその渦中にあった帝国日本の社会主義運動のなかで植民地問題はどう位置づけられていたか、そして、宗主国―植民地を貫く帝国日本の社会主義運動はどのような実態を持っていたのかを問う段階へと進んだ。

〈帝国に抗する社会運動〉を見通す

このように帝国日本という把握に立つと、一九二〇年代の東アジアの風景は、また違ったかたちで捉えられるようになった。それが、ワシントン体制（第一次世界大戦後に列強の協調により形成された東アジア・太平洋地域の国際秩序）と国際共産主義運動の相剋の場として東アジアを捉えるという着想である。このような把握に立つなら、東アジア各国における共産党の成立は、列強の共同支配体制としてのワシントン体制に対抗する諸民族の運動が、東アジアに影響を及ぼしつつあった国際共産主義運動のもとで軋轢をはらみつつ組織化される過程として位置づけることが可能になる。

そこで、①東アジアに拡大する帝国日本の領域・勢力圏のもと、②帝国日本の支配秩序に抵抗する宗主国の運動／植民地の運動が成立するも、③その運動の内部に宗主国―植民地の非対称な関係性を抱え込みながら展開していく社会主義運動を〈帝国に抗する社会運動〉と位置づけ、その起点となる第一次日本共産党の歴史を詳らかにしたのが、拙著『帝国に抗する社会運動――第一次日本共産党の思想と運動』（有志舎、二〇一四年）である。

拙著で私が伝えたかったことのひとつは、第一次日本共産党を起点とする〈帝国に抗する社会運動〉は、日本人党員と外国人党員――とりわけ朝鮮人党員――の協働によって支えられ、しかもその協働は帝国日本の解体後も一九五五年の外国人党員の組織的分離によって最終的に解体されるまで継続した、という事実である（拙著終章参照）。この協働の根幹をなすのは、コミンテルンの「一国一党の原則」（外国人コミュニストは居住国の党に加入して活動するという原則）である。従来、この「一国一党の原則」は、宗主国における植民地民族固有の組織を宗主国民族の組織に解消して、植民地民族固有の民族的要求を階級的要求にすり替えたものとして長く批判されてきた。

しかし、国際共産主義運動の論理からすると、「一国一党の原則」は、世界各地のコミュニストが各々の暮らす地で民族の壁を乗りこえて革命という共通の目的のもと結集するために提起された原則である。そして実際に、各国共産党の活動は、国際共産主義運動のこの原則に従いつつ――時には軋轢もはらみながら――展開された。にもかかわらず、これまで日本のコミュニストの歴史的経験は、現存する主権国家・日本の空間的枠組を自明の前提としつつ、その枠組のなかでの戦略問題や内部対立の歴史として叙述されてきた例がほとんどである（小山弘健『戦後日本共産党史――党内闘争の歴史』三月書房、一九五八年など）。その限りで、〈帝国に抗する社会運動〉を生きたはずの日本のコミュニストの歴史的経験は、同時代の運動の実感からはかけ離れたかたちで、日本人コミュニストのナショナルな歴史へと切り縮められてきたといえる。

　冷戦構造の解体にともなう旧ソ連・コミンテルンの文書類の公開は、このような研究状況に大きな転換をもたらすことになった。日本共産党の創立史を国際社会主義運動史／コミンテルン史の視点からトランスナショナルな人の移動に注目して叙述する山内昭人の一連の研究（『初期コミンテルンと在外日本人社会主義者――越境するネットワーク』ミネルヴァ書房、二〇〇九年、『戦争と平和、そして革命の時代のインタナショナル』九州大学出版会、二〇一六年など）、冷戦史研究の視点から戦後日本共産党史を東アジアの国際政治の文脈に開いた下斗米伸夫の一連の研究（『アジア冷戦史』中央公論新社、二〇〇四年、『日本冷戦史――帝国の崩壊から五五年体制へ』岩波書店、二〇一一年）が登場したうえ、戦前期日本共産党とコミンテルンがやりとりした一次資料の紹介も進んでいる（村田陽一編訳『資料集　初期日本共産党とコミンテルン』大月書店、一九九三年、富田武・和田春樹編訳『資料集　コミンテルンと日本共産党』岩波書店、二〇一四年）。とりわけ、下斗米の一連の研究なしに本書はあり得なかったといってよい。

　さらに最近では、戦後史研究の一環として、戦後間もない時期の日本共産党の歴史的経験の問いなおしも進んでいる。この時期の共産党が発行した機関誌やビラなどが復刻される一方（『戦後日本共産党関係資料』不二出版、二〇〇七年。ただし党内の権力闘争に問題関心を収斂させるかたちで編集されている）、官憲側文書の復刻（『特審月報』不二出版、二〇〇八―〇九年、『朝鮮戦争下公安関係資料――光永源槌資料』不二出版、二〇一一年）も進んでいる。さらに、小山の仕事に代表されるような従来の党内闘争史的な研究とは異なる視座に立つ優れた成果も相次いで発表されている（福家崇洋「戦後京都と民主戦線――『民主化』をめぐる相剋」庄司俊作編著『戦後日本の開発と民主主義――地域にみる相剋』昭和堂、二〇一七年所収、河西英通『「社共合同」の時代――戦後革命運動史再考』同時代社、二〇一九年）。戦後間もない時期の共産党に関係した当事者からのオーラル・ヒストリーの収集も精力的になされている（今西一、吉田健二、横関至らがそれぞれ個別に取り組んでいる）。

このように日本のコミュニストの歴史的経験を問う方法は、冷戦構造の解体以前とは比べものにならないくらい豊かになったが、日本のコミュニストの歴史的経験の中核にあるはずの日本共産党の歴史については、最新の知見を踏まえた通時的な叙述はいまだ存在しない。なぜなら、「共産党は固有の階級闘争観、組織観（労働者階級の前衛、民主集中制）と不可分の「正史」をもつため、その歴史を客観的に評価、叙述することは難しい」（富田武「コミンテルンと日本共産党――旧ソ連アルヒーフ資料から」『歴史評論』六二七号、二〇〇二年七月）ために、共産党に関わる歴史の叙述を共産党が独占してきたからである。

【補注】共産党の「正史」の象徴が一九六二年に刊行された『日本共産党の四〇年』である。「暫定的な党の歴史」として刊行された同書は共産党公認の「公式党史」とされ、以降『四五年』『五〇年』『六〇年』『六五年』『七〇年』と刊行されたが、二〇〇三年の『日本共産党の八〇年』（日本共産党中央委員会出版局）を最後に「公式党史」は刊行されていない（ただし、二〇二二年の党創立「一〇〇年」に際して新たな「公式党史」を準備中であると伝え聞く）。「党史」にこだわりを持っていた宮本顕治（一九〇八―二〇〇七年）が一九九七年に引退して執行部の世代交代が進み、「党史」へのこだわりがなくなったためであろう。現在の共産党で「党史」に関わる言論活動を積極的に行っているのは、『日本共産党にたいする干渉と内通の記録』（新日本出版社、一九九三年）などを著した不破哲三（一九三〇年―）ただひとりである。

しかも戦後の歴史学は、理論的にも政治的にも共産党の影響を強く受けてきたため、冷戦構造の多元化にともなって共産党が分裂を重ねるなかで、歴史研究者の多くがそれぞれに党派性を内面化していった。そのため、社会学者の道場親信（一九六七―二〇一六年）の言葉を借りるなら、「原水爆禁止運動や部落解放運動の分裂に際し、支持党派の違いが「現代史」における社会運動の評価に露骨に重なりあうような事態」（「戦後日本の社会運動」『岩波講座日本歴史』近現代五、岩波書店、二〇一五年）が生じ、共産党に関連する歴史叙述は、共産党が国政政党として現存しているということもあって、論者それぞれの立場性を反映した評価とならざるを得なかった。

もちろん、本書にも私の立場性が反映されている。いかなる立場性もなしに依拠する史資料を選定したり取り上げる事実を取捨したりすることはそもそも不可能だからだ。そのような限界を自覚する私が本書で叙述しようと試みるのは、共産党の内部対立の歴史でも、ましてや「正史」でもない。本書で私が試みるのは、『帝国に抗する社会運動』の第二部として、第一次日本共産党にはじまる日本のコミュニストの足跡を東アジアの同時代史のなかに置きなおして叙述することで、日本のコミュニストの歴史的経験を「民族・植民地問題」とは異なる文脈のうちにひらくことである。本書の叙述が対象とする時期は、コミンテルンの日本支部として第一次日本共産党が成立する一九二〇年代はじめから、国際共産主義運動の多元化のなかで日本共産党が東アジア各国の共産党・労働党との関係を断っていく一九七〇年前後までである。

　これまで共産党を議論する際に重視されてきたのは、「三二年テーゼ」や戦後の「五一年綱領」あるいは「党章草案」といった綱領的文書であり、日本の革命戦略と連動した現状認識はいかに変化してきたかという点であった。しかし、私は、日本の変革の向こうに東アジアの変革を構想して生きた有名無名の人びとの歩みを知り、そのような人びとの肉声にこそ耳を澄ませたいと願う。その限りで、本書は革命戦略や現状認識への言及は必要最小限となるだろう。

　本書は新たな史実の発掘に努めるものではなく、これまで別々の文脈で明らかにされてきた史実を統合することで新たな歴史の語りを提示しようとするものである。歴史学において新たな史料の発掘はもちろん重要であるけれども、歴史像を描きなおそうという志を失った実証研究においては、既存の語りが暗黙の前提とされたまま重箱の隅がつつかれるばかりだろう。本書が試みるのは、先行研究によって明らかにされてきた事柄を〈帝国に抗する社会運動〉という観点から語りなおすことによって新たな歴史像を提示することであり、本書が試みる語りは、日本のコミュニストの歴史的経験を、日本共産党史の一国的・党史的桎梏から解放して東アジア史と連関した日本近現代史へと接合する、その最初の一歩となるはずである。

第1章　「東洋の小さいインタナショナル」を目指して

社会主義運動の叢生・弾圧・再生

一八五四年の開国により資本主義世界経済の一環に組み込まれた日本において、産業革命がはじまったのは、地租改正や松方デフレを経たのちの、一八八〇年代後半のことであった。産業革命がはじまるとは、機械の導入により成立する資本家と賃金労働者からなる資本主義的な生産様式が拡大していくことにほかならないが、その過程は同時に、資本主義固有の社会矛盾、すなわち資本家と賃金労働者の階級矛盾が深化していく過程でもあった。そのようにして顕在化してきた社会問題を解決するための処方箋として受容されたのが社会主義の思想であり、具体的取り組みとして展開されたのが社会主義の運動である。日本において産業革命が完了したとされるのは日露戦争後のことであるが、社会主義の運動がそれとして成立してきたのは、それに先立つ日清・日露戦間期のことであった。

一九〇一年、キリスト教社会主義の影響を受けた安部磯雄、片山潜、木下尚江、河上清、西川光二郎に、自由党左派の影響を受けた幸徳秋水を加えた六人が、日本初の社会主義政党・社会民主党を結成した。安部が起草した社会民主党の綱領的文書「社会民主党宣言書」は、議会主義の枠内で持てる者と持たざる者の格差の解消を掲げるとともに、「人類は皆同胞たりとの主義」に基づき、自由、平等、平和をはじめて公然と訴えた記念碑的文書となる。

　帝国主義列強による世界分割がピークを迎えていたこの時期に、欧米そして日本の帝国主義政策を公然と批判したのが、幸徳『廿世紀之怪物帝国主義』（一九〇一年）である。帝国主義を愛国主義と軍国主義の混合物と捉えて、帝国主義戦争への反対を掲げた幸徳の先駆的思想を拠り所とした日本の社会主義運動は、国際的な社会主義運動のネットワーク＝インタナショナルとはじめて結びつく。一九〇四年、オランダのアムステルダムで開催された第二インタナショナル第六回大会では、片山とロシア代表プレハーノフが、日露戦争の交戦国という関係をこえて握手を交わし、反戦を訴えた。

　このように世紀転換期に成立した日本の社会主義運動は、その出発点から格差の解消と帝国主義への反対、そして反戦平和を掲げていた。しかし、社会民主党をただちに結社禁止とした日本の抑圧的治安維持体制（一九〇〇年治安警察法制定）は、社会主義運動の芽を摘みとる方向に向かう。一九〇五―〇六年の滞米中に直接行動論に転じた幸徳が大逆事件（一九一〇年五月、明治天皇の暗殺を企てたとして全国の社会主義者・無政府主義者が検挙され、密室裁判により一二名に死刑が執行された事件。現在では官憲によるでっち上げとされる）で処刑されたのは、一九一一年一月二四日のことだった。この年一二月に東京市電ストライキを指導して孤独な戦いを続けた片山は、社会主義運動「冬の時代」の逼塞から一九一四年に渡米し、二度と日本に戻ることはなかった。赤旗事件（一九〇八年、出獄者の歓迎会で「無政府共産」などと書いた旗を振った社会主義者が逮捕された）での収監により大逆事件への連座を免れた堺利彦、大杉栄、山川均、荒畑寒村らは、「冬の時代」のさなかに文筆の世界から再起を図り、運動の灯を守った。

東京・新亜同盟党の誕生

大逆事件によって社会主義運動の抑圧をはかった日本は、同年に韓国併合を強行して東アジアでの帝国主義的領土拡大をおし進めようとしていた。一九一一年、二六〇年にわたる清朝支配は辛亥革命によって終わり、東アジア初の共和制国家・中華民国が誕生すると、共和制の波及を恐れる日本は中国情勢への介入を深めていく。一九一四年、第一次世界大戦が勃発すると、日英同盟のもと大戦に参戦した日本は山東省のドイツ租借地を占領し、列強の関心がヨーロッパ戦線に集中するなかで、一九一五年一月には中国に「二一ヵ条」要求を突きつけて、旅順・大連の租借期限の延長や、青島《チンタオ》を含む山東半島のドイツ権益の継承を要求、さらに中国政府による日本人顧問・日本人警察官の任用という要求も突きつけて中国の主権侵害を企図した。この尊大な日本の要求に、東京に学ぶ中国人留学生はいち早く抗議の声をあげ、中華民国留日学生総会を基盤に組織的な抗議運動を展開するとともに、朝鮮人留学生と協働して、東アジアに拡大する帝国日本の支配に対抗する新たな組織として一九一五年七月に新亜同盟党を結成する（小野二〇〇三）。

新亜同盟党の中国人リーダーが、「二一ヵ条」反対運動に参加して中華民国留日学生総会の幹部にもなった黄介民である。辛亥革命に参加した黄介民は、一九一二年に明治大学に留学して孫文の中華革命党に参加したのち新亜同盟党を結成した筋金入りの革命家だった。新亜同盟党には、中国人では関東大震災で殺害されてしまう王希天が、朝鮮人では大韓民国臨時政府設立に参画する張徳秀、大韓民国臨時政府の閣僚となる申翼熙らも参加していたが、組織として実体をともなう行動をするには至らないまま、一九一七年の黄介民の中国帰国により消滅する（小野二〇〇三）。黄介民は、上海で新たに大同党を組織して労働団体の幹部を務めるなど多方面で活躍しながら、一九一九年四月に上海で成立した大韓民国臨時政府の活動に協力していく。

東京の新亜同盟党から上海の大同党につながる黄介民の活動は、帝国日本の拡大に対抗する朝鮮人・中国人の運動を東アジアの空間的枠組のうちに位置づける役割を果たした。そしてそのような朝鮮人・中国人運動の空間的ひろがりが、東アジアに介入する国際共産主義運動のネットワークを帝国日本の中枢・東京に導き、第一次日本共産党の創立へとつながっていく。

一九一九年の「デモクラシー」

日露戦争後の閉塞した時代状況を一変させたのは、一九一四年七月に勃発した第一次世界大戦であった。東京帝国大学の政治学者・吉野作造が『中央公論』誌上に「憲政の本義を説いて其《その》有終の美を済《な》すの途《みち》を論ず」を発表して民本主義を説き世論に大きな影響を与えたのは、一九一六年一月のことである。第一次世界大戦後には、男子普通選挙権獲得を目指す普選運動も高揚する。そのようなかで、大逆事件後の社会主義運動「冬の時代」に逼塞を余儀なくされていた堺ら社会主義者も、言論活動を再開していった。

この時期、ロシア一〇月革命による帝政ロシア崩壊の一報や、一九一八年七月富山にはじまった米騒動の全国への波及は、知識人や学生に新しい時代の訪れを実感させた。戦勝国日本も参加したパリ講和会議がはじまった一九一九年一月、京都帝国大学教授・河上肇が個人誌『社会問題研究』を発刊したのを皮切りに、一九一九年は新雑誌の刊行ラッシュとなった。四月には、堺と山川が『社会主義研究』を発刊して欧米の社会主義思想の紹介をはじめ、翌五月にはマルクス主義を旗印とする『新社会』が刊行されて、「冬の時代」を生きのびた社会主義者の結集を促した。そして四月に『中央公論』に続く総合雑誌として創刊された『改造』は、吉野の民本主義を批判して論壇に躍り出た山川を執筆者に擁して部数を急拡大し、一九五五年の廃刊に至るまで同時代日本の言説空間の中核を占めていく。この時期の言論界の以上のような左傾化の背景には、第一次世界大戦下での工業化の進展と連動した労働運動の高揚もあった。

東京帝国大学で教鞭を執る吉野の門下の学生たちは、一九一八年一二月に新人会を結成し、「ヴ・ナロード」(人民のなかへ)を掲げて社会運動の実践に身を投じていった。一九一九年四月に施行された大学令により正式に大学として認可された早稲田大学でも、新人会に対抗して民人同盟会が誕生して(一九一九年二月)、新人会とともに「デモクラシー」の思想状況を実践面から牽引していった。新人会で労働者の啓蒙に携わった麻生久や棚橋小虎は、卒業後に友愛会に入って幹部として労働者の組織化に尽力し、友愛会の急進的労働者とともに友愛会の労働組合化を実現した（一九一九年八月、大日本労働総同盟友愛会に名称変更し、一九二一年一〇月、日本労働総同盟（総同盟）に名称変更）。堺、山川、そして荒畑ら大逆事件以前から社会主義運動を支えた人びとに加え、新人会や民人同盟会で「デモクラシー」を経験した若者が、第一次日本共産党を構成する人的源流のひとつとなる。前者は赤松克麿、後者は高津正道が代表的存在で、さらに慶應義塾大学出身の野坂参三は新人会から友愛会へ入り、遊学先のイギリスでいち早くイギリス共産党（一九二〇年創立）に入党している。

「民族自決」と東アジア

ヨーロッパの社会民主主義政党の国際連絡組織であった第二インタナショナル（一八八九年創立）は、一九一四年に第一次世界大戦が勃発すると、各党が「城内平和」を掲げて自国の帝国主義戦争を支持して分裂に至る。一九一五年九月、スイスで開かれたツインメルバルト会議で、レーニンやローザ・ルクセンブルグら第二インタナショナル左派（ツインメルバルト左派）は、大戦を支持した第二インタナショナル主流派の責任を問い、無併合・無賠償を原則とする即時講和を求めた。

ロシア二月革命の直後、亡命先のスイスからロシアに戻ったレーニンは、「四月テーゼ」を発してブルジョアジーからプロレタリアートへの権力の移行を主張し、ついに一九一七年一一月にロシア一〇月革命によってレーニンらボリシェヴィキが政権を掌握して、史上初の社会主義国家ソヴィエト・ロシアが誕生する。レーニンは、即時停戦、無併合・無賠償、民族自決を掲げた「平和に関する布告」を発して、一九一八年三月に単独でドイツと講和して大戦から離脱した。このレーニンのいち早い動きに対抗して、アメリカ大統領ウィルソンは、一九一八年一月に秘密外交の廃止・民族自決を謳った「一四ヵ条」を発表する。一九一八年一一月のドイツ革命によりドイツ帝国が倒れて四年に及んだ大戦は終わりを告げ、一九一九年一月にはじまるパリ講和会議でその戦後処理がはかられることになった。

「一四ヵ条」が掲げる民族自決の理念に強く共鳴したのは、帝国主義支配の抑圧下にあった東アジア諸民族だった。朝鮮独立運動の指導者らは独自にパリ講和会議に代表派遣を計画し（ただし参加は認められなかった）、これに呼応して東京の朝鮮人留学生が発した二・八独立宣言をきっかけに、朝鮮全土で独立を求める運動がわき起こる（三・一運動）。中国（北京政府・広東軍政府）もパリ講和会議に参加して、「二一ヵ条」要求によって日本がドイツから継承した山東省権益の返還を求めた。しかし、英仏の主張する旧来の外交原則と相反する中国の主張は退けられ、中国国内では大規模な抗議運動がはじまった（五・四運動）。パリ講和会議に寄せた朝鮮・中国の期待はことごとく裏切られたのである。

こうして湧き上がってきた朝鮮・中国からの民族的抵抗を日本で正面から受けとめたのは、「デモクラシー」を掲げる少壮の知識人たちだった。民本主義を説いた吉野とその周辺の知識人・学生らは、植民地朝鮮での武断政治（朝鮮総督府による軍事力・警察力に頼る強権的支配政策）を厳しく批判してその刷新を世論に訴えた（松尾一九九八）。とりわけ新人会は、創立メンバーのひとりに孫文を支援して辛亥革命を助けた宮崎滔天の長男・宮崎龍介がいたこともあって、東アジアの民族運動への関心が強かった。一九二〇年には、吉野とのちに中国共産党の結党に参加する北京大学教授李大釗の尽力により北京大学学生訪日団が日本を訪れ、新人会と交流を持っている（松尾一九九八）。新人会には朝鮮人留学生の金俊淵も加入しているが、一九二九年に解散するまでの足かけ一〇年の間で新人会に加入した朝鮮人は、金俊淵と金斗鎔のわずか二人だった。

宮崎龍介のもうひとつ重要な活動が、コスモ倶楽部《クラブ》の創設である。一九二〇年、宮崎、堺、朝鮮人の権煕国らが東京で創設したコスモ倶楽部は、「日本帝国主義に反対する東アジア諸民族知識人の交流機関」として、「冬の時代」を脱して活動を活発化させた日本の社会主義者と朝鮮人・中国人留学生の集う場となった（松尾二〇〇〇）。中国と往来してもいた宮崎は、中国人の日本留学に際して身元引受人を引き受けたりしており、宮崎の線でやってきた留学生からは、本書で言及する施存統、陳日新をはじめとする中国共産党員が多く誕生している。しかし宮崎自身がコミュニストになることはなく、宮崎がコスモ倶楽部で紡いだネットワークが、国際共産主義運動とは異なる理念から（東）アジアの解放を掲げていくさまは、第3章で見ることになる。

ソヴィエト・ロシア／コミンテルンの東アジアへの介入

パリ講和会議に裏切られた朝鮮・中国の民族運動のなかで急速に影響力を強めたのが、ソヴィエト・ロシア／コミンテルンである。ロシア一〇月革命により世界初の社会主義国家として出発したソヴィエト・ロシアは、資本主義国の干渉戦争により早くも存亡の危機に立たされていた。世界の社会主義勢力の結集により世界革命の展望を切り開きソヴィエト・ロシアの存立をはかるために、一九一九年三月、ロシア共産党の呼びかけによりモスクワで共産主義インタナショナル（第三インタナショナル、コミンテルン）の創立大会が開催された。その中核をなしたのは、レーニンらツインメルバルト左派だった。

内戦と干渉戦争が続くシベリア・沿海州には、一九世紀後半から朝鮮人の移住がはじまっており、二〇世紀に入ると日本の朝鮮半島進出によりその動きは加速していた。一九一八年には、彼ら在露朝鮮人により朝鮮共産党の源流となるふたつの在露朝鮮人共産主義者グループが誕生する。イルクーツクで結成されたイルクーツク共産党朝鮮人部（のちイルクーツク派と呼ばれる）と、ハバロフスクで結成された韓人社会党（のち上海派と呼ばれる）である。これら在露朝鮮人共産主義者グループは、シベリアに進出してきたロシア共産党と協働してシベリアでの共産主義運動を展開していくが、ロシア共産党のシベリアでの錯綜する指示系統（イルクーツクのロシア共産党シベリア・ビューローとヴエルフネウジンスクのロシア共産党極東ビューローの二系統からシベリアでの活動の指示が発せられていた）も影響して（山内二〇〇九）、在露朝鮮人共産主義グループの足並みは必ずしも揃ってはおらず、一九二一年には両グループの間で武力衝突も起きている。

日本への働きかけにおいて重要な役割を果したのは、在外朝鮮人社会主義者の活動と在米日本人社会主義者団の活動である。一九一〇年の韓国併合前後、知識人や若者の一部はアメリカやロシア沿

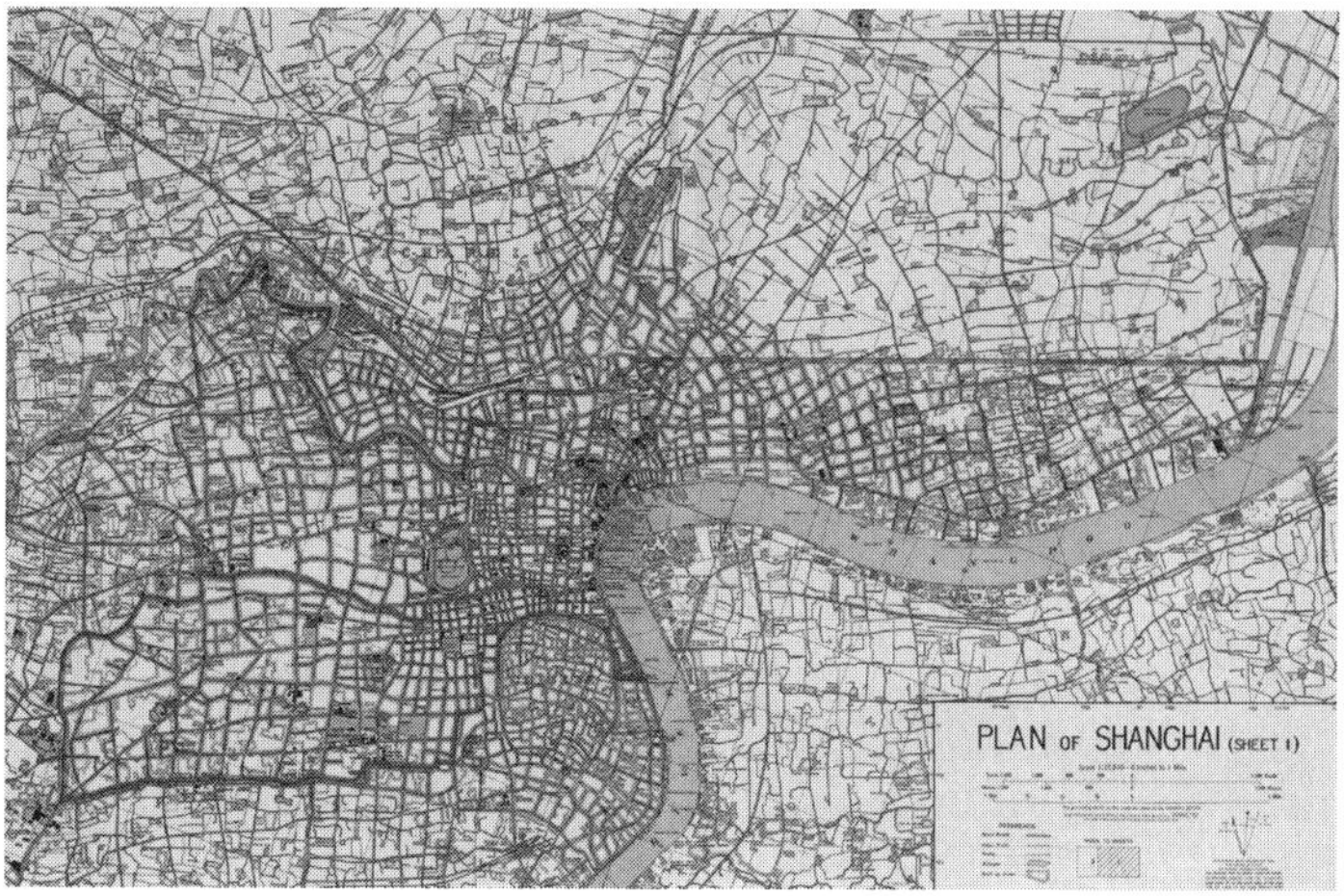

1　1933年の上海地図

大まかに地図中心から上（北）の地域に共同租界が、左下（南西）の地域にフランス租界があった。

海州、辛亥革命後の中国に亡命して独立運動を展開した。そのような人びとのなかに、アメリカに行った李承晩、ロシアに行った李東輝、中国に行った呂運亨がおり、彼ら三人が一九一九年四月、上海フランス租界に大韓民国臨時政府を創設する。これにともない李東輝が結成した韓人社会党は上海に移転して、一九二〇年五月に韓国共産党に改組された。後述するように、韓国共産党／大韓民国臨時政府は、上海から日本へのコミンテルンの最初期の働きかけを担っていく。渡米した片山がニューヨークで日本人労働者や留学生を糾合した在米日本人社会主義者団には、田口運蔵、野中誠之、間庭末吉、近藤栄蔵、石垣栄太郎、猪俣津南雄、鈴木茂三郎らがおり、彼らは日本への社会主義文献の送付などにより「冬の時代」を脱した日本の社会主義運動の活性化を思想面から支えるとともに、

2　上海フランス租界（1920年代）

創設されたばかりのコミンテルンと連絡を取りつつ、日本での共産党結成に向けた活動をはじめていた（山内二〇〇九）。一九二一年以降、在米日本人社会主義者団のメンバーは相次いでソヴィエト・ロシアに入国し、コミンテルンのもとでシベリアでの諸活動を担いながら日本への働きかけを担うことになる。

　第一次世界大戦で無併合・無賠償の原則を打ち出したソヴィエト・ロシアは、中国に対しても帝政ロシアの中国権益の放棄を掲げた。帝政ロシア時代のすべての秘密条約の破棄と、中東鉄道などの中国権益の無条件返還を実行するとしたカラハン宣言（一九一九年七月）は、ウィルソンの「民族自決」の原則が東アジアに適用されなかったことに不満を抱く人びとに熱狂的に受け入れられ、ソヴィエト・ロシアへの好感は高まっていった。

　ソヴィエト・ロシアから中国への外交的働きかけと並行して、ソヴィエト・ロシア／コミンテルンも東アジアの革命運動への介入を進めていた。シベリア内戦での赤

3　大韓民国臨時政府

1919 年 4 月に上海で成立した大韓民国臨時政府の国務院メンバーら。後列右端が李春熟（31 頁参照）。

軍の勝利と並行してシベリア・沿海州に進出したソヴィエト・ロシア／コミンテルンは、一九二〇年七月のコミンテルン第二回大会で世界の重要な地域に在外代表を置くことを決定し、上海駐在代表にオランダ人マーリンを指名した。と同時に、マーリンは、在露中国人の劉紹周、在露朝鮮人の朴鎮淳（韓人社会党）とともに、上海にコミンテルンの「極東の一ビューロー」を設置するよう提案していた（山内二〇〇九）。すでに一九二〇年五月、上海に臨時のセンターとして設置された「コミンテルン東アジア書記局」（山内二〇〇九）にはロシア共産党員ヴォイチンスキーが派遣されていたし、コミンテルン執行委員会も「極東の帝国主義」との闘いのため、中国人・朝鮮人・日本人コミュニストの糾合をはかろうとしていた。

このような各方面からの模索のなかに、在米日本人社会主義者団からソヴィエト・ロシアに入り、コミンテルンからシベリアでの活動を任じられた吉原太郎の動きがつながっていく。バクーで開かれた東方諸民族大会に参加したのち一九二〇年一一月までにイルクーツク入りした吉原は、当地から上海を介した日本への働きかけをはかる。一九二一年一月にイルクーツクにコミンテルン執行委員会極東書記局が設置されると、吉原はその日本部門で、日本語活字の入手といった技術的な問題から日本との往復まで、少なくとも一九二一年いっぱいは八面六臂の働きをした（山内二〇〇九）。

上海拠点の形成

アヘン戦争の結果、一八四二年の南京条約により開港した上海には、共同租界とフランス租界が置かれており、共同租界では、アメリカ・イギリス・日本をはじめ中国と最恵国待遇条項をふくむ条約を締結した二〇ヵ国近い国々に領事裁判権が認められていた。一九一八年一月、日本は内務省令第一号「外国人入国ニ関スル件」により外国人の入国にはじめて規制を設けたものの、中国とは互いに旅券の携行を免除していた。そのことも影響して、この頃には共同租界の総人口の半数近くを日本人が占めていた。

一九二〇年当時の上海には、ロシア一〇月革命により難民として逃れてきたロシア人が急増していたが、上海在留ロシア人のなかにはボリシェヴィキを支持する人びとも含まれており、公営商社の全ロシア協同組合中央連盟（ツェントロソユーズ）の事務所、一九二〇年に誕生した極東共和国（ソヴィエト・ロシアと日本との間に設けられた緩衝国家）の国営通信社ダルタ通信の支局などが、事実上コミンテルンの連絡機関として機能しはじめていた。東洋最大の金融都市上海は、モスクワから送金された資金を授受するのに最適な場所であったし、航路の便も優れていたからである。それに加えて日本資本・英国資本の工場が集中して中国の労働運動の揺籃の地ともなった上海は、一九二〇年代を通じて、国際共産主義運動の拠点として、コミンテルンと東アジア、そして東南アジア諸国を結ぶ連絡・資金授受の拠点として機能していくことになる。このような上海の重要性にいち早く気づいた日本政府は、国際共産主義運動の日本への波及を阻止するために、上海領事館警察を拠点にコミュニストへの厳しい監視体制を敷いた。

4　ヴォイチンスキー住居

旧フランス租界・淮海中路沿いの漁陽里に現存する。ここにヴォイチンスキーが拠点とした「中俄通信社」と中国社会主義青年団が置かれていた（～ 1922 年）。漁陽里の東 1.2km の淮海中路沿いにあった宝康里（1904 年築）は、上海に渡航する際に大杉栄・近藤栄蔵がともに連絡地点として指定されていた場所で、大同党の関係者が出入りして東京・中華基督教青年会館を拠点とする中国人留学生との連絡を行っていた。

　最初に上海に滞在したコミンテルンのエージェントは、一九二〇年四月に着任したロシア共産党員のヴォイチン

5　ウラジオストク全景

「東方を支配する町」を意味するウラジオストクは、19世紀後半ロシア帝国海軍の要衝として成立した。1922年10月に日本軍の撤退が完了してからは、コミンテルン／プロフィンテルンの極東の拠点として機能していく。

スキーだった。ヴォイチンスキーは上海フランス租界を拠点に東アジア各地での共産党結成のための働きかけをはじめるのだが、この時期の上海拠点の人事は錯綜している。先取りして述べておくと、一九二一年はじめにヴォイチンスキーがモスクワに帰還したのちの一時期は、コミンテルン第二回大会に出席した在露朝鮮人朴鎮淳が事実上のコミンテルンのエージェントとして振る舞い（山内二〇〇九）、一九二一年四月の日本共産党暫定中央執行委員会の成立を報告するために上海に渡航してきた近藤と接触を持つ（石川二〇〇〇）。一九二一年六月にモスクワからマーリンが着任すると朴鎮淳は退場を余儀なくされ、一九二一年一〇月に極東諸民族大会への参加のため経由地の上海にやってきた徳田球一は、マーリンと接触を持った。

日本から上海との連絡に最も利用されたのは、一九二三年二月に就航した上海―長崎航路（所要時間二二―二六時間）だろう。このほか、横浜・神戸からも上海航路が就航していた。上海に到着すると、ツェントロソユーズで会計主任を務めるロシア人ウィルデのもとに向かえば、ソヴィエト・ロシアへの入国ルート（鉄路で満洲里に行き、馬車で国境を越えてチタへ向かうルートか、海路でのウラジオストクへの直行ルート、ただし後者は帝政ロシア時代のオンボロ船を「人民艦隊」と称したもので船足も遅かった）も手配され、ウィルデが露国極東銀行（Dalbank）を経由してモスクワから受け取った活動資金も受領できた。一九二三年四月に上海を経由してモスクワ入りした荒畑も、一九二三年八月に第一次共産党事件の検挙を逃れて上海に出国してきた山本懸蔵も、ともにウィルデのもとを訪れている。

さて、上海にやってきたヴォイチンスキーは、北京で李大釗と、上海で陳独秀と会見して中国での共産党の設立を促した。そして、一九二〇年六月に上海の陳独秀の自宅を拠点に「社会共産党」を結成した若き中国人たちが、一九二一年七月の中国共産党の創立前後から、上海から日本へ留学した中国共産党「日本グループ」（施存統と周仏海）を介して、第一次日本共産党への連絡を担っていく。

東京・中華基督教青年会館

こうして国際共産主義運動の拠点となった上海と日本をつないだのは、東京・神田の中華基督教青年会館に集う東京の中国人留学生と本国とのネットワークである。事実上、施存統ただひとりであった中国共産党「日本グループ」（周仏海は鹿児島に留学していたため実際の活動は難しかった）も、このネットワークのうちにあった。

一九〇七年に設立された中華基督教青年会館は、一九一五年春の「二一ヵ条」反対運動以来、在東京の中国人留学生による民族運動の場として機能していたが、一九一八年一二月に本国から馬伯援が同会館に着任してからは、日本の知識人や社会主義者との交友を深める場となっていた。早稲田大学を卒業した馬伯援は、辛亥革命に参加したのちアメリカ留学を経験して東京に着任しており、孫文との関係も深かった。

革命家としての馬伯援の存在は、中華基督教青年会館を帝国日本に対する東アジア諸民族の抵抗の場として機能させる原動力となった。馬伯援の一九二〇年の日記を見てみよう。

> 一〇月二六日、上海朝鮮独立政府派（大韓民国臨時政府――引用者）の重要人物がアメリカへ行く途中日本へ立ち寄ったが、それは安徽人の唐逸民（金河球――引用者）であり、東方書報社で暮らした…上海の友人黄覚民（黄介民――引用者）から手紙があり、ある同志が東京に行ったのでよろしく頼むとのことであった。謝晋卿（謝晋青――引用者）が私に、その同志が唐君であり彼に特別な保護を与えるよう頼んできた。謝君が言うには、唐君は韓国独立政府の重要人物であり、日本の警察に狙われているため自由に行動できない…
>
> （馬伯援『三十三年的賸話』、一九八四年）

東京で「二一ヵ条」反対運動を担い、朝鮮人とともに新亜同盟党を組織した黄介民と、その友人馬伯援との交友のもと、上海の大韓民国臨時政府の要人を中華基督教青年会館で匿っていたという事実からは、新亜同盟党から大同党へ発展した中国人コミュニストの動きと、大韓民国臨時政府の動きが互いに重なり合い、その動きが東京に及んでいたことがわかる。この重なり合う動きが、一九二〇年一〇月の大杉栄の上海渡航によるコミンテルンと日本の社会主義者とのはじめての直接接触を準備することになる。

大杉をこのネットワークのうちに結びつけたのは、中華基督教青年会館内に併設された東方書報社という小さな書店だった。その運営は、新亜同盟党にも参加していた中国人留学生の羅豁や謝晋青が担った。五・四運動を経験した中国では新文化運動がはじまり、多くの社会主義文献も流入していた。東方書報社は、本国から送られた『民国日報』をはじめとする出版物や雑誌を東京にひろめる役割を担い、そのうち中国の最新事情――新文化運動の動向や、孫文の中国国民党の動向――に関心を持っていた大杉や高津も東方書報社に出入りするようになり、中国人留学生と「座談会を開く」＝議論を行うまでの仲になる（馬一九八四、小野二〇〇三）。謝晋青が施存統を堺に引き合わせたように（石川二〇〇〇）、日本人社会主義者と交友を深めた東方書報社の存在は、「日本グループ」の任務であった日本の社会主義者との連絡を担う重要な環であった。しかもこの交友は日本の社会主義運動の高揚を中国に伝える役割も果たし、『民国日報』の東京特派員でもあった羅豁と謝晋青は、日本社会主義同盟創立の一報を中国にいち早く伝えるなどした（藤井一九八九）。

一九二〇年八月、韓国共産党員であり大韓民国臨時政府の一員でもある李春熟が、ヴォイチンスキーの命令によりやってきた東京で共産党設立のために接触した人物が大杉だったことには、このような中華基督教青年会館で形成されたネットワークが大いに反映されていた。李春熟の誘いに応じて秘密裏に上海に渡った大杉は、大韓民国臨時政府の李東輝と呂運亨、ヴォイチンスキーらと会合を持った。しかし「無政府主義者」である大杉は、「国際共産党同盟の第三インタナショナルに加わることもできな」いまま帰国する。一二月には「冬の時代」を脱した社会主義者の大同団結を期して、日本社会主義同盟が創設されており（一九二一年五月解散命令）、社会主義運動の公然化も進んでいた。帰国後の大杉は、一九二一年一月、高津と近藤とともに『労働運動（第二次）』を発刊した。大杉が抱いた切迫感と使命感は、次の一文に現れている。

「日本は今、シベリアから、朝鮮から、支那から、刻一刻分裂を迫られている。僕らはもうぼんやりしてる事は出来ない。いつでも起つ準備がなければならない。週刊『労働運動』は此の準備の為に生まれる。」このはがきを受取った読者諸君の多くは、必ず、其の文句のあまりに唐突なのに驚いたに違いない。けれども、実際に、日本の運命はもう眼の前に迫っているのだ。

（大杉栄「日本の運命」『労働運動（第二次）』一号、一九二一年一月）

一九〇七年に東京でインド人、ベトナム人、中国人らが帝国主義支配からの解放を求めて日本人の同志たちとともに組織した亜州和親会にも関わった大杉は、上海で接触した世界の動きから東アジアの変革のうねりを確かに感じ取り、そのうねりが今にも日本へ届こうとしている現実を見据えていた希有な革命家だった。その後の大杉は、一九二一年三月に勃発したクロンシュタットの水兵反乱を武力で圧殺したソヴィエト・ロシアを激しく批判して、ボリシェヴィキと袂を分かち、第一次日本共産党は大杉を排除するかたちで創設される。一九二三年九月、関東大震災の混乱のなかでくびり殺された大杉が存命であったなら、一九二〇年代日本の社会主義運動の「運命」も、また違ったものになっていただろう。

暁民会と朝鮮人・中国人

東アジアを架橋する大杉の思想をボリシェヴィキの立場から受け継いだのが、高津だった。のちに「日本の運命」にふれて「革命が今にもくるような、火のつくような緊張した論文である」とその当時の高揚感を書き残したように（「私の運動史」『月刊社会党』六二号、一九六二年八月）、高津は一貫して中国・朝鮮の社会主義運動との共同行動による東アジアの変革をめざした。

高津が一九二〇年五月に結成した暁民会には、多くの朝鮮人や中国人が出入りしていた。高津は、暁民会の特徴を次のように記している。

> 朝鮮、台湾、支那の人と日本人との間には、過去の何れの時代にも、胸中何の蟠りもなく親密に団結するなどいふことはなかった。然るに、世界の◯◯《ママ》期は到来して、人類に初めてインタナショナルな精神が生れ、共同の敵に当る為の固い団結が出来た。
>
> 革命ロシアの第三インタナショナル、及びその国際軍の如きは、その最たるものだ。暁民会

は、この気運に依て出来た東洋の小さいインタナショナルである。日鮮台支の青年が、新たな精神で共同親密に新思想の研究に当つて居る。

（「団体紹介暁民会」『労働運動（第二次）』七号、一九二一年三月）

暁民会に出入りしていた留学生には、朝鮮人の金若水、台湾人の彭華英、中国人の王樹声、ロシア人のエロシェンコらがおり（高津一九八四）、このつながりが一九二〇年代東アジアの社会主義運動のネットワークを支えていくことになる。

『労働運動（第二次）』の誌面に多くの朝鮮・中国関係の記事を執筆した高津の情報源のひとりが施存統だった。同時代にあって抜きんでた朝鮮・中国認識を示した高津の業績のうちとくに注目したいのは、孫文ら「広東政府」と陳独秀ら「支那の共産主義団体」が提携していち早く「革命」を実現して「支那の再興」をはかるだろうという未来予測である（「支那に於けるボリシェヴイキ運動」『労働運動（第二次）』一三号、一九二一年六月）。民族解放運動と国際共産主義運動が交錯する中国の現実からなされた高津の予測は、二年半後の一九二四年一月に第一次国共合作が成立して現実となる。

同時代の社会主義者のほとんどが植民地朝鮮に無関心ななかで、高津の朝鮮民族運動への認識は鋭い。高津は、第一次世界大戦の戦後処理が生んだ「人類解放、民族自決、世界改造、産業自治」などの思想の「洗礼」を受けた「独立運動」がこれまでとは比べものにならないほど「根強い」ものとなる以上、「何にしても朝鮮人は全部殺してしまわない限り、独立の精神を棄てないばかりか今後一層猛烈な運動をやる事は疑いない。どうも困った事だ」と、朝鮮人の民族意識の強さにふれる（「朝鮮人とその独立運動」『労働運動（第二次）』四号、一九二一年二月）。

朝鮮人の民族意識を掴み取っていた高津は、第一次日本共産党の創設に加わり、党内随一の植民地問題に関する論者として、朝鮮人からの支持を集めた。一九二五年から翌年にかけて、高津を介した朝鮮人・中国人のネットワークが東アジアに拡大する帝国日本の支配への抵抗の場として機能するさまについては、第3章で見ていく。

第2章　国際共産主義運動と「日本の運命」

日本共産党暫定中央執行委員会の成立

一九二一年三月、李春熟に続く上海からの第二の密使として韓国共産党により派遣された朝鮮人・李増林を迎えた東京では、日本共産党結成の動きが急加速する。その中心にいたのは、山川均と近藤栄蔵である。理論家の山川は、片山潜のもと在米日本人社会主義者団で活動して一九一九年に帰国してきた近藤から渡されたルイス・フレイナ（アメリカ共産党）の著書（*The proletarian revolution in Russia, by N. Lenin and Leon Trotzky*）によりボリシェヴィズムへの理解を深め、『社会主義研究』の一九二〇年六月号を「ボルセヰキ特集」号として発行していた。李増林から上海に日本人社会主義者を派遣するよう求められた山川は近藤に「相談」を持ちかけ、上海に向かうことを決断した近藤は、この機会に共産党を結党しようと山川に持ちかけたのだ。

四月二四日、山川均、近藤栄蔵、堺利彦、荒畑寒村、橋浦時雄、近藤憲二、高津正道が集合して日本共産党暫定中央執行委員会が成立し、事実上の第一次日本共産党の活動がはじまった（黒川二〇一四『帝国に抗する社会運動』）。日本共産党暫定中央執行委員会の総務幹事は山川が、国際幹事は近藤が務めた。日本共産党の事実上の初代委員長は山川だったのだ。この席に山川が準備した「日本共産党宣言」「日本共産党規約」を上海に携行した近藤は、フランス租界でコミンテルン「代表」の朴鎮淳、李東輝ら大韓民国臨時政府の要員や黄介民の大同党の党員と接触して直接日本共産党の創立を報告したのち、李東輝から活動資金六五〇〇円を受領して帰国している（石川二〇〇〇）。「日本共産党宣言」は、一九二一年七月のコミンテルン第三回大会の閉幕直前に上海からモスクワに到着し、大会会場で吉原太郎により朗読されて日本共産党の創立が宣言された（山内二〇〇九）。

近藤が上海で受け取った資金の多くは、コミンテルンからのはじめての指令に基づいて計画された一九二一年九月から一一月にかけての反軍宣伝事件（暁民共産党事件、近藤と暁民会の人びとが実行し、まだ成立が官憲に知られていなかった日本共産党暫定中央執行委員会を守るために暁民会の一部が独自に「共産党」を名乗って実行したことにした）に費やされた。上海から帰国した直後の近藤を下関で逮捕したことで（一九二一年五月）、その背後にある国際共産主義運動のネットワークにいち早く気づいた司法当局は、暁民共産党事件が単純な宣伝事件ではないことを察知していた。暁民共産党事件の予審終結決定書には、「支那朝鮮等に於ける共産党員と相提携せんことを共謀」したと記されたように、司法当局は、暁民共産党の向こうに東アジアの共産党、そして国際共産主義運動のネットワークをいち早く見出していたのだ。政府は一九二二年二月、「無政府主義共産主義其ノ他ニ関シ朝憲ヲ紊乱」する運動の宣伝や勧誘の禁止を盛り込んだ過激社会運動取締法案を国会に提出した。この法案は議会内外の激しい反対運動で廃案となるが、一九二五年の治安維持法公布・施行により懸案であった治安立法が実現することになる。

「大同党」と「日本共産党上海支部」——コミンテルンの指揮系統の錯綜

誕生直後の日本共産党暫定中央執行委員会の実践は、病身の山川が執筆活動に専念するなかで、暁民共産党事件のように近藤と高津ら暁民会の一部が担ったに過ぎなかったが、それでも日本共産党暫定中央執行委員会は「日本共産党」として機能していた。ただし、一九二〇年のコミンテルン第二回大会で採択されたコミンテルンへの加入「二一カ条」に基づくコミンテルンによる正式な結党承認は得られていなかった。

日本では日本共産党暫定中央執行委員会がそのまま「日本共産党」としてコミンテルンに承認されたが（一九二二年一〇月のコミンテルン第四回大会で日本共産党は承認された）、各地に共産主義グループが叢生した中国では、いち早くコミンテルンの承認を受け正式に「中国共産党」を名乗るべく、各々のグループが代表をモスクワに送り込もうとしていた。しかもこの承認争いには、上海でのコミンテルン代表がヴォイチンスキーから朴鎮淳に交代したことも影響していた。ヴォイチンスキーの働きかけによって成立した李大釗・陳独秀の「共産党」は、一九二一年七月にモスクワで開催されたコミンテルン第三回大会に代表を出席させ、中国共産党として承認された。近藤が接触した大同党は朴鎮淳の時期に成立した「もうひとつの中国共産党」（石川二〇〇〇）であったが、大同党からコミンテルン第三回大会に送った代表が到着したのは、李大釗・陳独秀の「共産党」に一歩遅れて大会閉幕後のことだった。

注意しておきたいのは、上海でのヴォイチンスキーの活動も朴鎮淳の活動も、どちらも大韓民国臨時政府の人的・資金的支えがあって実現したことだという点である。実際、一九二〇年一〇月に大杉が渡航した際も、一九二一年五月に近藤が渡航した際も、上海ではフランス租界の同じアドレス（大韓民国臨時政府の朝鮮人のアドレス）に出頭するよう求められていた（二七頁写真参照）。その限りで、コミンテルンの東アジアへの進出は、最初期には、大韓民国臨時政府の力なしにはありえなかったといえる。しかし、朴鎮淳と上海派高麗共産党（一九二一年五月、韓人社会党から改称）が求心力を低下させると、上海における国際共産主義運動の拠点はヴォイチンスキーへと一本化され、現存する中国共産党の成立が「正史」として伝えられていくことになる。

ところで、「もうひとつの中国共産党」としての大同党が歴史に埋もれていったのと同じように、歴史に埋もれた「もうひとつの日本共産党」が存在していた可能性もある。一九二二年九月、シベリアのチタに、「日本共産党上海支部」代表を自称する清水一衛が現れた。清水は、上海で飯森正芳が組織した「日本共産党上海支部」を代表してエロシェンコと入露してきたという。本当に飯森とエロシェンコが関わっていたのなら、大同党とつながる「日本共産党上海支部」が存在したということも考えられないわけではない。

職業軍人だった飯森は、トルストイの平和主義に強い影響を受け、一九一四年に軍務を離れて大本教に入信した。大本教を離れたのち東京に移住した飯森は高津らと親しくなり、高津とエスペラントを介して知り合い暁民会に参加するエロシェンコも、飯森と交友を持った。日本社会主義同盟の成立前後、エロシェンコは「赤化」日本の象徴として官憲にマークされ、一九二一年五月に日本を退去して上海に移るが、このとき上海には、エロシェンコとは暁民会で旧知の仲であった平田晋策が大同党との接触のため滞在しており、飯森も東京から上海に移住してきていた。大同党の関係者と目された清水は、このエロシェンコを中心とする人間関係を背景として、日本人・朝鮮人・中国人が組織する「日本共産党上海支部」の「代表」を名乗ったのだろう。しかし、飯森も清水もエロシェンコも、ボリシェヴィズムとは相当に距離があったし、何よりも日本国内での運動と直接のつながりを持っていなかったため、チタ到着直後に清水は銃殺され「日本共産党上海支部」は歴史に埋もれた。その後のエロシェンコは、モスクワに移って東方勤労者共産大学（クートヴェ、コミンテルンの中堅幹部養成学校）の日本語講師を務め（藤井一九八九）、一九二〇年代半ばの日本人コミュニストを支えていく。

東アジアの「統一戦線」の胎動

一九二一年一一月、アジア・太平洋地域の戦後秩序を構築するために開催されたワシントン会議（海軍軍縮条約、四カ国条約のほか、中国の独立、領土保全、門戸開放、機会均等を約した九ヵ国条約が締結された）に対抗して、コミンテルンは極東各国の共産党をモスクワに招いて極東諸民族大会を開催しようとする。大会への日本代表団の派遣要請は、新たに上海に着任したマーリンにより日本への第三の密使として送り込まれた中国共産党の張太雷の手で伝えられ、施存統が厳しい監視の目をかいくぐって張太雷を堺と近藤に引き合わせた。

しかし、張太雷との接触ののち、近藤が運動資金を求めて早稲田大学の一学生を上海に送り出したことで施存統の運命は急転する。この求めに応じたマーリンの命により上海から運動資金七〇〇〇円を携行してきたイギリス国籍のグレイが横浜で逮捕され（グレイ事件）、続いて近藤と施存統も逮捕されたのである（石川二〇〇〇）。近藤の逮捕は暁民共産党事件の検挙を招き、さらに背後にある国際共産主義運動の動きも官憲に知られることになった。一九二一年一二月、国外退去命令を下された施存統は上海に戻った。わずか一年半の日本暮らしではあったが、彼は国際共産主義運動と日本を結び、日本人社会主義者を「世界」へと導いたのだ。

張太雷の求めに応じてソヴィエト・ロシアに向かったのが、徳田球一と高瀬清である。堺から極東諸民族大会への参加を打診された徳田は、弁護士の身分を利用して堂々と春日丸で上海に向かう。船上で張太雷と合流して上海に上陸した徳田は、共同租界でマーリンと接触したのち、鉄道を乗り継いで満洲里に行き中ソ国境をこえた。徳田と高瀬のほか、サンジカリズム（組合主義。労働組合がゼネストなどの直接行動により政府を打倒し、労働組合が生産と分配をコントロールしようとする思想。日本では日露戦争後に幸徳秋水が掲げた「直接行動論」がその源流となっている）の影響下にある吉田一ら四名の日本人労働者もモスクワに向かうことになり、上海までこの一行に同行した高尾平兵衛は、李東輝ら上海派高麗共産党から運動資金五〇〇〇円を受け取って帰国している。

極東諸民族大会には、アメリカから在米日本人社会主義者団も参加した。アメリカからの日本共産党創立の働きかけと、シベリアから上海を経由した朝鮮人・中国人による日本への働きかけが、ひとつにつながった瞬間だった。パーマー・レイド（一九一九年一一月から翌年一月にかけてアメリカ司法省が行った左翼狩り）を逃れてメキシコに滞在していた片山も、一九二一年一二月までに入露していた。片山が極東諸民族大会のために起草した「日本共産党綱領」（富田・和田二〇一四）では、次のように東アジア諸民族による統一戦線の形成が目指された。

> 極東諸国では、民族的・国際的諸要因を考慮した統一戦線が樹立されるべきである。日本に強力な帝国主義が存在する限り、共産主義的宣伝は、日本自体においてのみならず、朝鮮、中国でも強力な抵抗に直面する。それゆえ、共産主義運動および宣伝の当面の、主要な目的は、日本帝国主義に反対するよう方向づけることである。このために日本人、朝鮮人、中国人は戦術につき合意して、共通目的のために共同活動を展開しなければならない。

外国人の内地雑居（一八九九年、日英通商航海条約の発効により実現）に揺れる世紀転換期の日本で、清国人労働者を「我同胞」として等しく扱うことを主張した片山（「支那人問題」『労働世界』一八九九年七月）は、帝国日本の支配下にある朝鮮・中国との「共同活動」の必要を説く。これまで、極東諸民族大会については、ジノヴィエフの「日本＝鍵論」（資本主義的発展を遂げた日本での革命が実現せずして朝鮮・中国の革命はありえないという主張）が注目されてきたが、しかし、本書の文脈で重要なのは、片山の説く東アジアでの統一戦線形成という理念が、大杉や高津が日本国内で敏感に感じ取っていた東アジアの民族解放運動のうねりと呼応しつつ、第一次日本共産党の東アジア認識を規定していくことになる、という点である。

シベリアの日本人たち――アナ・ボルの「提携」

極東諸民族大会に参加した吉田ら四人の日本人労働者は、大会の会期中に高瀬と徳田の立ち会いのもと、「無政府主義を放擲し共産主義者たることを宣言」する「決議書」にサインして、コミンテルンの前でボリシェヴィキとの共闘を誓った（富田・和田二〇一四）。そのひとり和田軌一郎はクートヴェに学び、一九二〇年代半ばまでモスクワに暮らすことになる。ところで、この決議書の末尾には、次のように日本共産党暫定中央執行委員会への批判が記されていた。

> 日本に共産党はあるけれどもその行動たるや私達の意に満たざることが多い。故に私たちは下記二名の日本共産党員と相諮った所彼等と意見の一致を見たので相団結して既存の共産党の態度如何に拘わらず私達の運動を貫徹することを誓う。

下記二名の日本共産党員とは、高瀬と徳田のことである。この批判からは、山川と近藤が主導する日本共産党暫定中央執行委員会への不満を、サンジカリズムの影響下にある人びとに加えて党員の高瀬と徳田も抱いていたことがわかる。日本へ戻った徳田は、吉田と協力してアナキストとサンジカリストを日本共産党暫定中央執行委員会に糾合しようとするが、この試みはすぐに失敗に終わる。アナキストの大杉らが「中央集権と鉄の規律」というボリシェヴィキの組織論を受け入れなかったことに加え、クロンシュタットの水兵反乱（一九二一年三月にロシアの軍港クロンシュタットで、戦時共産主義への反発から選挙や言論・出版の自由を求める水兵が起こした反乱。すぐに弾圧された）のニュースが報じられて、大杉らがロシア一〇月革命に懐疑的な立場に転じたことも大きかった。

　しかしシベリアでは、アナキストやサンジカリストとボリシェヴィキの共同行動が実現して、イルクーツクやチタを拠点にシベリア駐屯日本軍への反軍ビラ撒きを行っていた。一九二二年春に新たに日本からやってきた北浦千太郎ら六名の印刷工が、コミンテルン執行委員会の管理下で、在米日本人社会主義者団から入露してきた間庭末吉の指示を受けつつ、ビラやリーフレットの印刷に従事したのだ。サンジカリズムの強い影響下にあった印刷工の彼らは、アナキスト陣営からいち早く日本共産党暫定中央執行委員会に参加した高尾の「ロシアを見せてやるから」との誘いに乗って入露してきた。そのひとり長山直厚は、陸軍士官学校出身でシベリア出兵に参加した元砲兵中尉という経歴が評価され、コミンテルンから相当の期待をかけられていた。一九二二年一〇月にシベリア駐屯日本軍の撤退が完了すると、六人の印刷工はモスクワに向かい、このうち北浦はクートヴェに入学してめきめきとロシア語の力をつけ、一九二五年の日ソ国交樹立とともに帰国して共産主義グループの通訳として活躍した（富田・和田二〇一四）。

こうしてシベリアでは、日本国内で「冬の時代」の閉塞を脱した「本流」の人びととは距離がある、いわば「傍流」の人びとが第一次日本共産党の活動を支えていたのだが、その歴史はなお埋もれている。それは「傍流」の人びとの多くが労働者出身であり、知識人や学生が多い「本流」の人びとのように自らの活動経験を書き残す機会がなかったからかも知れない。誰が党員であったかなかったかということよりも、むしろ幅ひろい人びとが国際共産主義運動の理念に共鳴していたという事実に、ここでは注目したい。

日本共産党第一回大会と「二二年九月綱領」

高瀬と徳田が帰国してきたのちの一九二二年八月頃、山川は「コミンテルン日本支部」として日本共産党暫定中央執行委員会を「再組織」するために党大会を召集した。一九二一年四月の日本共産党暫定中央執行委員会成立の際に山川が起草した「日本共産党規約」に明記した手続きを踏んで開催されたこの大会が、記念すべき日本共産党の第一回大会となった。現存する日本共産党は、一九二二年七月一五日を日本共産党の「創立記念日」としているが、一九三二年七月に共産党非合法機関紙『赤《せっ》旗《き》』ではじめて七月一五日が創立記念日と明記されるまでこの日を創立記念日とした例はなく（加藤二〇〇六「「党創立記念日」という神話」）、七月一五日に党創立を記念したさまざまな行事を開催しはじめたのも、一九四七年からのことである。

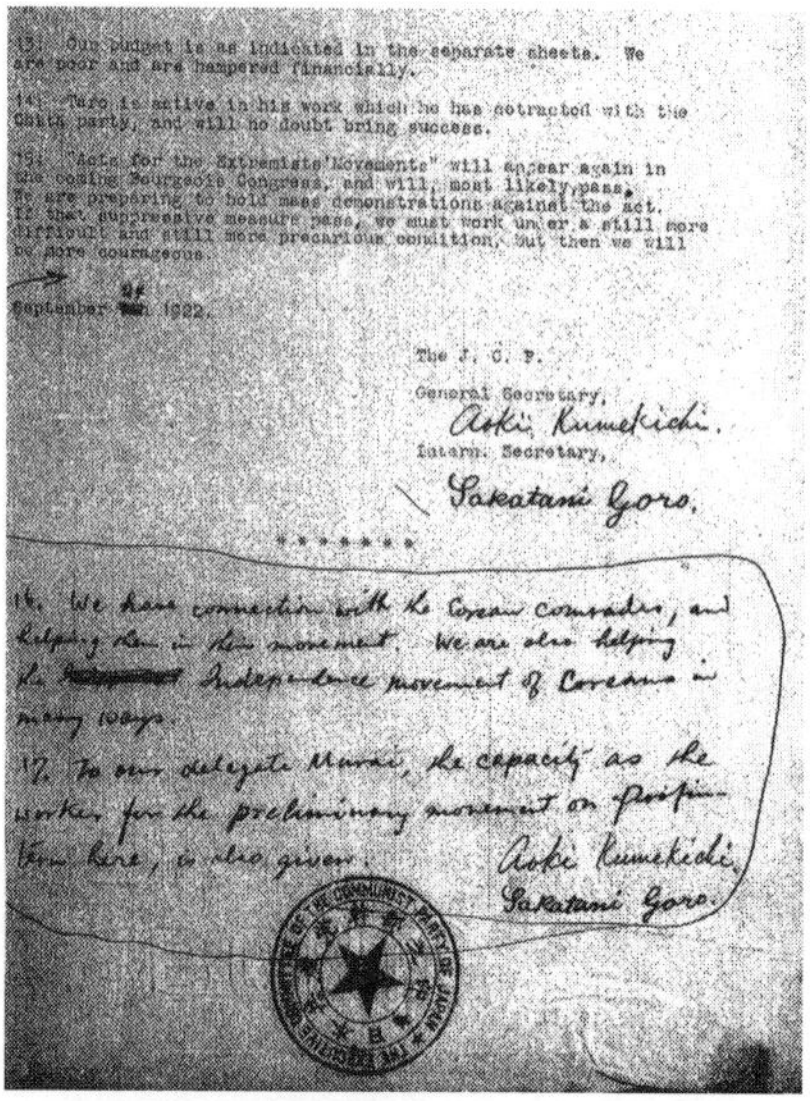
13. Our budget is as indicated in the separate sheets. We are poor and are hampered financially.

14. Taro is active in his work which he has contracted with the Czech party, and will no doubt bring success.

15. "Acts for the Extremists' Movements" will appear again in the coming Bourgeois Congress, and will, most likely, pass. We are preparing to hold mass demonstrations against the act. If that suppressive measure pass, we must work under a still more difficult and still more precarious condition. But then we will be more courageous.

September 24 1922.

The J. C. P.

General Secretary,
Aoki Kumekichi.
Intern. Secretary,
Sakatani Goro.

****

16. We have connection with the Corean comrades, and helping them in their movement. We are also helping the Independence movement of Coreans in many ways.

17. To our delegate Murai, the capacity as the worker for the preliminary movement on Profintern here, is also given.

Aoki Kumekichi.
Sakatani Goro.

6 「22年9月報告書」

日本共産党総務幹事アオキ・クメキチ［荒畑寒村］、日本共産党国際幹事サカタニ・ゴロウ［堺利彦］によるコミンテルン執行委員会宛英語報告書（1922年9月24日付）。下部には「日本共産党幹部之印」が押印されている（この印は関東大震災で焼失した）。（*Comintern archive, 1917-1940 : Congresses, Plenums*〔Leiden : IDC, 1994〕）

大会の冒頭、「共産党の再組織」を宣言した山川は、暁民共産党事件を起こして官憲の注視を招いた近藤を排除するために自ら総務幹事を辞任し、総務幹事に荒畑、国際幹事に堺、副総務幹事に山川・高津、会計幹事に橋浦をそれぞれ選出した。新中央執行委員会は、モスクワのコミンテルン執行委員会にはじめて公印を押印した報告書を送付し、コミンテルン執行委員会の指導下で活動することになったのである。

新中央執行委員会の最初の仕事は、一一月にモスクワでの開催が予定されていたコミンテルン第四回大会に日本共産党の綱領案を送付することだった。政治学者・加藤哲郎が「二二年九月綱領」として紹介したこの綱領案は（加藤一九九八―一九九九）、コミンテルンの期待する水準にはほど遠かったため、コミンテルン執行委員会のブハーリンがその代案として起草しコミンテルン第四回大会に提出したのが、現在「日本共産党綱領草案（二二年綱領草案）」として知られる文書である（起草の経緯については黒川二〇〇八参照）。しかし「二二年九月綱領」は、形式・内容ともにコミンテルンの期待に沿うものではなかったにせよ、以下のように日本のコミュニストが東アジア諸民族との「国際連帯」による革命を掲げたという点で画期的な意味を持った。

> ……極東における三つの主要な民族である、中国、朝鮮、そして日本は、その政治的、社会的、そして経済的生活において互いに最も密接に関係しており、それゆえともに共産主義の目標へと行進する義務がある。プロレタリアートの国際連帯、なかでもこれら三国の国際連帯は、これら三国のみならず全世界のプロレタリアートの勝利と解放のために欠くことのできない条件である。

「政治的、社会的、そして経済的生活」において「最も密接に関係している」という把握は、日本資本主義の発展にともなう帝国主義的拡大により、宗主国日本のプロレタリアートも、植民地民族もともに抑圧されているという現状認識に基づく。この限りで、帝国日本の支配秩序こそが共通の敵として見いだされ、その打倒のための国際連帯の必要性が説かれるのであるが、現実はそう単純なものではなかった。朝鮮人労働者の急増により生じた労働現場での軋轢こそが、日本のコミュニストが第一に向き合わねばならない現実だったからだ。

朝鮮人渡航者の急増と労働問題

第一次世界大戦により急速な資本主義化を達成した日本では、労働力不足に対応するために、大戦末期の一九一七年から朝鮮人労働者の移入を進めた。しかし、三・一運動が勃発すると、その直後の一九一九年四月には、朝鮮総督府警務総監令第三号「朝鮮人旅行取締に関する件」により、朝鮮人が日本内地に渡航する際に朝鮮での居住地の警察が発行する証明書の提示を義務づけ（旅行証明書制度）、朝鮮人の日本内地への渡航を規制しようとした。この規制は、独立運動が日本内地に飛び火するのを恐れての措置だった。

一九二〇年には戦後恐慌がはじまり、しかもワシントン会議で締結した海軍軍縮条約により軍需産業の生産も縮小したために、砲兵工廠や造船工場では労働者の首切りが続いた。このような経済状態にもかかわらず、一九二二年一二月に旅行証明書制度がいったん廃止されたこともあって、朝鮮人労働者の内地への移住は止まらなかった。その要因には、日本人労働者の実質賃金の上昇がある。第一次世界大戦前の一九一三年と戦後不況のさなかの一九二一年の工場労働者の実質賃金を比較すると、一九二一年は一九一三年の二倍となっており（『日本経済統計総観』一九三〇年）、低賃金の朝鮮人労働者の需要は高まるばかりだった。

一九二二年には、新潟県の工事現場で「タコ部屋」での苛烈な労働に従事していた朝鮮人労働者が殺害された事件が報じられた（中津川朝鮮人労働者虐殺事件）。金若水ら在東京の朝鮮人グループと高津ら日本人は、協働で演説会を開くなどして事件の真相究明を世論に訴えた。山川は、「日鮮労働者の団結」（第一次日本共産党合法機関誌『前衛』一九二二年九月号）を発表して、酷使される朝鮮人労働者との階級的連帯の必要にふれたが、山川は必ずしも朝鮮人労働者固有の問題――帝国日本による植民地支配による朝鮮人の窮乏化――を理解できていたわけではなかった。日本で活動していた朝鮮人の活動家・金鍾範は、「日本人は、インドや、ポーランドや、アイルランドのことはよく知っていても、朝鮮問題の真相を解するものは極めて少ない」（「朝鮮に於ける無産階級運動の勃興」『前衛』一九二三年二月号）と、欧米の帝国主義による植民地支配を批判しながらも帝国日本による朝鮮支配を問題化しようとしない山川を激しく批判している。

山川とは対照的に、第一次日本共産党の第二代総務幹事となる荒畑は、低賃金の朝鮮人労働者の存在が日本の労働運動に及ぼす影響にいち早く気づいていた。荒畑は、日本人の職場が賃金の安い朝鮮人労働者に奪われることを防ぐには、一九二四年に排日移民法を成立させたアメリカのように「移民労働者」を「駆逐」するのではなく、日本人労働者と朝鮮人労働者がともに加入できる「産業労働組合」を組織化するほかないと主張している（「二問題の解決策」『前衛』一九二三年二月号）。この荒畑の構想は、コミンテルンの朝鮮問題の扱い方とも結果的に呼応していた。

コミンテルン第四回大会後の組織整序

一九二二年一〇月、シベリア駐屯日本軍の撤兵が完了すると、コミンテルン執行委員会は、沿海州のウラジオストクに拠点を移し、ここから極東各国の共産党へ直接指導を行おうとする。コミンテルン第四回大会（一九二二年一一月）では、ウラジオストクにコミンテルン執行委員会東方部極東ビューロー（極東ビューロー）を設置して、ヴォイチンスキー、マーリン、片山の着任を決めた。ただし、一九二三年一月にヴォイチンスキーが着任しただけで、他のふたりはウラジオストクには着任しなかった。マーリンは中国に滞在していたし（マーリンは極東ビューロー設置の有効性に懐疑的であった）、片山はモスクワとベルリンを往復していたからだ。ヴォイチンスキーは「最新の情報」を持った要員をウラジオストクに派遣するよう第一次日本共産党に求めたが、これが実現しないまま五月にモスクワに帰還した。

極東ビューローの誕生によって、第一次日本共産党はコミンテルンとの緊密な連絡のもとでの運動がはじめて可能となったのだが、コミンテルンは派閥対立を深める朝鮮共産主義運動へ直接的に介入する手段としても極東ビューローに期待を寄せた。コミンテルン第四回大会では、朝鮮問題委員会を設置して朝鮮共産主義運動の指導方針について討議を行い、「日本在留の朝鮮人共産主義者は日本共産党の一セクションを構成すべきこと」と決定されるが、その背景には朝鮮人共産主義運動の激しい派閥対立があった。なかでもイルクーツク派と上海派の両高麗共産党は角逐を繰り返しており、これに頭を痛めていたコミンテルン執行委員会は、コミンテルン第四回大会の直後にイルクーツク派・上海派をともに解散させ、自らの指導下で新たな朝鮮共産党を創設しようと考えたのだ。

このような状況で「日本在留の朝鮮人共産主義者は日本共産党の一セクションを構成すべきこと」とされたのは、朝鮮共産党自体がすでに存在していないうえ、当時のコミンテルンが属地主義の原則に基づいて党籍を決定していたためであった。この決定を伝えられた第一次日本共産党は党内に「朝鮮部」を設置して朝鮮人コミュニストの糾合につとめたが、すでに派閥対立の影響が及んでいた朝鮮人コミュニスト（卞熙瑢ら『前進』グループと、金若水・鄭泰信ら『大衆時報』グループ）が、コミンテルンの決定に従って「日本共産党の一セクション」を構成することはなかった。

　この時期に、本書「はじめに」でふれた「アンケート　無産階級から見た朝鮮解放問題」（『赤旗』一九二三年四月号）が発表されているのは偶然ではない。このアンケートに寄せられた二九名の回答は、日本のコミュニストの植民地問題への無理解を象徴するものとして批判されてきているが、このようなアンケートを行って植民地問題とはじめて向き合おうとしたこと自体に意義があったと捉えるべきである。韓国併合にも三・一運動にも声をあげることのなかった日本の社会主義運動の歴史を考えると、「日本在留の朝鮮人共産主義者は日本共産党の一セクションを構成すべきこと」というコミンテルンからの突然の要求に、いまだ植民地問題を我が事として受けとめることのできていなかった日本のコミュニストがなし得た最大限の対応が、このアンケートだったのだ。

　コミンテルン第四回大会で日本支部として承認された第一次日本共産党は、大会代表の高瀬と川内唯彦の帰国を待って一九二三年二月に第二回大会を開催し、執行部を改選する。山川ら水曜会グループと近藤ら暁民会グループの軋轢がなお解消しないため、新たに労働者出身の党員の執行部への登用を進めることにし、吉川守圀、浦田武雄、上田茂樹、渡辺満三、杉浦啓一、仲宗根源和、小岩井浄、辻井民之助を選出するとともに（このうち渡辺、杉浦、辻井が労働者出身）、最長老の堺が第三代総務幹事に、新進の経済学者・佐野学が国際幹事にそれぞれ就任した。しかしその後も、コミンテルンからの信頼が厚かった高尾と長山が人的軋轢から脱党して（一九二三年二月）、組織面での不安定さは続いた。

合法無産政党の原点

コミンテルン第四回大会に提出されたブハーリン起草の「日本共産党綱領草案（二二年綱領草案）」がモスクワから日本に届いたのは、一九二三年三月はじめのことだった。コミンテルンは、サンジカリズムの影響を残す山川や荒畑が、同時代日本の重要な政治課題であった男子普通選挙権の獲得に背を向け大衆運動から距離を置いたことを問題視して、男子普通選挙権の獲得と合法無産政党の組織化による議会進出というかたちの政治闘争を指示する「日本共産党綱領草案」を第一次日本共産党に示し、その採択を迫ってきたのだ。これを議論する場として、三月一五日に石神井で日本共産党臨時党大会が開催された（その議事録は、松尾一九七九参照）。

大会の大勢は、男子普通選挙権の獲得と合法無産政党の組織化による議会進出を支持して、党内に合法政党組織準備委員会を設置することを決めた。その委員長となる高津は、合法政党組織準備委員会に朝鮮・台湾からの代表を加えるように提案しており、もしこれが実現していたなら、日本の無産政党は、宗主国―植民地のプロレタリアートが協働する階級的単一合法無産政党を実現できたかもしれないが、のちの合法無産政党組織構想のなかで朝鮮人の権利拡大が議論されることはなかった。

民族解放を一義的とする評価からは、この高津の構想や前述した荒畑の「産業労働組合」構想は否定的評価を下されるだろうが、植民地出身労働者の権利向上を目指すならこの提案は意味を持ったはずだ。ただし、この時期の朝鮮人労働者の多くは、鉱山・工場・建設現場などで単純労働に従事する男性単身者であり、その組織化は容易なことではなかった。その限りで、荒畑や高津の構想は、朝鮮人労働者の実態を知らないままの空論であったともいえる。

しかし、石神井臨時党大会では「日本共産党綱領草案」の採択には至らなかった。第一次日本共産党は、コミンテルンから与えられることをよしとせず、自らの手で新たな綱領を起草すると決め、佐野を委員長とする綱領起草委員会を発足させたのだ。さらに、ただひとり議会進出を認めようとしない荒畑をモスクワに送り込んで翻意を促すことにし、荒畑は六月のコミンテルン第三回拡大執行委員会総会に出席して、ようやく議会進出を受け入れた。

こうしてサンジカリズムを脱して政治闘争への一歩を踏み出した第一次日本共産党であったが、六月五日の第一次共産党事件（日本共産党へのはじめての大規模検挙）により堺ら八十余名が治安警察法違反で検挙されたため、政治闘争に向けた国内の動きは中断を余儀なくされた。しかし、事前に検挙を察知した堺の指示によりウラジオストクに脱出した高津、近藤、佐野は、ウラジオストクでヴォイチンスキーの後任として着任してきたコミンテルン在ウラジオストク代表ファインベルクのもとで日本共産党在外ビューローを組織して、第一次日本共産党の指導にあたろうとしていく。在外ビューローには、一九二三年六月のコミンテルン第三回拡大執行委員会総会に出席した荒畑、モスクワから

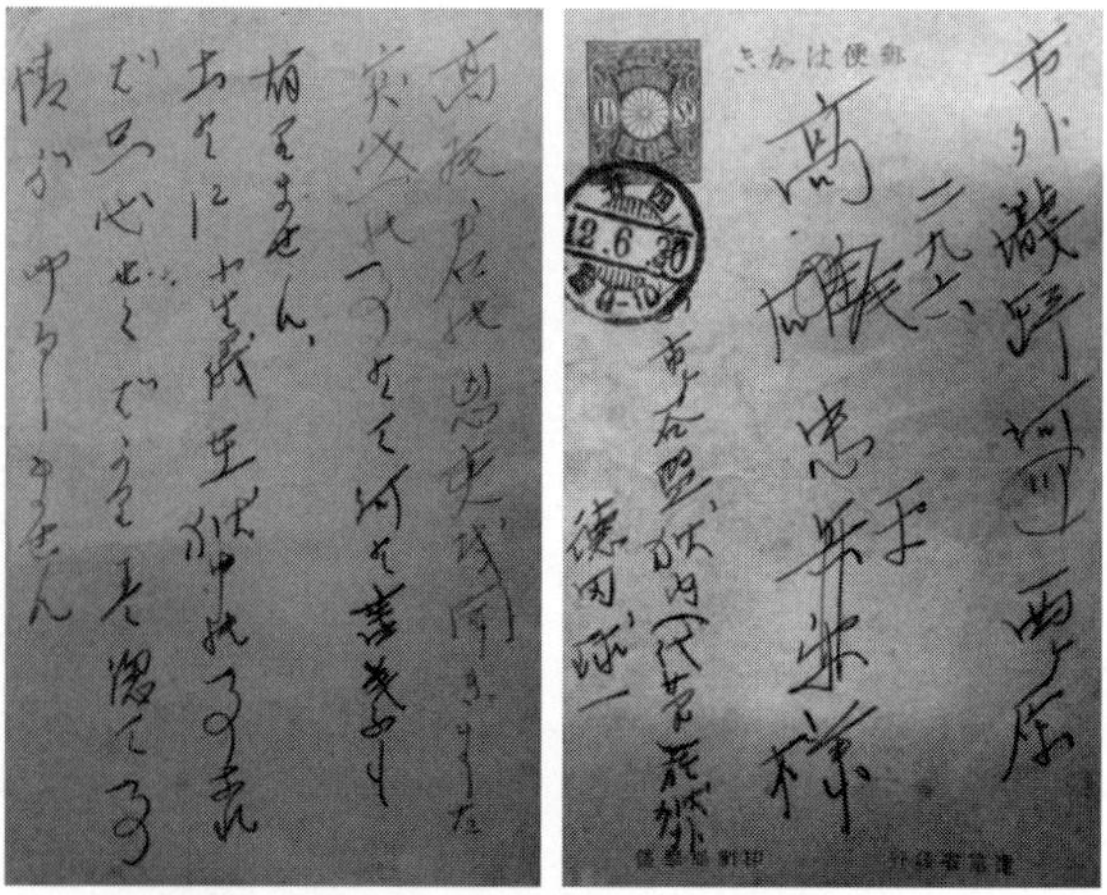

7　市ヶ谷監獄からの徳田のはがき（表・裏）
第１次共産党事件により収監された市ヶ谷刑務所から、赤化防止団事件によって射殺された高尾平兵衛の遺族に送った悔やみの葉書。歴史家の犬丸義一が保管していた。

荒畑と同道してきた和田、ウラジオストクで活動していた間庭に加え、独力で日本から入露してきた辻井が合流し、その代表には荒畑が就任した。

在外ビューローは、幹部としてただひとり検挙されず国内の党務を掌握した山川に、合法無産政党組織化に向けた働きかけを行った。イギリス共産党出身のファインベルクの指導下で佐野が起草した合法政党の綱領案は、新人会出身でプロフィンテルン（赤色労働組合インタナショナル、一九二一—三八年）代表を務めたのち在外ビューローに合流した山崎一雄が日本に携行し、関東大震災直後の九月三日に山川に手渡した。そして山川は、一〇月に山本権兵衛内閣が発した普選断行声明を受けて、合法無産政党の組織化を決断する。

山川は、一〇月半ばに戒厳令下の東京で日本共産党第三回大会を召集して中央執行委員会を再建した。総務幹事に饒平名智太郎、国際幹事に佐野文夫、財務幹事に赤松克麿を選出し、北原龍雄、立田泰、浅沼稲次郎も新中央執行委員会に加わった。新中央執行委員会は、在外ビューローを排除したかたちでの非合法共産党の再建と合法無産政党の組織化を目指して、在外ビューローとの間に軋轢を生じ、一九二四年三月には非合法共産党の解党を、コミンテルンの判断を仰ぐことなく決断するに至るのである。

一方で、この合法無産政党組織化の動きは、第一次日本共産党のシンパ的立場にあった「自称コミュニスト」の島中雄三らによる一九二四年六月の政治研究会創立に結実する。政治研究会への余計な圧力を恐れた堺や山川がその表舞台に名を連ねることはなかったが、次章でふれるように、山川は合法無産政党の綱領案に対する厳しい批判者として再登場してくる。

さて、第一次日本共産党は、コミンテルン日本支部としては不適格であった。なぜなら、彼らは「鉄の規律」に服してコミンテルンの指導に従うことを当然のこととは考えていなかったからだ。たとえば、ブハーリンが起草した「日本共産党綱領草案」にかわる新たな綱領草案（筆者がコミンテルン文書日本共産党ファイルから発見した「一九二四年二月の日本共産党綱領草案」、黒川二〇〇九参照）を在外ビューローが起草した際に、日本共産党の現状認識や戦術に関わる部分だけではなく、世界各国の共産党に共通する一般綱領部分も独自に起草したことからも、コミンテルンの国際的権威に無条件に屈従しようとしていなかった第一次日本共産党の自立性が読み取れる。

思想団体や小グループの結集体として誕生した第一次日本共産党は、党員研究者として第一次日本共産党の歴史に向き合った歴史家・犬丸義一（一九二八―二〇一五年）の言葉を借りると、「日本共産党の原点・出発点・源流」であり、「明治社会主義の到達点であるとともに、日本マルクス主義の原点・源流」であり、そして「戦後の社会党の左派、労農派マルクス主義＝「社会主義協会」の源流」であった（犬丸一九九三）。犬丸の的確な指摘に、「第一次日本共産党は、スターリンを知らないままに終わった」と筆者は付け加えたい。一九二四年一月のレーニンの死去と歩を一にするかのように解党した第一次日本共産党は、スターリンの権力掌握も、スターリンが強行する一国社会主義も、スターリン主義の跋扈も、そしてスターリンの「大粛清」も知らないままにその生を終えたのだった。

第3章　中国国民革命下の上海―東京

解党とそれぞれの立場

一九二四年春、第一次日本共産党はコミンテルンの判断を仰ぐことなく一方的に解党した。各グループ間の人的軋轢で組織は疲弊していたし、関東大震災時の社会主義者や朝鮮人の虐殺の際にあらわとなった一般大衆からの共産党の孤立に加えて、社会主義の台頭に対する政府の思想引き締め策（一九二三年一一月一〇日「国民精神作興に関する詔書」が大正天皇の名で発された）のもと、非合法組織としての共産党をあえて維持する意味はないと当事者たちは感じていた。第一次日本共産党は、解党後の残務処理のため堺利彦、山川均、荒畑寒村、野坂参三、佐野文夫、青野季吉、徳田球一からなる共産主義ビューローを設置し、四月末に荒畑が上海に行きヴォイチンスキーに直接解党を報告する。

第一次日本共産党がコミンテルンの規律に必ずしも従順ではなかったことを誰よりも熟知していたヴォイチンスキーは解党を受け入れ、今度こそコミンテルンの規律に従う新たな日本共産党を創設し

8　亀戸事件追悼会

亀戸事件で虐殺された川合義虎らが属した南葛労働会の関係者による亀戸事件追悼会での記念写真（1924年2月17日）。

ようと考える。一方、片山潜は、独断での解党をコミンテルンに対する重大な規律違反と捉え、激怒した。片山にとってコミンテルンは「一大家族」であり、すべての情報をコミンテルンに隠し立てすることなく報告し指導を仰ぐのが、正しいコミュニストのあり方だと考えていたからだ（富田・和田二〇一四）。

　ふたりの解党への対応が対照的なのは、片山ただひとりがモスクワで日本共産党を代表している現状にヴォイチンスキーが批判的であったことも影響している。ヴォイチンスキーは日本からの新たな要員の派遣を求めており、結果的にはウラジオストクに亡命して在外ビューローを組織した佐野学が、その役割を担っていくことになる。

　コミンテルン執行委員会在ウラジオストク代表のファインベルクは、当初佐野の能力に懐疑的だったが、それでも高津が日本に送り返されるのとは対照的に（六四頁参照）、佐野は近藤栄蔵とともにモスクワに向かい、片山とともにコミンテルン第五回大会（一九二四年六月）の日本代表となる。しかし、堺や山川、荒畑ら第一次日本共産党の古参党員への反発をあらわにする片山、近藤と意見を異にした佐野は、片山によってモスクワへの残留を拒まれ帰国を命じられた（富田・和田二〇一四）。

片山に追放された佐野は、以降、コミンテルン執行委員会に対して容赦ない片山批判を行っていく。一九一四年に渡米して以来一度も日本に戻ることなく、アメリカやメキシコ、ソヴィエト・ロシアから限られた資料で行ってきた片山の日本分析は、東京帝国大学に学んだ新進の学者であった佐野には、納得しうる水準のものではなかったのだろう。帰国の途上で上海に滞在した佐野は、片山による「日本情勢および国際共産主義運動」の「政治的分析が真に粗末で、誤っている」ことを「残念に思っている」とコミンテルン執行委員会に書き送り、片山の解釈について「適切な批評、検討をするよう」にとも書き添えている（富田・和田二〇一四）。

第一次国共合作下の上海

一九二一年七月に上海で中国共産党を成立させたコミンテルンと、孫文率いる中国国民党の関係が密になったのは、ソ連と中国（北京政府）との間の国交交渉が難航するなかで、ソ連が広東政府を率いる孫文との関係を強めたことにはじまる。コミンテルンの中国駐在代表マーリンをはじめ、ソ連から中国・日本に国交交渉のため派遣された外交官ヨッフェら複数の回路から国民党への接触は進み、一九二二年末にはマーリンが孫文に国共合作の実現を進言、一九二三年一月には孫文＝ヨッフェ共同宣言が発表された。これ以降、コミンテルンへの接近を加速した孫文は、一一月に「連ソ・容共・扶助工農」の三大政策を発表してソ連そして中国共産党との協調を打ち出していく。そして、一九二四年一月、共産党員がその党籍を保持したまま国民党に入党するというかたちで、第一次国共合作が実現して、広義の中国国民革命がはじまった。ソ連視察に送り出された国民党の蔣介石は、帰国後にソ連の援助で革命軍養成のために設立された黄埔《こうほ》軍官学校の校長を務め、国民革命軍を育成した。この国民革命軍がのちに北伐を担うのである。

一九二五年一月、上海滞在中のヴォイチンスキーが日本共産党再建のための会議を招集した。会議では、佐野学、荒畑、佐野文夫、青野、徳田の参加のもと一九二五年七月に共産党の創立大会を開催することを決議し、新共産党創立のためにビューローを改組して共産主義グループを発足させた。このとき会議のため東京から上海にやってきた徳田は、当時の上海の様子を次のように伝える。

> 上海も非常に革命的興奮が感じられ、特にソビエト同盟にたいして好意ある態度を示していた。ソビエト同盟の総領事館は日本、ドイツその他の総領事館が並んでいる上海のもっとも繁栄している一部分に旧ツアール政府の総領事館を奪還して設けられていた。そこは英、米の定期航路の豪華船や日本郵船のヨーロッパ航路などが発着する埠頭につづいているところであった。さらにソビエト同盟の通商代表の公館が南京路に面して大きな建物を占めていた。われわれは同志ヴォイチンスキーの泊っている宿で約一週間にわたって昼夜をわかたず論議した。同志ヴォイチンスキーの住んでいた宿は日本人租界の中にあったが事務員級の人ばかり住んでいる相当大きなアパート式の家で、多くのソビエト同盟人が住んでいた。こういう家が何の不安もなく日本人租

界内にあったことからみても当時の上海の空気がどんなものであったか察しがつく。

（徳田球一『わが思い出』、一九五五年［初出は一九四八年］）

第一次国共合作下の上海は、若きコミュニストを生み出した。その拠点のひとつが、一九二二年に創設された上海大学である。モスクワで中国共産党に入党しクートヴェ（東方勤労者共産大学）でも教えた経験を持つ瞿秋白が教務主任に着任して以降、張太雷や施存統らも教鞭を執っている。のちに「日本共産党台湾民族支部」を組織する謝雪紅も（一一六頁参照）、一九二五年の上海大学に学び、クートヴェに送り出されている。

日ソ国交樹立とヤンソンの東京着任

一九二二年一〇月、シベリア駐屯日本軍の撤退が完了して極東共和国が消滅し、一二月にソヴィエト社会主義共和国連邦（ソ連）が成立すると、日本とソ連の間の国交樹立交渉が本格化した。一九二三年二月、東京市長・後藤新平の招きによりソ連外交官・ヨッフェの来日が実現し、六月までの滞在中に国交樹立のための予備交渉を重ねた。

戦時共産主義で疲弊した国力回復のため新経済政策（ネップ、一九二一年）を採用して部分的に市場経済を容認する方向に舵を切ったソヴィエト・ロシアにとって、資本主義国との関係改善は急務だった。一九二二年四月、資本主義国ではじめてワイマール・ドイツがソヴィエト・ロシアと国交を樹立し、以降コミンテルンの世界革命戦略が事実上破綻するなかで、一九二四年二月にはイギリス労働党内閣がソ連と国交を樹立し、一〇月にはフランスも続いた。東アジアでは、ソ連／コミンテルンによる中国共産党と中国国民党の合作への働きかけと並行して、一九二四年五月に中国とソ連の国交が樹立されていた。

北京でのソ連の駐中国大使・カラハンとの度重なる交渉の末、一九二五年一月に日ソ基本条約が締結され、日本とソ連の国交が樹立された。条約締結により日本軍の北樺太からの撤兵も実現し、七年以上におよぶシベリア出兵も終結した。外交関係の樹立に伴い、一九二五年四月はじめには、東京の旧ロシア帝国大使館にソ連外交官が入居している。

日ソ間の外交関係の樹立は、コミンテルンと日本のコミュニストとの関係にも大きな転回点となった。それまで、日本国内からソ連／コミンテルンへの連絡を担っていたのは、主として日本駐在の通信員だった。とりわけ、一九二二年二月に極東共和国の国営通信社ダルタ通信の東京支社長として着任してきたアントノフは、ロシア一〇月革命後に樹立された沿海州自治会臨時政府（浦塩臨時政府）にも関わったコミュニストであり、来日後はヨッフェや後藤と接触して日ソ国交交渉の一端を担いつつ、第一次日本共産党とも接触を続けていた。一九二三年はじめから、コミンテルンの関係ではウラジオストクと日本の連絡ルートがかろうじて機能しはじめてはいたけれども、通信社社員という肩書きで合法的活動が可能だったアントノフらの役割は、情報収集という局面でも大きかったはずだ。

横浜で関東大震災に被災したアントノフは、いち早く神戸に脱出し、九月半ばまでに神戸から下関、釜山、奉天を経てハルビンに到着している。アントノフの帰国後は、ダルタ通信を吸収したソ連の国営通信社・ロスタ通信（のちのタス通信）から派遣されたスレパックが一九二四年三月に東京に着任し、北京のカラハンと密に連絡を取りつつ情報収集にあたっていたが、日ソ国交樹立にともない、はじめてコミンテルンのエージェントが東京に着任する。その人物がカール・ヤンソンである。

ラトヴィア生まれの船員カール・ヤンソンは、ロシア一九〇五年革命ののちアメリカに亡命してアメリカ共産党の結党に参加、続いてカナダ共産党の設立を指導して、一九二三年にモスクワに戻ってきた。ヤンソンの新たな任務が、日本での共産党再建および合法的労働者政党の組織化だった。一九二三年夏の段階で、コミンテルンが日本での合法無産政党の組織化を指令していたことはすでに見た通りであり、その方針はなお堅持されていたのだ。

一九二五年六月、ヤンソンはソ連大使館「書記生情報係」の身分で東京に着任した。当時四二歳、ロシア語はもちろん英語も堪能なヤンソンの存在は、脆弱な共産主義グループの強力な援軍となるはずだった。しかし、次章で見ていくように、五・三〇事件への対応をめぐり、着任したばかりのヤンソンは共産主義グループに大いに失望することになる。

東京に生まれた東アジア諸民族の抵抗の場

共産党再建の動きとは一線を画した独自の活動を進めていたのが、ウラジオストクの在外ビューローにいた高津正道である。上海とウラジオストクを往復する任務についた高津が解党決議を知らされたのは、解党後の一九二四年五月のことだった。上海で高津がコミンテルンに宛てた一九二四年五月三日付報告書（加藤二〇〇六「体制変革と情報戦」）は、解党に至った要因として共産党の「大衆からの孤立」をあげ、帰国した暁には自ら共産党の再建に献身することを誓っていた。しかし、六月に帰国した高津は、かつての党員からの冷遇に接して共産党と訣別し、暁民共産党事件の刑期をつとめて一九二五年一月に出獄した。

出獄後の高津は、第一次国共合作の影響が及ぶ東京で、中国人・朝鮮人のコミュニストとの共同行動に活躍の場を移した。その経緯を確認しておくと、高津の入獄中に東京では、中国国民党の陳日新、中国共産党の黄克謙と王樹声により中国国民党東京支部が再建されていた（陳濤先生追悼録刊行会編一九九一）。中華民国留日学生総会主席を務めて留学生社会のリーダーでもあった陳日新は、当時の中国人留学生が、一割の「頑固派」（軍閥官僚の子弟で士官学校に多数在籍）、八割の「中間派」（民族ブルジョア及び上層プチブルの子弟で学問による救国を主張）、一割の「進歩派」（中層プチブル子弟の私費留学生、フランスへ渡った勤工倹学運動（このうちの周恩来らが中国共産党に加わった――筆者注）と同様）にわかれており、王樹声らはそのうちの「進歩派」だったと回想する（陳濤先生追悼録刊行会編一九九一）。一九二五年春には、陳日新ら左派が主導するかたちで中国国民党の日本代表機関である中国国民党駐日総支部が成立し、その事務所は中華基督教青年会館に置かれた。

朝鮮人の社会主義運動にも変化の波が及んでいた。一九二四年六月に渡航管理制度（「朝鮮人の旅行取締に関する件」）が廃止されると朝鮮人労働者の日本内地への移住が急増し、一九二五年二月には在日本朝鮮労働総同盟（在日労総）が誕生する。こうして朝鮮人の社会主義運動は、従来運動を支えてきた留学生に加え、労働者をも担い手として拡大していくことになる。朝鮮人留学生の多くが、関東大震災ののちソ連、中国、朝鮮へ活動の場を移していくなかで、新たに登場したリーダーが安光泉である。京城医学専門学校を卒業したのち五・四運動直後の中国に渡り、その後日本へ渡航してきた彼は、一九二五年一月に東京で発足した朝鮮人思想団体・一月会を率いてもいた。

朝鮮語・中国語・日本語に堪能な安は、日本語ではじめて発表した論説「日本社会運動者の態度」（政治研究会機関誌『政治研究』一九二五年三月号）で、コミンテルン第二回大会にメキシコ共産党代表として参加したインド人ロイが起草した「民族・植民地問題に関する補足テーゼ」を参照しつつ日本人社会主義者の「植民地問題に対する無言、不関《ママ》の態度」を手厳しく批判するとともに、日本人社会主義者に朝鮮人との共闘を呼びかけた。

安の呼びかけにいち早く共鳴したのが高津だった。この直後の四月、高津と安は朝鮮に渡航して朝鮮人社会主義者との会合を重ねている。この際、朝鮮共産党創立大会（一一九頁参照）への出席も目指されたが実現しなかった。帰国後の高津は、暁民会以来の人脈を生かして、中国国民党駐日総支部の中国人と安ら朝鮮人の活動家を引き合わせた。「ある土曜日の午後」、多摩川のほとりで開かれた「秘密の交歓会」には、高津ら日本人が一〇名、朝鮮人の男女が八人、陳日新と王樹声の中国人二名が集い、「ソビエト経由で上海からもどったばかりの女性同志が外遊の感想を述べ」、陳日新は「国共合作後の中国革命の形勢について簡単に話し」、「その後、地面に腰をおろし、飲みながら、食べな

無産者新聞　第百號　（三）

二年九月十五日（木曜日）

本社支局所在地

本社の旗の飜るところ

追加豫算廿七萬圓を
縣參事會で可決
青森縣會の專制的正體
縣參事會の廢止、機密費廢止
警察費削減を要求しろ

無産者新聞の百號發刊を祝す

九月十五日　勞働農民黨

無産者新聞第百號　中野重治

日魯漁業と結托した
知事や村長
漁夫供給組合の僞瞞

第百號刊行を祝す

九月十五日　勞働組合統一同盟

大阪で又々前衛座を

9　『無産者新聞』第100号（1927年9月15日）

上の世界地図の「本社の旗の飜るところ」は、北米—日本—中国—ヨーロッパをつなぐ同時代の運動ネットワークを示している。その下には中野重治の詩「無産者新聞第百号」（『中野重治詩集』所収）が掲載されている。

がら、酒豪はたびたび乾杯し、ある者は舞い歌った」と回想する（陳濤先生追悼録刊行会編一九九一）。こうして高津が結んだ日本人・朝鮮人・中国人のつながりが、一九二五年の東京での反帝国主義運動の展開を担っていくことになる。

五・三〇事件と「帝国主義」「民族」「植民地」

辛亥革命の起きた一九一一年に内外綿が上海に工場を設置して以降、第一次世界大戦中の急激な賃金の上昇や、国際労働機関（ＩＬＯ）による深夜業禁止の勧告を嫌った日本の紡績工場は、相次いで上海に進出し工場を設けた（在華紡）。上海の紡績工場の半数以上が在華紡となるなか、一九二五年二月に内外綿工場で起きた女性・少年労働者の虐待事件は、上海各地の在華紡での抗議のストライキに発展し、中華全国総工会（一九二五年五月一日に創設されたナショナル・センター）の指導のもとストライキは激しさを増した。五月一五日、内外綿工場でのストライキ中に日本人監督官が中国人の組合指導者を射殺する事件が起き、これに抗議した学生が逮捕された。五月三〇日、逮捕学生の釈放を要求するデモ隊に共同租界のイギリス警官が発砲して死傷者が出たことで（狭義の五・三〇事件）、上海では翌六月一日から労働者二〇数万人が一斉にストライキに突入して、労働者の権利保障や領事裁判権の廃止、外国軍隊の撤兵などを要求する運動が中国全土へと波及していく（広義の五・三〇事件）。この際、上海大学の教員・学生も逮捕され、校舎は共同租界の軍事力（万国商団）により接収された。

五・三〇事件の一報にいち早く反応した中国国民党駐日総支部は、日本の労働組合に働きかけて、日本やイギリスなど外国の資本に搾取される中国人労働者の実情を訴え、ストライキへの支援を呼びかけた。新人会は、宮崎龍介を介して陳日新に講演を依頼し、六月一〇日に東洋民族問題批判講演会を開催した。陳が一〇〇〇人の聴衆の前で帝国主義列強による中国への圧迫と日本による中国侵略への反対を主張すると、これに呼応した学生社会科学連合会（学連）は、続く一五日、東京・芝公園の協調会館で「民族殖民地問題講演会」を開催した。この講演会の弁士の顔ぶれを以下に紹介しよう（「特高秘第一五八七号　民族殖民地問題講演会ニ関スル件（一九二五年六月一六日）」）。

開会ノ辞	思想要注意人	野呂栄太郎（慶大生）
日本資本主義ニ就テ	思想要注意人	高橋亀吉
民族問題ト外交問題	思想要注意人	早坂二郎
無題		矢野某（早大生）
同	思想要注意人	村尾薩男（帝大生）
欧米金融帝国主義ノ検討	特別要視察人	猪俣津南雄
帝国主義ト殖民地問題	労働要視察人	麻生久
孫文ニ就テ	特別要視察人	宮崎龍介
閉会ノ辞	思想要注意人	野呂栄太郎

弁士には、のちの日本資本主義論争（八九頁参照）の主要な論者が集結していた。『日本資本主義発達史』（一九三〇年単行本化）により鮮烈なデビューを飾り、非合法共産党の地下活動に従事した講座派の雄・野呂栄太郎、『東洋経済新報』編集長を務めるエコノミストで「プチ・帝国主義」論争のきっかけとなる論説を書いた高橋亀吉、そして第一次共産党事件で検挙され、高橋を批判する論説を書いて日本資本主義論争の口火を切り、労農派に近い立場から論陣を張ったアメリカ帰りの経済学者・猪俣津南雄が一堂に会したこの講演会が、中国情勢に敏感に反応して「帝国主義」「民族」「植民地」を問題化しようとする場であったことは、日本資本主義論争の起点を考えるうえで重要な史実であろう。

しかし、この場に集った学生らの「帝国主義」「民族」「植民地」認識は、あくまでもイギリス資本に収奪される中国という構図にとどまっており、日本資本の中国進出はおろか、帝国日本による朝鮮・台湾の植民地支配の現実に関心が向けられることはなかった。安は、「朝鮮がかく社会運動、労働運動に遅れおるは、朝鮮の事情を紹介するものなく、又諸君は聞こうともしなかった罪である」と日本人の無自覚を厳しく問い、自ら植民地支配の実態を日本で発信していこうとする。その拠点となったのが、極東社会問題研究会だった。

極東社会問題研究会と「植民地」問題

七月二一日に東京で設立決議を発した極東社会問題研究会は、高津ら暁民会系の旧第一次日本共産党員、李憲、河弼源、李如星、南大観、白武、卞熙瑢、宋彦弼ら一月会および在日労総に関わる朝鮮人のほか、郝兆先、黄克謙、王樹声ら中国国民党駐日総支部の中国人が結集した。彼らの多くがかつて暁民会で活動をともにしており、その限りで、極東社会問題研究会とは、「東洋の小さいインタナショナル」を目指した暁民会の再来でもあった。

極東社会問題研究会で安が取り組んだのが、朝鮮における土地所有、農業生産、工業生産、商業発達などの観点から日本による植民地支配の実態を数値化する作業である。なかでも農産物や穀物の輸出入量に注目したことは、日本に米を輸出して自らは満洲から輸入した粟を食べざるをえない朝鮮農民の生活を数値として具体化することで、朝鮮総督府が推し進める産米増殖計画の欺瞞を暴くものだった。

「朝鮮経済状態概要（日本人侵略表）」として発表されたその成果に注目したのが、産業労働調査所である。一九二四年三月に第一次日本共産党の党員であり総同盟顧問でもあった野坂を所長として設立された産業労働調査所は、民間の労働運動・労働問題に関する調査研究機関として、機関誌『産業労働時報』の発行をはじめており、五・三〇事件批判の講演会に登壇していた猪俣が主任を、野呂がその助手を務めていた。一九二五年八月、産業労働調査所は、「無産階級運動の見地より現在に於ける日本資本主義経済の一般的発展状態を調査」するために資本調査会を新設し、その下に「我が国の帝国主義及び国家資本主義的発達形態を明確」にするために植民地問題を担当する部会を設けて安をその主査に任じたのである。

資本調査会がこのように日本資本主義理解の一端として植民地問題に関心を向けたのは、五・三〇事件により「帝国主義」「民族」「植民地」という問題構成が受け入れられたことが大きく影響していた。「朝鮮経済状態概要（日本人侵略表）」の分析水準は、現在の研究水準からすると十分なものとはいえない。しかし、日本資本主義の発展と植民地の収奪を数値化した安の先駆的努力を、資本調査会が日本資本主義分析のなかに踏まえようとしていた事実は、日本資本主義論争が封建論争――現存する権力のあり方を地主制研究に借りて批判する――に収斂するなかで、植民地の収奪という現実問題から離れていったこととは対照的な事柄だろう。なぜ日本資本主義論争が植民地問題から離れていったのか、今後の日本資本主義論争研究ではその経緯も検討されねばならない。

コミュニストの植民地認識／ジェンダー認識

一九二五年後半は、労働団体・農民団体を糾合した階級的単一合法無産政党の組織化に向けた規約・綱領草案の起草作業が行われた。共産主義グループの影響下にある左派の政治研究会・評議会（八〇頁参照）と、左派の合法無産政党への加入を嫌う右派の総同盟・日本農民組合は激しい対立を生じており、この対立は綱領草案における植民地問題の扱いにも影響を及ぼした。「植民地の解放」を主張した左派に対して、右派は「植民地の自治」を主張し、最終的には左派の譲歩により右派案が採用されるのだが、その左派の植民地認識も危ういものだった。

　左派が提出した綱領草案に女性労働者に関わる要求が含まれないことを危惧した山川均・山川菊栄は、「（一）性及び民族の如何を問わぬ一律最低賃金、（二）同一労働にたいする男女同一賃金、（三）婦人にたいする一切の法律上の権利剥奪の撤廃、（四）教育、職業における男女の同一機会と権利、（五）母性保護、（六）公娼制度廃止」の諸要求を綱領草案に入れるよう左派に要請するが、左派を指導する佐野学ら共産主義グループは、（六）を除く各項を「「小ブルジョア要求」であり、「反マルクス主義的」である」として綱領草案に入れることを拒否したのだ（伊藤一九八八）。共産主義グループにとって「女性」問題と「民族」問題は、男性の日本人労働者の権利を侵食する異物でしかなかったことが、共産主義グループとやりあった山川菊栄の以下の文章からもうかがえる。

> 　植民地民族に内地人と同様の権利を与えることは、それ等の民族の隷属を承認することとなる、という反対説を唱えておられる。
>
> 　職業の自由については、今日既に資本家が賃金の廉い婦人や支那朝鮮の労働者を雇って内地の男子労働者を駆逐せしめつつある際、この上婦人や植民地民族に男子と平等の職業の機会を与えることには反対するというのが、評議会指導部の意見である。
>
> （山川菊栄「「婦人の特殊要求」について」『報知新聞』連載、一九二五年）

さらに続けて、山川菊栄は、評議会指導部の、「植民地民族にも職業の機会は開かれているのであるが、就職し得ないのは無能力なためであって、現に自由労働の如き職業には盛んに使用せられているのは、その証拠である」という意見を紹介しているが、「植民地民族」が「自由労働」――その多くが建設工事の現場作業――に従事せざるをえなかったのは、民族差別があったからだ（もちろん教育の程度や日本語力という問題もあった）。共産主義グループが日本人と朝鮮人の間に横たわる構造的差別を理解できなかったことが、のちに「一国一党の原則」の適用として問題になる朝鮮人組織の日本人組織への一本化できしみを生み出す原因になっていく。

こうした紆余曲折の末、一九二五年一二月に日本初の合法無産政党として農民労働党が結成されるが、ただちに結社禁止命令を受けた。一九二六年三月に評議会など共産主義グループの影響下にある左派を排除して結党にこぎ着けた労働農民党も、左派の加入を認めるか否かで党内対立を深めていき、一九二六年一二月には、これに断固反対する右派が労働農民党を脱退して社会民衆党を結成する（委員長・安部磯雄、書記長・片山哲）。総同盟反幹部派や日本農民組合右派を中心とする中間派も、同月に日本労農党を結成する（書記長・三輪寿壮）。こうして左派が残った労働農民党は、委員長に大山郁夫、書記長に細迫兼光が就任して、一九二六年一二月に成立する第二次日本共産党の影響下で活発な活動をはじめるのである。

孫文への尊敬と中国国民革命への共感

合法無産政党の三党分立は、中国国民革命に対する各党の認識の違いとも連動していくが、しかし一九二五年三月に「革命いまだならず」との言葉を残して死去した孫文への尊敬の念がかろうじて各党をつなぎとめていた。死去二ヵ月後の五月九日、東京・芝の増上寺で犬養毅・頭山満・宮崎龍介らが主催した孫文の追悼会には、高津や総同盟会長の松岡駒吉も列席して「日支無産階級の提携を説」いたという。

しかし中国国民党の内部では、カリスマ孫文の死去によりこれまで自制してきた党内の中国共産党員への反感が噴出して対立を深め、一九二五年一二月までに駐日総支部も共産党員を排除した西巣鴨派（右派）と、国民党左派と共産党員が結集した青年会派（左派）に分裂する。陳日新や王樹声が支える青年会派は、孫文への尊敬の念を軸に、分立する合法無産政党に中国国民革命への支持を働きかけていく。一九二六年三月、中華基督教青年会館で青年会派が主催した孫文死去一周年記念会には高津や宮崎らが参集し、高津は次のように孫文の功績をたたえた。

> 孫中山の理論は日本では山川均に、その勇敢さは大杉栄に、その指導性は堺利彦に比される。孫中山はこの三人の優れた点をすべて備えた偉大な人物である。
>
> （張天放・濮清泉「国民党東京支部的左右派闘争」、一九七八年）

この発言は、「大杉氏之実行力、堺氏之襟度、山川氏之理論、孫氏皆兼而有之」と訳されて中国国民党機関紙『広州民国日報』に掲載され、中国でも知られることになる。

一九二六年七月、国民政府による中国統一を目指す北伐が宣言されて北洋軍閥の掃討がはじまると（狭義の中国国民革命）、青年会派の人びとは「連ソ・容共・扶助工農」の三大政策を掲げて中国国民革命への支持を日本の合法無産政党に働きかけた。青年会派が主催したある日の会合の様子を紹介しよう。

> 労働農民党、左派学生代表、さらには社会民衆党の代表者や高津正道、宮崎龍介、上村進らが参会した。座談会の主題は、孫中山の三大政策についてであり、冒頭鄭漢先が日本語で孫中山の遺嘱を読み上げ、同時に三大政策の解説を行った。日本人らはみな先を争って発言し、孫先生のこれらの政策は偉大で正しく、日本人にひろく宣伝する意思を表明した。社会民衆党の代表者のみが三大政策に対して反対を表明したが、他の日本人達は「プロレタリア、農民の唯一の出口は革命であり、失うものは鎖であり、得るものは全世界である」と反論した。会議は成功をおさめた。日本人は、孫中山の遺嘱は身をもって実行するべきものであり、毎回読み上げることは形式主義につながるため行うべきではない、と語った。
>
> （張天放・濮清泉「国民党東京支部的左右派闘争」、一九七八年）

ここで「社会民衆党の代表者のみが三大政策に対して反対を表明した」のは、国際共産主義運動を否認し、あくまで合法的な議会主義の枠内で資本主義社会の改良を目指す右派の社会民衆党の方針が貫徹されてのことだった。国際共産主義運動の影響を排除したかたちでの中国統一の実現を支持した社会民衆党は、右派の西巣鴨派との連携を深めていく。

その一方で、三大政策のもと国際共産主義運動の影響下での中国国民革命の実現を支持する労働農民党は、青年会派との接触をはかる。一九二六年の年の瀬、大山委員長が青年会派の事務所を訪れ、労働農民党と非合法共産党の「合作問題」の参考にしたいと、中国国民党と中国共産党およびコミンテルンとの関係について質問している（夏一九八七）。その際に通訳を務めた夏衍の証言を引いておこう。

> 目的は中国が直面している政治情勢を一通り把握したい。大山郁夫のような大学教授出身の政党領袖でさえも、国共の関係や両党の基本的な違いについて、多くを知りえなかったのです。一、国共合作は、孫中山がまっ先に提起したものか、それとも第三インターが中国共産党に参加するよう指令したものなのか？　二、両党の合作には規約を明文化した共同綱領が存在するのかどうか？　三、現在の国民党中央委員会のなかに、共産党は規定されたポストを持っているか？　四、国民党と第三インターの関係。五、最近の新聞は両党間の矛盾についてよく報じているが、分裂の可能性があるのかどうか？　等々。

（夏衍『夏衍自伝　日本回憶』、一九八七年）

このように日本の無産政党各派が中国国民党の各派とそれぞれに接触を深めていった背景には、第一次国共合作の内部で対立を深める各派の関係性と、日本の無産政党各派の対立関係に、重なり合う部分があったからかもしれない。社会民衆党にとっては、中国共産党／コミンテルンと距離を置きつつ中国国民革命の完了を目指す蔣介石ら中国国民党右派の動きは、日本国内で非合法共産党／コミンテルンの影響を排除しつつ変革を実現しようとする自らの動きと重なるものであり、労働農民党にとっても、中国国民党左派と中国共産党の党内合作は、事実上非合法共産党の強い影響下に合法活動を担うべき労働農民党のあり方を考える材料でもあったのだ。実際、大山が来訪した直後の一九二七年一月、前年末に第二次日本共産党を創設したばかりの渡辺政之輔も青年会派と接触し、同じような質問を発したというが、しかし非合法共産党の側の第一次国共合作／中国国民革命への理解は浅かったようだ。この際も通訳を務めた夏衍の回想には、次のように記されている。

「中国国民党は、第三インターに所属するのではないですか」（と渡辺は尋ねてきました——引用者）。

なぜかといいますと、国民党という名詞の英文音訳Kuomintangと、第三インターの略称Comintern とは、音読みするとほとんど差がありません。（中略）

渡辺は、日共の内部では国民党を買いかぶる者がいて、それがつまり共産党だとするものもいれば、またきわめて低い評価しかしない者もいて、国民党はブルジョワジーの政党だとするものもいる。そこで自分としてはこの問題をすっきりさせたいのだといいました。

（夏衍『夏衍自伝　日本回憶』、一九八七年）

夏衍が「労働者階級らしい爽やかさと荒っぽさ」を持つと評した渡辺ならではの単刀直入の問いであった。そして、このような第一次国共合作／中国国民革命への理解の程度は、この直後に渡辺らが向かったモスクワで、コミンテルンによって厳しく批判されることになる。次章では、その経緯を、共産党再建運動の動きに立ち戻って見ていくことにしよう。

【補注】社会民衆党に属した宮崎は、国際共産主義運動の影響を排除しつつアジアの変革を目指す場として、一九二五年一二月に「東京インターナショナル倶楽部」を発足させた。「人種的偏見を排して隔意なき意見を交換し之れが社交機関たらしむる」ことを目的として誕生した東京インターナショナル倶楽部には、宮崎、権熙国、元鐘麟らかつてのコスモ倶楽部のメンバーが多くいた。高津も一九二六年前半の短期間、ここに出入りしている。

事務所は、アメリカ人宣教師の子として日本に生まれ、この当時は明治学院で英語教師をしていたポール・ケートの自宅に置かれ、毎月一回の定例会を開催した。権熙国、元鐘麟、ケート、高津のほかに「大空詩人」の永井叔、陳福安ら二六人が出席した第四回定例会（一九二六年三月一四日）では、陳福安による「安南国情の講演」が行われている。在日ベトナム人陳福安は、一〇歳で東遊運動（ベトナム民族独立のための日本留学運動）

に参加して来日し、その後日本で暮らしながら大杉や満川亀太郎とも親交を持った。陳福安はファン・ボイ・チャウが組織したベトナム維新会の党首となったクオン・デとも親しく、宗主国フランスからの祖国ベトナムの解放を求める立場にあった。その限りで、東京インターナショナル倶楽部は、帝国主義諸国からのアジアの解放を掲げる組織であるといえ、中華基督教青年会館の馬伯援も東京インターナショナル倶楽部に言及していた。中国での反英感情が高まるなかの一九二七年一月二三日、青年会派は中華基督教青年会館で反英運動宣伝大会を開催した。この会では、青年会派の王樹声と郝兆先をはじめ、ポール・ケート、陳福安ら東京インターナショナル倶楽部の中心メンバーが「英帝国主義の支那に於ける暴状を痛撃」する演説を行い、この動きが対支非干渉運動の呼びかけにもつながっていった。

第4章　「国際共産党日本支部日本共産党」の誕生

ヤンソンと共産党再建グループの軋轢

一九二五年六月、東京に着任したばかりのヤンソンを悩ませたのは、共産党再建の中核となるべき共産主義グループのあまりの弱体さだった。東京のヤンソンがモスクワのヴォイチンスキーに送った最初の報告書（一九二五年七月三日付、富田・和田二〇一四）には、「信じがたいほど弱体な」共産主義グループの実情が綿々と綴られている。それによると、五・三〇事件の直後、共産主義グループの影響下にある日本労働組合評議会（評議会、総同盟第一次分裂により一九二五年五月に創設された左派のナショナル・センター）は、三田村四郎と山本懸蔵を上海に派遣して中華全国総工会と接触したが、これはヤンソンの指示ではじめて実現したという。しかも共産主義グループは、上海からの送金が滞っていたためまともに活動できる状況になく、ヤンソンがポケットマネーから七〇〇円（現在の貨幣価値で一〇〇万円弱）を共産主義グループに貸し付けたともいう。それでもヤンソンは、アメリカでの自身の経験を踏まえつつ、「合法活動と非合法活動」を「結合」させれば、「およそ一年」で

「堅固でかなり広範な基盤の上に立つ強固な共産党組織を持てるだろう」と楽観的観測を記すが、これは精一杯の強がりだったようだ。

　実際、七月三日付でジノヴィエフに宛てた報告（富田・和田二〇一四）では、「四五〇万の工業プロレタリアートのうち僅かに約二〇万人が労働組合に組織されているに過ぎ」ない日本では合法活動の基盤となるべき労働組合の力が弱く、しかも「約五〇名」が属する共産主義グループは「誰も党費を払っていない」うえにリーダーの荒畑寒村は重病であるため、共産主義グループを共産党に組織化するのではなく、共産主義グループの影響のもとに合法無産政党を組織化することを目標としている。加えて、共産主義グループの人材不足にもヤンソンは悩んでいた。書記を務める徳田球一は「精力的な同志だが、経験不足で、創意性に乏しい」いと批判し、ただひとり労働者出身の渡辺政之輔だけは「決断力と組織者の天分を示している」と高く評価するが、問題だったのは、ヤンソンが「よりすぐれた共産主義者の同志」と考える堺利彦、山川均、野坂参三、青野季吉、佐野文夫らが共産主義グループとは距離を置いていることだった。とりわけ堺と山川は、一月の上海会議で発せられた党再建決議に、はっきりと反対していた。

　この弱体な共産主義グループの組織的強化は、七月に佐野学が上海から帰国してきてようやく実現された。一九二三年五月末に日本を脱出して以来二年ぶりに帰国した佐野は、秘密裏に共産主義グループと接触を続けて、九月一三日に東京で「日本共産主義者会議」の開催にこぎつけた（富田・和田二〇一四）。この会議では、組織形態、宣伝活動などについて討議し、活動の責任者として徳田

（書記長、組織部長兼務）、佐野学（政治部長、宣伝・煽動部長兼務）、杉浦啓一（情報部長）を選出した。九月二六日に共産主義グループの事実上の合法機関紙『無産者新聞』の発行がはじまると、共産主義グループが学生に及ぼす影響力はますます強まった。しかし一二月には、治安維持法の日本内地最初の適用事件となる京都学連事件（一九二四年に発足した学生社会科学連合会への弾圧事件）が起き、慶應義塾大学の野呂栄太郎や京都帝国大学の岩田義道ら三八名が起訴される。この事件を機に学生による社会科学研究は禁止され、結果としてマルクス主義の洗礼を受けた学生の多くは、非合法共産党の合法的外郭団体に身を投じて実践活動を担っていくことになる。

山川均と福本和夫

一九二五年一〇月、これまで共産党再建への協力を一貫して拒否してきた山川が共産主義グループに加入し、これ以降一九二六年にかけて、コミンテルン執行委員会はヤンソンを介して日本での共産党再建に関する具体的指示を発し続ける。その際に繰り返し言及されたのは、合法無産政党の組織化問題と非合法共産党の再建問題との関係である。前者については第一次日本共産党以来山川が主張してきた単一無産政党論（「無産階級運動の方向転換」『前衛』一九二二年八月号、「日本におけるデモクラシーの発達と無産階級の政治運動」『改造』一九二四年五月号などで主張された、一階級一政党という立場から全プロレタリアートの要求を結集した単一の合法無産政党を組織すべきとの発想）に沿うかたちでの組織化を実現するため、一九二六年三月に成立した労働農民党内に共産党支持派を育成しようとしていた。後者については、徳田が出席したコミンテルン第六回拡大執行委員会（モスクワ、一九二六年二月）で出された「日本問題についての決議（モスクワ・テーゼ）」で、「近い将来」に「強力な共産党」を組織すべきとされており、労働農民党への影響力の拡大と非合法共産党の再建は両輪で進められようとしていた。この点、徳田の帰国によって開かれた共産主義グループの会議（一九二六年六月末）では、労働農民党を「党建設の基盤」に位置づけており、非合法共産党の再建に向けては「一〇〇％」のコミュニストだけを党員として受け入れてきたこれまでのやり方を自己批判して、まずは党員の増員を実現して党再建の基盤とすると決定した（村田編一九九三）。実際のところ、一九二六年一月時点で徳田がモスクワで報告した党員数は、「正党員二九名、党員候補八五名」であったが（富田・和田二〇一四）、八月半ばまでに党員数は六六名に急増している（村田編一九九三）。

この党再建方針を真っ向から批判したのが、福本和夫である。ワイマール・ドイツに留学してマルクス主義思想を摂取した福本は、帰国後の一九二四年に共産主義グループの合法理論誌『マルクス主義』で日本の『資本論』研究を批判して鮮烈なデビューを飾り（「経済学批判のうちに於けるマルクス「資本論」の範囲を論ず」『マルクス主義』一巻八号、一九二四年一二月）、六月末の会議で入党が認められていた。山川の単一無産政党論は、経済闘争と政治闘争が混在する「折衷主義」「組合主義」であり「理論的に不純」であると批判した福本は、共産党は理論闘争を第一義的に遂行すべきであるとして、理論闘争により思想的純化を実現した「少数」が組織する前衛党こそが革命の原動力を担うべきであると主張したのだ。知識人こそが革命の主体であるとするこの福本主義と呼ばれる組織論は、知識人や学生に熱狂的に受け入れられ、共産主義グループを拙速な非合法共産党の再建へと向かわせたのである。

こうして一九二六年後半のわずかな期間に急速に影響力を拡大した福本主義は、ヤンソンにとっては「左翼小児病」そのものだった。大衆的基盤を強めるための努力や労働者の獲得のための努力などが、すべて無にされたからである。福本、佐野文夫、渡辺らは、一九二六年一二月四—五日、山形県五色温泉で「日本共産党創立大会」（のち第三回大会と呼ばれるが、実際の第三回大会は五四頁で見たように一九二三年一〇月に戒厳令下の東京で開催されていた）を開き、中央委員に徳田、渡辺、鍋山貞親、市川正一、佐野文夫、福本を選出し（徳田と佐野学は第一次共産党事件により入獄中だった）、第二次日本共産党を創設した。このときの正規の党員数は一三一名であった（富田・和田二〇一四）。この「創立大会」の開催をモスクワに伝えたヤンソンは、第二次日本共産党の「左翼的誤謬」を正すべくコミンテルン執行委員会の介入を強く求めた（富田・和田二〇一四）。一九二七年一月、出獄してきた徳田は、拙速な非合法共産党の再建に突っ走った共産主義グループに財政的締めつけを行うヤンソンに対抗してコミンテルン執行委員会の支持を得るべくモスクワに向かい、これを聞いたヤンソンも急遽モスクワに向かった（富田・和田二〇一四）。

モスクワでの屈従

だが、モスクワでの勝負はすでについていた。一九二五年にはじまるスターリンとブハーリンによるコミンテルン執行委員会の指導体制は、「資本主義の一時的、相対的安定」という現状認識のもと資本主義国との平和共存路線を取り、極左主義を排除する方向を取っていたからだ。ヨーロッパでは、イギリスとの国交樹立に続き、一九二五年四月に英露労働組合委員会が発足して労働組合の国際的団結をアピールしてもいた。レーニン死後の、ソ連一国の社会主義体制の堅持を主張するスターリンと、レーニンに基づき世界革命の実現を主張するトロツキーとの主導権争いも、一九二六年中には決着がつき、トロツキーら左派はコミンテルンから事実上追放されていた。このような状況で、大衆的左派労働組合から遊離した「左翼小児病」的非合法共産党の結党など許されるはずもなかった。

一九二七年三月までにモスクワに先着した渡辺らは、すでにモスクワで福本批判を行っていた鍋山、高橋貞樹らの意見を容れて福本批判に転じる。四月半ば、徳田と福本が遅れてモスクワ入りした時には空気は一変しており、その場の空気を読んだ徳田は、すぐさま福本批判に転じた。渡辺はそのような徳田の豹変を、「外交的マヌーヴァー（詐術）」であると酷評した（富田・和田二〇一四）。

四月二六日、日本代表が出席したコミンテルン執行委員会の会議で、渡辺は「日本共産党の古参幹部」であり「モスクワに三回も出かけ、コミンテルンと緊密に連絡していた」徳田が、「コミンテルンへの不信を労働者に吹き込」んできたことを激しく批判した（富田・和田二〇一四）。渡辺によるなら、徳田は、「我々がコミンテルンに訴え、自分の見解を示しても、わが委員会は、日本の実情は何も知らないと言うだけだ」と口にして、コミンテルンが日本に何の関心もないように歪曲し、共産

10　モスクワでの記念写真（1927年）
左から徳田球一、高橋貞樹、河合悦三、渡辺政之輔、片山潜、鍋山貞親。「27年テーゼ」起草をブハーリンに「お願い」した6月頃の撮影だろう。

主義グループの「労働者メンバー、平党員」の間にコミンテルンへの「敵対的な気分」を作り出し、コミンテルン＝ヤンソンへの反感から福本の理論を熱狂的に支持させるよう仕向けたからだ。渡辺は、インテリの「古参幹部」である徳田が、渡辺のような労働者出身のコミュニストを軽視してきたことがすべての誤りの原因であると考え、労働者こそが第二次日本共産党の中核となるべきことをコミンテルン執行委員会に申し立てた。

六月一〇日、「親愛なる同志ブハーリン」に「日本共産党の名において日本問題に関する政治テーゼを執筆」することを片山潜、ヤンソン、鍋山、渡辺、中尾勝男、河合悦三、佐野文夫、福本、そして徳田の連名で「お願い」する（富田・和田二〇一四）。自らの手で自らの党の綱領を起草することを放棄した時点で、第二次日本共産党は、コミンテルンの権威に屈従した。それは、第二次日本共産党が「国際共産党日本支部日本共産党」となった瞬間だった。以降、ヤンソンが引き続き第二次日本共産党の指導にあたることも承認され、七月一五日にブハーリンが起草した綱領案がコミンテルン執行委員会幹部会に提出され、第二次日本共産党も参加した会議のもとで綱領案の討議がはじまったのである。

与えられた「二七年テーゼ」

このモスクワでの会議では、第二次日本共産党の中国国民革命への認識の欠落が厳しく批判された。次節で見るように、すでにこの時点で第一次国共合作は崩壊しており、一九二七年五月の第一次山東出兵（日本が山東省に出兵して北伐への軍事介入を行った）以降の日本の積極的な中国進出策に危機感を抱いたコミンテルンは、第二次日本共産党の存在が日本帝国主義の抑止力として機能することを期待したからだ。そのため、ブハーリンは「日本帝国主義を分析する際の最重要問題」に「日本帝国主義と中国革命との関係」を位置づけて、これまで第二次日本共産党が「中国革命の問題にほとんど関わることがなかった」ことを批判する。とくに批判の俎上にあげたのが、日本プロレタリア革命の実現なくして中国革命の実現は不可能であるという渡辺らの認識であり、世界革命の一環として日本プロレタリア革命と中国革命の進展は相互に作用していることを説くブハーリンに対して、渡辺は「国際プロレタリアートの事業」を「忘却」したために「民族的に偏狭」な党になったと自己批判している（富田・和田二〇一四）。

こうして「帝国主義戦争の危険に対する闘争」「中国革命から手を引け」「ソ連邦の擁護」を掲げた「コミンテルン執行委員会の日本に関するテーゼ」＝「二七年テーゼ」が最終決定され、コミンテルン機関誌『インプレコール』（*International Press correspondence*）誌上にその英語訳が公表されたのは、一九二八年一月のことだった。この前に帰国した渡辺らは、一九二七年一二月四日に中央委員会を開催し、ブハーリンの綱領案に沿うかたちで第二次日本共産党の改組を行った。このとき中央常任委員にはモスクワで決められていた通り渡辺、鍋山、佐野学が選出されており、第一次日本共産党以来の運動経験を持つこの三名が、三・一五、四・一六事件で検挙されるまでの最高幹部を務めた。

注目しておきたいのは、この改組以降の第二次日本共産党が、はじめて「党の全活動の基礎」を「工場細胞」に置くと明記していることである。「山川の党」であった第一次日本共産党は、事実上小グループの連合体に過ぎず、党再建を進める段階でも労働者のなかに足場を作ることはできていなかった。この転換は、ロシア共産党をモデルとする「ボリシェヴィキ的形態」の党組織を各国共産党に強制しようとするコミンテルンの方針に規定されてのことだった。「工場労働者からなる統一体としての党」こそが正しい共産党であり、「工場細胞」に組織された労働者＝プロレタリアートが革命運動の主体となるべきであるとモスクワでは考えられていたのだ。ロシア一〇月革命をモデルとするこの方針に従った第二次日本共産党は、これまでの細胞をすべて解散して大工場での細胞の組織化に注力して工場細胞での機関紙発行を目指すとともに、工場に定職を持たない自由労働者（日雇い労働者）などの党員を街頭細胞に組織していくことになった。

改組直後の一九二八年一月に上海滞在中の鍋山と市川が執筆した報告書によると（富田・和田二〇一四）、この時点での党員数は二四五名、うち労働者が七〇％、知識人が二九％、農民が四名となっており、細胞数の内訳は、①東京・京浜地区に工場細胞二四、同準備委員会二、居住細胞四、②関西地区に工場細胞二、同準備委員会九、居住細胞一、③北海道に工場細胞三（うち一は港湾細胞）、同準備委員会二、④九州に工場細胞準備委員会四、居住細胞一とある。東京・京浜地区に党員が集中するなかで、全国への組織拡大のため党の影響下にある機関紙誌の発行を進めようとしており、一九二八年二月から非合法機関紙『赤旗《せっき》』の発行を予定し（月二回発行、五〇〇部）、合法機関紙『無産者新聞』（月六回発行、三万部）の日刊化も計画していた。

　こうして再建された第二次日本共産党と山川は、完全に袂を分かつ。一九二七年一二月に創刊された『労農』には、福本主義に反対の立場をとってきた山川、荒畑らが結集し、マルクス主義を掲げつつもコミンテルン＝非合法共産党とは一線を画した社会主義運動の展開を模索していく。のちに「労農派」と呼ばれて日本資本主義論争を担うこのグループは、明治維新をブルジョア革命と位置づけ、来たるべき日本革命を帝国主義ブルジョアジーの打倒を実現するプロレタリア革命とする立場をとって、論争相手の「講座派」（一九三二年刊行の『日本資本主義発達史講座』に集った人びと。事実上第二次日本共産党の影響下にあった）が明治維新を絶対主義の成立と位置づけ、来たるべき日本革命を絶対主義的天皇制の打倒によるブルジョア革命とする立場と対立していく。第一次共産党事件で服役して一九二七年一月に出獄してきた高津正道も労農派の立場を取り、合法無産政党最左派の線で活動していくことになった。

中国国民革命の破綻と日本

一九二六年七月、広州からはじまった北伐は予想外の速さで進み、国民革命軍の進軍経路に多くの権益を持っていたイギリスへの中国民衆の反発が強まるなか、一九二七年一月にイギリスは漢口・九江の租界返還に合意する（三月に返還）。いよいよ国民革命軍が中国最大の租界を抱える上海へと迫ってきた二月一八日、帝国主義諸国による北伐への武力干渉を危惧した青年会派は、日本の各無産政党に、中国国民革命への日本の武力干渉を阻止するため共同行動の実現を申し入れた。その様子は次のように紹介された。

> 支那国民党僑日（駐日）総支部は（中略）懇親会を開いた。出席者は労農党十数名、日労党二名、社会民衆党一人、主催者側十数名であって、王樹声氏より「中国国民革命運動は、支那が帝国主義列強の協同植民地であるために、必然に帝国主義者及びその代理人たる軍閥を打破せねばならぬ。（中略）殊に日本帝国主義と支那とは密接な関係を有っている。（中略）我々は支那革命に就いて、従って又日本帝国主義との関係、日本無産階級の任務等に就いて、諸君のご意見を伺いたいために、この会合を開いたものである。（後略）」と挨拶し、孫逸仙氏の遺訓を朗読し（後略）
>
> （「支那問題対策委員会成立せん」『無産者新聞』七〇号、一九二七年二月一九日）

各無産政党の中国国民革命への認識は異なっていても、日本の軍事干渉を阻止するという大義名分はともかく共有され、共同行動の足がかりが生まれた。租界の即時回収を求める民衆の声にこたえた国民革命軍が三月二四日に南京事件（国民革命軍が南京入市の際に外国領事館を襲撃して数人を殺傷した事件）を起こしたことで中国への軍事干渉の声が高まるなか、三月二八日に労働農民党は対支非干渉同盟の結成を日本の各無産政党に呼びかけ、この動きに呼応した青年会派も、アピール「日本の全無産階級に訴う」を発表して（『無産者新聞』七七号、一九二七年四月九日）、対支非干渉同盟への参加を訴えかけた。

　革命的昂揚に包まれる上海では、国民革命軍の上海入市を目前に中国共産党の指導による武装蜂起が起き、国民革命軍が入市した三月二二日には自治政府も樹立された。しかし南京事件に激怒した帝国主義諸国との軍事的衝突を回避したい蔣介石は、中国共産党との関係断絶を決断し、四月一二日、戒厳令下の上海では、国民革命軍による中国共産党系組織の武装解除、そして中国共産党員の殺害がはじまった（四・一二クーデター）。第一次国共合作を象徴した上海大学も閉鎖され、生き残った党員の一部は国外へと脱出する。

　こうして共産党員を追放した蔣介石は、四月一八日に南京国民政府を樹立して、中国国民党左派が掌握する従来の国民政府（武漢国民政府）に対抗する。その武漢国民政府の内部でも、武漢国民政府と中国国民党の再改組、中国共産党員の武装などを掲げたスターリンの指示（一九二七年五月のコミンテルン第八回拡大執行委員会で決定、この際に中国情勢をめぐるトロツキーとスターリンの対立が明確となった）が明らかとなると、七月一五日に武漢国民政府は「分共」を実行して中国共産党員の排除を行うとともに、ソ連／コミンテルンからの派遣要員を追放した。ここに一九二四年にはじまった第一次国共合作は三年半で終わりを告げたのである。

日本国内にも四・一二クーデターの影響は及び、西巣鴨派による青年会派の襲撃事件が相次いだ。その標的となったのが王樹声だった。高津とともに暁民会、極東社会問題研究会で共闘して日本の各無産政党との連絡を担ってきた王は、中国共産党東京特別支部の幹部でもあったからだ。王を襲撃した西巣鴨派は、王から盗み取った秘密書類を官憲に渡し、厳しい取り調べを受けた王は国外追放の処分を受け七月はじめに日本を離れた。上海上陸の直前に中国共産党の手引きで姿をくらました王は、中国国民党による追跡を逃れた。王のその後の足取りは今のところわからない点が多いが、一九七四年に北京で亡くなったという。労働農民党は、七月六日に王樹声の国外退去処分への抗議声明を発している。

五月二八日に、労働農民党、日本農民党（一九二六年一〇月結成）、社会民衆党の三党によって結成された対支非干渉全国同盟であったが、四・一二クーデター後に蔣介石と南京国民政府を支持する立場を明確にした社会民衆党はいち早く対支非干渉全国同盟から手を引いた。事実上労働農民党／第二次日本共産党の大衆的活動の場となった対支非干渉全国同盟は、第6章で見るように戦争反対同盟、日本反帝同盟へと発展していく。

中国人コミュニストの選択

四・一二クーデターと武漢国民政府の「分共」により大打撃を受けた中国共産党は、コミンテルンの指示のもと各地で武装蜂起した。江西省南昌で最初に蜂起（南昌起義）した八月一日は、現在も中国人民解放軍の建軍記念日となっている。一一月末までに広州など各地での蜂起はすべて失敗し、蜂起の残存勢力は各地でソヴィエト政権を樹立する。南昌起義の残存勢力は陸豊・海豊ソヴィエトを、広州蜂起の残存勢力は広州ソヴィエトを樹立している。

武装蜂起を担いソヴィエトを樹立した若きコミュニストのなかには、一九二〇年代はじめに国際共産主義運動に身を投じ、東アジアを越境しつつ運動を支えてきた者が多くいた。広州蜂起を指導したのは、極東諸民族大会への参加を呼びかけるために一九二一年一〇月東京にやってきた張太雷だったし、陸豊・海豊ソヴィエトには、早稲田大学在学中に暁民会に参加した彭湃がいた。張太雷は広州蜂起で戦死し、彭湃は陸豊・海豊ソヴィエトの崩壊後に上海で中国国民党により処刑された。日本／中国の運動を支えてきた彼らは、第一次国共合作の破綻とともにこの世を去ったのだった。

日本に目を転じると、四・一二クーデターに衝撃を受けた中国人留学生の一部は、帰国して中国共産党に合流する道を選ぶ。経済学部に河上肇を擁して学生社会科学連合会の活動も盛んだった京都帝国大学からは、経済学部の王学文と文学部の李初梨のふたりが帰国して中国共産党に入党する。のちの第二次日本共産党最高幹部岩田を同級生に持つ王学文は、一九二五年に経済学部を卒業後大学院に進学し、河上のもとで学んでいた。王学文による後年の回想を引いておこう。

一九二七年、「四・一二政変」のあと、私は日本から祖国に帰って革命に参加した。ちょうど国共の分裂が始まり、陳独秀は共産党員に各自の判断で行動させた。おりしも張発奎の軍隊が南昌に集結しつつあったが、そのなかにはわが党の指導する革命軍隊もおり、海港を攻撃する準備をしていた。こうした情況のもとで、私はひとまず日本に渡り、革命軍が海港を確保するのを待って再度帰ろうと決定した。京都に着くと所持金も使いはたし、学友たちの援助に頼って生活するほかはなかった。この時期に私はエンゲルスの『家族、私有財産、国家の起源』の翻訳に着手したが、訳了しないうちに周恩来、朱徳、賀龍らの同志が南昌でかの有名な「八・一」蜂起を指導し、ついで南昌から転進、南下して汕頭を攻略したと聞いた。ただちに私は帰国することを決めたが、旅費が足りない。学友たちのすすめで河上肇先生を訪ねたところ先生の奥さんに会いに行けといわれ、奥さんから二〇円をいただいた。私の生活が苦しいので、先生は『資本論』日本訳の第七編の翻訳権を留保され、実際は私にやらそうとしておられたが、私が革命に参加するため日本を離れたので、先生の目論みは実現できなかった。そのときの会見が私が先生にお会いした最後である。

（王学文「河上肇先生の想い出」『河上肇生誕百年記念誌』、一九七九年所収）

上海に戻った王学文と李初梨は、一九二〇年代初頭に日本留学中の郭沫若、郁達夫、成仿吾らが結成し、初期の同人にのちの中国国歌「義勇軍行進曲」を作詞した田漢も擁した文学研究団体・創造社に加わる（小谷二〇一三）。蔣介石により創造社に閉鎖命令が発せられると、同人の多くは中国左翼作家連盟（左連、一九三〇年二月発足）に移行し、夏衍ら多くの日本留学経験者が集った左連は、東京の中国人留学生コミュニストとの密な繋がりを保った。

一方、中国共産党東京特別支部が組織した社会科学研究会には、四・一二クーデター後の弾圧を逃れて日本へ渡航してきた中国共産党員も加わっている。そのひとり譚覚真は、国民党と共産党の二重党籍を持ち、中山大学一年生の際に四・一二クーデターに遭遇して、その翌日に生き残った共産党指導者の手で日本に送り出された（譚一九九七）。慶應義塾大学専門部に入学して社会科学研究会に加わった譚覚真の友人に、早稲田大学で学んでいた廖承志がいる。父は孫文の腹心で第一次国共合作を推進した廖仲愷、母は国民政府の婦女部長を務めた何香凝という革命一家に生まれ、日本留学中の両親のもと日本で育った廖承志は、第一次国共合作期の東京で中国共産党へ入党を希望したものの、その家系ゆえに入党を拒絶されていた。

社会科学研究会は、一九二八年三月一二日の孫文記念会を期に活発な活動をはじめ、五月には済南事件（国民革命軍による日本人居留民襲撃事件）を機に中国派遣軍の増強をはかった日本政府に対する抗議運動を指導し、これを「反日大同盟」へと組織した（小谷二〇一〇）。しかし三・一五事件（次章参照）によって第二次日本共産党への大規模な検挙を実行した日本政府は、抗議運動の主導者を相次いで国外退去処分とし、譚覚真も廖承志も帰国を余儀なくされる。帰国後ヨーロッパに渡った廖承志は、母の反対を押し切って中国共産党に入党してヨーロッパでの中国人船員の組織化活動を行い、一九三二年に帰国すると中国共産党の長征に参加する。上海での学生運動の組織化に失敗した譚覚真はふたたび日本に渡って早稲田大学に入学するも、すでに中国共産党東京特別支部は一九二九年一〇月の検挙により消滅していた（小谷二〇一〇）。譚覚真と廖承志の関係に象徴される一九二〇年代後半の東京で培われた中国人留学生コミュニストのネットワークが帝国日本の解体後にふたたび機能するさまについては、第8章でふれよう。

三・一五事件、中間検挙、「渡政」の死

一九二八年二月二〇日、普通選挙法公布（一九二五年五月）後はじめての総選挙（第一六回総選挙）が行われた。第二次日本共産党は、労働農民党から第二次日本共産党員を立候補させて、自らの政策を宣伝し党勢を拡大しようとした。合法無産政党の各党は、計八八名の候補者を擁立し（労働農民党四〇名、日本労農党一九名、社会民衆党一三名、地方無産政党三名）、徳田ら一一名の第二次日本共産党員は労働農民党から立候補した。政府の選挙運動への干渉にもかかわらず、合法無産政党は計四九万票（得票率五％）を獲得し、八名の当選者を出した。労働農民党からは友愛会出身の弁護士である水谷長三郎、生物学者で社会運動家の山本宣治が当選したが（ともに京都から選出された）、徳田ら第二次日本共産党からの候補者は全員落選した。なお、労働農民党の総得票数約一九万票のうち、第二次日本共産党からの候補者の得票総数は二万八八一六票であった。

第二次日本共産党は、選挙期間中の二月一日に非合法機関紙『赤旗』を新たに発刊して、「二七年テーゼ」（『マルクス主義』一九二八年三月号の別冊付録として全文が訳載された）に基づく主張をはじめた。非合法組織である第二次日本共産党がはじめて堂々と「共産党」を名乗り、公然化した瞬間だった。総選挙直前には、党員二五〇名、二ヵ月以内に入党する党員候補約二二五名を擁するまでに党勢も拡大しており、総選挙終了後には、近日中の党大会開催を目指して準備を進めていた。

しかし、政府は公然化した第二次日本共産党に、先手を打って激しい弾圧を加える。それが、一九二八年三月一五日の共産党員大検挙（三・一五事件）である。三月一五日午前五時、全国各地で一斉にはじまった検挙では、労働農民党や評議会など非合法共産党と密接な関係があると認められた左派団体や個人の住居も捜索対象とされ、全国で百数十ヵ所、約一六〇〇名が検挙されるとともに、党員名簿など一万点あまりが押収された。三・一五事件の報道が解禁された四月一〇日、政府は労働農民党（党員一万七〇〇〇人）、評議会（加盟組合員二万二〇〇〇人）、全日本無産青年同盟（同盟員四五〇〇人）の三団体に第二次日本共産党の外郭団体であるとして治安警察法による解散命令を発し、二〇日には国民革命軍の北伐再開に対抗して第二次山東出兵を決定している。政府の抑圧は大学にも及び、四月中に京都帝国大学の河上、東京帝国大学の大森義太郎、九州帝国大学の石浜知行、向坂逸郎、佐々弘雄らが「左傾教授」として免官に追い込まれ、新人会のほか各大学の社会科学研究会、読書会なども解散させられた。

第二次日本共産党の幹部のうち、総選挙直後の二月二六日に徳田が検挙され（以降一九四五年一〇月一〇日まで徳田は獄中で過ごすことになる)、三・一五事件で杉浦、河田賢治、山本、野坂、志賀義雄、佐野文夫らが検挙された。コミンテルン第六回大会への出席のため三・一五事件の直後に上海に渡航して検挙の状況を報告した市川は、解散三団体のいち早い再建を目指すとしたが(富田・和田二〇一四)、四月二八日に政府は治安維持法改正案を議会に提出し、これが審議未了となると六月二九日に緊急勅令によって改正を強行するなど、共産主義運動への抑圧をより強めていた。治安維持法の緊急勅令による改正では、国体の変革を目的とする結社行為に死刑・無期懲役が課せられることになったほか、目的遂行罪も処罰の対象とされ、非合法共産党の党員だけではなくシンパや支援者までも検挙することが可能となった。以降、治安維持法違反による第二次日本共産党関係者の検挙は続き、一九三二―三三年に検挙のピークを迎えることになる。

最高幹部の渡辺、鍋山、佐野学は検挙から逃れ、コミンテルンとの連絡のもと党組織の再編をはかった。四月から五月にかけて、第二次山東出兵、済南事件、第三次山東出兵と続く日本の中国での軍事行動は拡大の一途をたどり、六月四日には満洲で関東軍が張作霖爆殺事件を起こしてソ連と接する満洲での軍事的危機も迫りつつあるなか、コミンテルンは第7章で後述する第六回大会を画期とする極左主義への転換を背景に、「日本の軍事干渉との闘い」「中国革命の擁護」「ソ連に対する戦争準備反対」を「煽動宣伝」すべきであると指示してきた。

しかし国内では、一九二八年三―六月までに四五〇人の第二次日本共産党関係者が治安維持法違反で起訴され、一九二七年末から党組織の基礎として組織化を進めてきた工場細胞も検挙により壊滅し、六月の時点では全国の党員は八〇人程度という危機的状況にあった。この状況でコミンテルン第六回大会の日本代表団を構成した佐野学、市川、高橋、山本は、片山をコミンテルン執行委員に選出することに反対する連名の書簡を第六回大会幹部会に送付している（富田・和田二〇一四）。一九〇一年の社会民主党結党に参加した片山を「臆病な改良主義者」であると批判して「マルクス主義者でも革命家でもなかった」彼を日本共産党の代表として認めるわけにはいかない、というのがその主張だった。佐野学はコミンテルン執行委員および幹部会員に、国内で党の立て直しをはかっていた渡辺はコミンテルン執行委員候補にそれぞれ選出され、片山もコミンテルン執行委員に選出された。大会閉幕後の九月半ば、上海に渡った渡辺と鍋山は日本の最新情報をモスクワに伝え、今後の指示を仰いでいる。おそらく渡辺による生前最後の書簡となった九月二二日付報告書（富田・和田二〇一四）は、渡辺の孤軍奮闘とモスクワの同志への思いを伝える「遺書」となった。その一部を引用しておこう。

> 片山老兄。不相変御元気の事と信ずる。是非お目にかかりたいが、モスクワまで行くには容易でない。何卒御身体を大切に御奮闘を願う。尚一層の御指導と御声援を願う。
>
> 我々も死にもの狂いで活動する。そして必ず愉快な報告を老兄に送ることを期待していただきたい。
>
> これからだんだんモスクワは寒くなる。くれぐれも御身体大切に御自重第一を祈る。

いそぎますからこれにて失礼。

花田［佐野学］兄。何卒細井［市川］兄と共に大至急ここへ御出張を願う。電報は既に打ってあるが、重ねてお願いする。大会では御奮闘の由実に嬉しい。一日も早く両兄にお目にかかりたい。それを待っている。

大村［高橋］兄。兄は帰国することになっているそうだ。必ず花田細井兄と共にここへ廻っていただきたい。昨年は種々お世話になった。一カ年ぶりで実戦の血なまぐさい戦いを話しあい、更に今後の方針を協議することの出来る日を一日千秋の思いで我々は待っている。

山本兄によろしく。

この報告をモスクワに送ったのち日本への帰途についた渡辺は、一〇月六日、経由地の台湾・基隆で警官に包囲され拳銃により自死を遂げたとされる。享年二九歳であった。小学校卒業とともに働き、労働運動の経験から社会変革の志を抱き、わずか六年余りのコミュニストとしての生を縦横に活躍した「渡政」の死は、第二次日本共産党のみならず、戦後再建された共産党にとっても大きな痛手であったはずだ。もし戦後の党再建が、「獄中一八年」の徳田ではなく、労働者出身の若きコミュニストとしてひろく人望を集めていた「渡政」を中核に行われていたなら、また違う戦後共産党の出発があり得たように思えてならない。

【補注】渡辺の死については、牧瀬菊枝が興味深いエッセイを残している（「一九二八年一〇月六日＝渡辺政之輔の死」『未来』一〇九号、一九七五年一〇月）。以下その内容をかいつまんで紹介しておこう。まず、渡辺の妻であり当時の第二次日本共産党婦人部長を務めた丹野セツは、渡辺の自殺を強く否定し、「渡辺は自殺する人間ではありません。「死刑になっては絶対だめだ。殺されるより無期懲役がいい、一生監獄にいても、つねに大衆は監獄のなかにいることをちゃんと知っているんだから」といってました。その場で撃ち合って射殺されたのです」と語ったという。また、非合法共産党のシンパであった医師馬島僴が戦後病床で泣きながら話したところでは「北海道へ行ったとき、高橋実という警部が「実はわたしがあれを殺したんだ。渡辺政之輔を捕まえようと思っていたら、渡辺が一発先にパンとやったから、すぐ自分がパーンと撃った」というが、実情はわからない」という。実際、日本共産党公判闘争（一四四頁参照）でも、渡辺は「ブルジョア官憲により殺害された」と述べられており、渡辺の自殺説の真偽は不明と見てよいだろう。

渡辺を失った第二次日本共産党は、検挙を逃れた鍋山、市川、それにモスクワの佐野学が指導部を構成し、間庭末吉、三田村、高橋らが各セクションを支えて、組織の再建をはかった。このうち市川、間庭、高橋は三・一五事件後にソ連から秘密裏に帰国してきていた。一九二八年一二月には、評議会の後継組織として日本労働組合全国協議会（全協）を結成して、工場労働者を基盤とした党勢の高揚も目指されようとしていた。

しかし、一党員の偶然の検挙をきっかけに党の重要書類を入手した官憲は、残存する第二次日本共産党員とその関係者の一斉検挙に乗り出し、一九二九年四月一六日早朝、約三〇〇人を検挙する

（四・一六事件）。国内では、四月二六日に高橋、二七日に市川、二九日に鍋山と三田村がそれぞれ検挙され、そしてついに六月一六日、上海で佐野学が検挙されたことで、ここまでの第二次日本共産党の指導部は崩壊に至った。

一九二九年のこの指導部の崩壊は、一九二〇年代はじめから日本の運動を支えてきたコミュニストの表舞台からの退場を意味した。佐野学の検挙により、第一次日本共産党以来の運動経験を持ち、党再建運動、第二次日本共産党の活動を担ってきたコミュニスト（佐野学、鍋山、市川、三田村、高橋、徳田、野坂）は、全員獄につながれることになり、以降再建される党中央のメンバーのなかには、一九二六年一二月に第二次日本共産党が発足するまでの国内での活動を知るものは、誰もいなくなった。言い換えるならば、コミンテルンからの一定の自立性を保った第一次日本共産党の時代、コミンテルンの意向に背いて福本主義に基づく党再建を強行した第二次日本共産党成立前後を経験することなく、モスクワ製の「二七年テーゼ」を押し戴いて以降のコミンテルンへの全面的服従を自明とする若い世代の党員だけが残ったのである。一九二九年を画期とするこのような指導部の断絶が、その後の党活動に及ぼした影響については、第6章で見ていくことになる。

第5章　「一国一党の原則」と外国人コミュニスト

「属地主義」と満洲の共産主義運動

四・一二クーデターで中国国民革命のプロセスからコミュニストが排除されたあと、それと入れ替わるように別の文脈で登場してきたのが、毛沢東である。一九二七年九月、辺境の湖南省・湖北省で秋収蜂起を指導した毛沢東は、蜂起失敗後の一〇月に敗残部隊とともに山岳地帯の井崗山《せいこうざん》に入り支配権を確立した。井崗山の支配地域では土地革命を実現し、南昌蜂起の残存兵も合流して中国工農紅軍第四軍が編制された。朱徳と毛沢東のふたりのリーダーシップのもと、中国共産党の軍事組織の象徴「紅軍」が誕生したのだ。井崗山のほか、各地で蜂起の残存兵が独自の支配権を確立した地（革命根拠地）が誕生していくが、都市での中国共産党の影響力は、中国国民党による弾圧により後退した。

弾圧と武装蜂起の失敗により、六万人から一万数千人へと大幅に党員を減じた中国共産党は、コミンテルン第六回大会に先立つ一九二八年六月、モスクワで中国共産党第六回大会を開催する。大会で決定した党章の第九条には、「党は地域を画分し、単位とすることを原則とし、特定区域を管轄する

11　間島の中心地・龍井
朝鮮人が開墾した龍井村は、抗日運動の拠点として知られる。詩人・尹東柱（1917-45年）は龍井中学を卒業後日本に留学した。

組織は、当該区域内の各部分組織に対し上級機関となる。党員は民族と国境の区別なく、すべて中国共産党の地方党部の組織に加入し、中国共産党の党員とならなければならない」（堀内一九八二）とある。

「属地主義」を明確にしたこの決定が大きな影響を及ぼしたのが、多くの朝鮮人が暮らしていた中国東北部（満洲）での中国共産党と朝鮮人コミュニストの関係である。一九〇五年の日露戦争の終結後、満洲のなかでも朝鮮と国境を接する間島地域の併合を日本は目指し、間島協約（一九〇九年）によって間島での朝鮮人の居住権、日本人の経済活動の自由と日本領事館の設置を清に認めさせていた（領有権は清にあるとした）。そのため、一九一〇年代はじめから、韓国併合後の土地調査事業等により農地を失った朝鮮人農民が満洲に移住し、一九一九年に三・一運動が弾圧されると、独立運動家も朝鮮総督府の弾圧から逃れて朝鮮から間島に移住し、間島は抗日パルチザンの拠点として日本軍との衝突の場となった。一九二〇年代半ばまでに上海と並ぶ朝鮮独立運動の拠点へと成長した間島には国際共産主義運動の影響も及び、間島の日本領事館警察は、間島での民族解放運動と国際共産主義運動の連動に神経をとがらせていた（荻野二〇〇五）。間島協約と韓国併合により、間島の領事館が扱う刑法事件は朝鮮総督府の司法当局と連携して取締にあたっており、したがって間島での独立運動・共産主義運動は朝鮮総督府の取締りを受け、間島で検挙された容疑者は朝鮮に送致された（水野二〇一五）。

一九二五年に治安維持法が施行されると、独立運動と共産主義運動の容疑で検挙される間島の朝鮮人は増加の一途をたどる。一九二六年五月には朝鮮共産党満洲総局が創設され、一九二七年一〇月の第一次間島共産党事件を端緒に断続的な検挙（一九二八年九月第二次間島共産党事件、一九三〇年三月第三次間島共産党事件）が続いた（検挙者は、清津を経由して京城の西大門刑務所に収監された）。以降、日本領事館警察による朝鮮共産党満洲総局の検挙は断続的に続いた。そのような状況下でコミンテルン第六回大会であらためて定式化された「一国一党の原則」（後述）に基づき、一九三〇年一月に朝鮮共産党満洲総局は中国共産党満洲省委員会に合流し、満洲の朝鮮人コミュニストは中国共産党の指導下で抗日運動を展開していくことになった。中国共産党満洲省委員会に属するコミュニストの八割以上が朝鮮人コミュニストであったという。このような共闘の枠組は、のちの東北人民革命軍（一九三三年九月成立）、そして東北抗日聯軍（一九三六年三月成立）へと受け継がれていく。

「階級対階級」戦術と「一国一党の原則」

ソ連／コミンテルンにとって、一九二五年以来の資本主義国との平和共存路線が揺らいだのは、福本主義がモスクワで否定された一九二七年春のことだった。ソ連／コミンテルンが相当の支援を続けてきた中国では四・一二クーデターが起き、五月にはイギリス保守党内閣がソ連との国交を断絶して英露労働組合委員会も崩壊し、ソ連／コミンテルンはふたたび資本主義国との衝突に引き戻されようとしていた。第一次国共合作の破綻によって統一戦線戦術を棄てたコミンテルンは、「労働者階級の唯一の党」たる共産党がプロレタリアートを指導し、資本主義を支えるブルジョアジーと対決すべきとする「階級対階級」方針を掲げた。この方針は各国共産党の組織問題に影響を及ぼし、一九二八年三月にはじまったプロフィンテルン（赤色労働組合インタナショナル）第四回大会では、「階級対階級」戦術に基づき、資本主義国の労働組合に移民労働者を加入させるべきとのテーゼが採択され、労働者の階級的統一が目指されたのである。

　そして七月のコミンテルン第六回大会では、コミンテルン第二回大会（一九二〇年八月）で採択された「共産主義インタナショナル規約」が改正された。その際、改正されなかった第二条「共産主義インタナショナルに所属する各党は、某々国共産党（共産主義インタナショナル支部）と称する。それぞれの国に、共産主義インタナショナルに支部として所属する共産党は、ただひとつしかありえない」に依拠するかたちで、各国にコミンテルン支部としての共産党はひとつしかないという原則が再確認された。さらに、この大会で採択された「植民地および半植民地における革命運動に関するテーゼ」では、プロフィンテルン第四回大会での決定から踏み込むかたちで、「現地民の労働者と本国出身の労働者とは、同一の党組織に結合されなければならない」ことを明記した。

　これらの決定により、「一国一党の原則」（「属地主義」の原則）があらためて定式化され、外国人コミュニストが居住国の共産党に組織される傾向が強まった。実際、多くの移民を抱えるアメリカ共産党や、国境を接して移動が容易なヨーロッパ各国の共産党などは、多くの外国籍党員を擁していた。次節以降で具体的に見ていくように、在外日本人コミュニストもそれぞれの居住国の共産党に所属し、日本共産党も「日本共産党台湾民族支部」の創立に関わるとともに（一九二八年四月創立）、朝鮮人コミュニストとの組織的一本化（一九二九年在日本朝鮮労働総同盟の日本労働組合全国協議会への解消、一九三一年朝鮮共産党日本総局の解散と日本共産党への加入）を実現する。

このような「一国一党の原則」は、東アジアにおいては、帝国日本による支配のもとで移動を余儀なくされ東アジア各地に分散したコミュニストを地域別に組織化するシステムとしても機能した。このようにして組織化されたコミュニストとそのネットワークは、満洲事変により本格化する帝国日本の中国侵略に対する抵抗の足場となっていく。

★万国の労働者団結せよ！

P.12 赤旗 1931.12.23

朝鮮共産党日本総局及

高麗共産青年会日本部

解体声明書

日鮮労働者農民諸君！

朝鮮共産党日本総局

高麗共産青年会日本部

12　朝鮮共産党日本総局解体声明書
国際共産党日本支部日本共産党中央機関紙『赤旗』61号（1931年12月23日）。
（『赤旗』復刻版、三一書房、1954年）

言語別グループとモスクワの直結

こうして「一国一党の原則」が適用されるなかで、コミンテルンは各国共産党の内部に言語別グループを組織し、これを執行委員会内に新設された地域書記局（各国支部の監督にあたる部門で、一九二六年二―三月のコミンテルン第六回拡大執行委員会で設立が決定された。栗原二〇〇五、富田・和田二〇一四）に直結させることで、外国人コミュニストへの関与を深めていく（加藤二〇〇八）。このうち極東書記局（のち東方書記局、責任者ヴォイチンスキー）の管轄下に置かれた日本は、執行委員会直属の補助機関として上海に設置された極東ビューローと連絡を取りつつ動くことになった。在外日本人コミュニストも各国共産党のなかに横断的に設けられた言語別グループに組織され、アメリカ共産党日本人部やドイツ共産党日本人部が成立するとともに、中国共産党に入党して中国革命に身を投じようとする日本人コミュニストも現れる。

①アメリカ共産党

一九一〇年代末に片山潜ら在米日本人社会主義者団がアメリカ共産党結成に関わって以降、日本人労働者が多く暮らしていたアメリカ西海岸では、人種差別や低賃金労働に直面した日本人労働者による労働運動や社会主義運動が展開され、健物貞一ら日本人コミュニストのアメリカ共産党への入党が続いた。のちにウラジオストクでコミンテルン執行委員会国際連絡部（略称ＯＭＳ、コミンテルン第三回大会後に設置された各国共産党に資金や指令を伝達するための密使を派遣する機関。島田二〇〇二）の活動を担う高谷覚蔵も、アメリカ共産党に入党している。一九二八年に言語別グループのひとつとしてアメリカ共産党日本人部が組織的に確立すると、一九二九年の世界恐慌の勃発後にアメリカ共産党に入党して労働運動を担う日本人も増えていくが、アメリカ共産党日本人部の組織は、移民国家アメリカ共産党のなかでは圧倒的に小さかった。一九三一年五月の時点で、一六ある言語別グループのうち日本人部はわずか八フラクション（政党が労働組合や大衆団体などの組織の内部に設ける党員組織）に過ぎず、「党の影響下にある組織の構成員」が二二〇名、うち党員は四五名である。二〇〇フラクション、一六〇〇名の党員を擁するフィンランド部、二七五フラクション、九四〇名の党員を擁するユダヤ部に比してわずかな組織に過ぎない（加藤二〇一七）。

しかし、日本人部の中核は、コミンテルン執行委員会東方書記局の直接的指導下に養成した活動家を日本・中国・ソ連へ送り出すルートとして機能していた。一九三一年九月には、前年秋に尾崎秀実とゾルゲを引き合わせたアメリカ共産党日本人部書記・鬼頭銀一が上海で逮捕されているし（加藤二〇一四）、ロサンゼルスの失業者集会を組織したアメリカ共産党への弾圧（一九三二年一月のロングビーチ事件）により国外追放された日本人コミュニストは、ドイツ経由でソ連に亡命し、クートヴェに学ぶことになる（加藤二〇一七）。

②ドイツ共産党

アメリカ共産党日本人部が移民労働者に担われたのとは対照的に、ドイツ共産党日本人部は高等教育を受けたのちドイツに留学してきた知識人を中核とした。一九一八年のドイツ革命で帝政から共和制に移行したドイツへの留学は、一九二〇年代に高等教育が拡充した日本では憧れの的であるとともに出世への重要なパスポートだった。かつて第二インタナショナルの中核を担ったドイツ社会民主党の経験を有するドイツでは、ドイツ共産党も合法的活動が可能であり、ドイツは国際共産主義運動の重要な結節点として機能していた。

そのため、ドイツ留学経験者の帰国後の言論活動は日本の運動に大きな影響を与えた。旧制松江高校教授からドイツへ留学しフランクフルト大学に学んだ福本和夫（一九二二―二四年滞独）が、帰国後に山川均を批判して若い学生の熱狂的支持を集め、第二次日本共産党を成立させたように、ドイツ留学による最先端の「知」の摂取は、コミュニストのなかで自らを差別化する方法でもあった。一九二〇年代後半になると、日本でマルクス主義の洗礼を受けコミュニズムに接近した知識人の留学が続く。ドイツの首都ベルリンにはそのような知識人が集った読書会「ベルリン社会科学研究会」が生まれ、さらに歩を進めてドイツ共産党に入党した東京帝国大学医学部助教授・国崎定洞、演出家・俳優として知られる千田是也を中心として、一九二九年末にはドイツ共産党日本人部が成立した（加藤二〇〇八）。その主要なメンバーは、国崎、千田のほか小林陽之助、岡内順三、勝本清一郎だった。

ドイツ共産党日本人部は、モスクワと日本をつなぐ連絡ルートとしても機能した。とりわけこのルートを重視したのが、モスクワの片山潜である。一九二九―三一年にかけての片山は、フランス共産党から入露し自身の秘書となった勝野金政に支えられつつ、一九二八年に入露してきた山本懸蔵との対立を深め、自身の病気療養中に勝野が逮捕される（一九三〇年一〇月）など孤独のなかにあった。一九三〇年一一月にウクライナのハリコフで開かれた世界革命作家同盟大会に参加した片山は、同地で勝本と会見している。勝本は、ベルリンを経由した片山との連絡を次のように回想している。

> 私は片山さんあてに、日本から受取る『戦旗』や『プロレタリア科学』の転送を毎月きちんきちんと果していた。のちには『ナップ』やプロ劇場同盟（日本プロレタリア劇場同盟――引用者）の機関誌（『プロット』――引用者）なども送った。日本のプロレタリア芸術団体からはそれぞれのベルリン支部あてに毎月一〇冊くらいずつ、発禁号でもなんでも、定期的に到着していた。連絡はうまく行っていた。片山さんはこれらの雑誌のなかなかの愛読者であった。片山さんの原稿がベルリンの我々の手を通って、それらの雑誌や『改造』『中央公論』等へ行ったことも何度もあった。
>
> （勝本清一郎『こころの遠近』、一九六五年）

すでに第一次日本共産党期から、モスクワの片山はベルリンを頻繁に訪問していた。一九二三年には、当時ベルリンに留学していた総同盟の棚橋小虎とベルリンで会い、その後棚橋がプロフィンテルン日本代表としてモスクワ入りしたこともあった。

ベルリンから日本への連絡ルートの中核は、ベルリン社会科学研究会に参加した後帰国した平野義太郎だった（加藤二〇〇八）。一九二一年に東京帝国大学を卒業して法学部助教授となった平野は、産業労働調査所に参加したのちフランクフルト大学に留学、帰国後の一九三〇年五月、共産党への資金提供容疑で検挙され免官された。国崎の個人的連絡ルートであった有澤廣巳、土屋喬雄、小林輝次、舟橋諄一、堀江邑一、さらにマルクス主義文献を刊行する出版社の希望閣なども、のちにドイツ共産党日本人部から第二次日本共産党への連絡ルートとして利用された（加藤二〇〇八）。一九三三年一月のナチス政権樹立まで機能したこのルートにより「三二年テーゼ」（一五二頁参照）が日本に持ち込まれ、河上肇が「三二年テーゼ」のドイツ語原文から訳出した「君主制」を「天皇制」に改めたのは、東京外国語学校を卒業して産業労働調査所に入った若き日の村田陽一だった。戦後の村田はマルクスやエンゲルス、コミンテルン関係の書物を数多く手がける翻訳家として活躍していく。

植民地朝鮮での共産主義運動を支えるネットワークも生まれた。一九三一年四月にベルリンから京城帝国大学に戻った三宅鹿之助は、李康国ら自身の指導学生が結成した朝鮮社会事情研究所に関係して朝鮮共産党再建運動に関わり、三宅と入れ代わりにベルリン大学に入学しドイツ共産党に入党した李康国との連絡ルートを保持した（井上二〇〇六）。一九三四年五月に三宅が逮捕されると（京城帝大事件）、このルートも断絶する。

③中国共産党

国際共産主義運動の拠点であった上海では、上海駐在のジャーナリストや東亜同文書院（一九〇一年創立。日本の東亜同文会が上海に設置した高等教育機関で愛知大学の前身でもある）の学生らが、中国共産党による革命運動に関心を寄せて、中国共産党に組織化されていった。共同租界の内山書店（内山完造が経営する中国関係の専門書店で、多くの左翼文献が入手可能だった）の店頭には日本で発禁処分となった『戦旗』『プロレタリア科学』が並んだように（発禁命令前に上海に発送されたため）、上海では左翼文献を容易に入手し自由に読むことができたこと、日本留学経験を持つ中国人コミュニストの献身的支援があったことが、上海での日本人コミュニストの組織化を支えた。

日本内地からの派遣学生が東亜同文書院内に結成した中国共産主義青年団支部の活動には、京都帝国大学に学んだ王学文（九三頁参照）の影響が大きかった。一九二七年に帰国して中国共産党に入党した王は、上海で創造社に参加したのち外国兵士委員会を指導しつつ日本人コミュニストの組織化を支えた（福本一九九六）。外国兵士委員会は、上海に陸戦隊を駐屯させる各国の兵士への工作を行う組織で、日本、フランス（事実上ベトナム人）、アメリカ、イタリア、イギリスなど各国人のコミュニストが各々自国の軍隊を担当していた。東亜同文書院からは、中西功、安斎庫治、尾崎庄太郎、水野成らが、中国共産党の指導下で学内闘争、街頭闘争、そして外国兵士委員会の活動を担い、のちには日本共産党と中国共産党をつなぐ。

上海駐在のジャーナリストのうち最も著名なコミュニストが尾崎秀実である。一九三〇年の上海でゾルゲと尾崎が接触したことが、のちのゾルゲ事件に結びつくのであるが、かつて暁民共産党事件（三七頁参照）で検挙された経験を持ち一九二〇年代半ばから中国に暮らした山上正義のほか、川合貞吉、西里龍夫ら尾崎周辺のジャーナリストもそれぞれに中国革命に心を寄せ、上海の国際共産主義運動のネットワークを支えた。ゾルゲ事件に連座した水野は敗戦直前に獄死し、一九四五年一〇月一〇日の政治犯釈放によって生き延びた川合貞吉は、連合国軍総司令部（ＧＨＱ）のスパイとして、ゾルゲ事件において伊藤律がスパイとして情報を売ったという俗説をひろめ続けた。上海で国際共産主義運動に賭けた青春は、さまざまに砕け散ったのである。

こうして日本国内との連絡ルートを確保したモスクワには、コミンテルン執行委員会幹部会員の片山、プロフィンテルンへの派遣代表からコミンテルンへの派遣代表に転じた山本懸蔵、そして風間中央委員会（一四一頁参照）の指令でコミンテルンへの派遣代表となった野坂参三がいた。彼らの周辺には、アメリカ共産党日本人部から亡命してきてクートヴェに学び、東洋語学校などで教える日本人コミュニストもいた。やや時期が下るが、一九三六年二月当時のソ連在住日本人共産主義者は、日本共産党員七名、アメリカ共産党・ドイツ共産党員計一三名、非党員の政治亡命者一四名と記録される（富田・和田二〇一四）。

苦学してエール大学を卒業した片山、商家に生まれ慶應義塾大学を卒業した野坂のふたりは語学も堪能だったが、小学校卒業とともに社会に出て、コミュニストとなってからも争議の現場や海外連絡に奔走し日本語しか話せなかった山本を支えたのは、クートヴェに学んだ日本人だった。一九三一年に国内の中央委員会を率いることになる風間丈吉は、一九三〇年一〇月の帰国直前までプロフィンテルンの通訳として山本の助手を務め、その後任には、クートヴェ卒業後の一九二九年秋から日本人学生の指導を行っていた山本正美がついた。

叩き上げの誇りを抱く山本懸蔵とエリートの野坂は、総同盟の前身友愛会時代から長く活動を共にし、ほぼ同時に第一次日本共産党にも入党していた。一九三三年一一月の片山の死後、ふたりの軋轢が悲劇的結末を迎えることについては、第8章で述べる。

日本共産党台湾民族支部／台湾共産党

帝政ロシア時代からの移住者がシベリアで共産主義グループを形成し、コミンテルンの東アジア進出の先陣を担った朝鮮人コミュニストが「朝鮮共産党」としていち早く承認されていた一方、同じく日本の植民地であった台湾での共産党創設は一九二〇年代後半までずれ込み、しかも日本共産党の「台湾民族支部」として創設された。

台湾がおかれたこのような位置を理解するうえでの手がかりとなるのは、国際共産主義運動が東南アジアに進出した経緯である。コミンテルンが東南アジアへの関心を示しはじめたのは、第四回大会（一九二二年一一月）において太平洋労働組合会議の開催を提唱してからであるが、この会議が一九二四年六月に中国・広州で開催されて以後、国際共産主義運動の東南アジアへの進出は、極東への進出に数年遅れるかたちで本格化していった（栗原二〇〇五）。台湾における共産党創設の動きが本格化するのも同じ時期であり、コミンテルンは台湾を東南アジアの一角に位置づけていたようにも思われる。また、東南アジアにおける共産主義グループの創設には、中国共産党が華僑・華人ネットワークを利用して果たした役割が大きかった。このように台湾は植民地として宗主国日本と不可避的に関係づけられる一方で、華僑・華人ネットワークによって大陸中国とも強固に結びつけられていたことが、台湾での共産党創設の方向性を決定づけていく。以下、コミンテルン文書を利用した最新の台湾共産党史研究に依拠して（郭・白二〇一〇）、台湾での共産党結成の動きを見ていこう。

　植民地台湾での共産党創設の中核となったのは、東京や上海に学ぶ知識人だった。東京留学経験を持ち、台湾人として最初期にクートヴェに学んだ許乃昌は、一九二四年六月に上海で創立大会を持った「赤華党」が台湾人による最初の共産主義グループであり、その四九名の党員のうち一三名が労働者、他が知識人であったとする。赤華党には早稲田大学への留学経験者が五名おり、一九二三年六月の逮捕まで教鞭を執った佐野学の影響力がうかがえる。赤華党は資金不足によりすぐに活動困難となるが、上海大学（六一頁参照）に学ぶ台湾人が中国共産党に入党して台湾での共産党結党を目指す。一九二五年一二月に上海からモスクワ入りしクートヴェに学んだ謝雪紅と林木順は、クートヴェ日本班で日本人学生とともに学んだ。一方、同じく上海で中国共産党に入党した楊春松は、太平洋労働組合会議第一回会議（一九二七年五月、これにより太平洋労働組合書記局が発足）のため上海と日本を往復して日本代表団の上海入りを助け、その後台湾に戻って農民運動の組織化に加わる。

　一九二七年春、福本主義の「正しさ」を主張すべくモスクワ入りした渡辺政之輔ら日本共産党代表団に対し、片山は「二七年テーゼ」に即して台湾での共産党組織化に向けた活動を指示する。この方針が出された背景については不明な点が多いが、謝雪紅と林木順は一一月にウラジオストク入りして、帰国途中の日本代表団と相互「理解」を深めたのち、上海に戻りすぐに東京へと向かった。東京では、ふたたび渡辺と接触して、日本共産党中央委員会が「日本共産党台湾民族支部」の綱領と定めた渡辺起草の「組織綱領」「政治綱領」の草案を台湾に持ち帰ることになる。しかし、目前に迫った第一六回総選挙に全精力を傾注する第二次日本共産党に「日本共産党台湾民族支部」の結党に直接的支援を行う余力はなく、日本共産党中央委員会は、謝雪紅と林木順に対し中国共産党に支援を求めるよう通達する。一九二八年二月にこの通達を台湾に伝えに来たのは鍋山貞親だった。

一九二八年四月一五日、上海フランス租界で、中国共産党から彭榮、朝鮮人コミュニスト代表として呂運亨も参加して日本共産党台湾民族支部創立大会が開催され、「組織綱領」「政治綱領」は満場一致で採択された。創立大会では、日本共産党および中国共産党との関係について議論され、「組織綱領」で「台湾共産党」が日本共産党の台湾民族支部と規定されていることから、「台湾共産党」が日本共産党中央委員会の決定に従うこと、そして「台湾共産党」が中国共産党からの「援助と指導」を受け入れることを確認している。しかしその直後の二五日、フランス租界で謝雪紅ら五名の台湾人コミュニストが上海領事館警察に検挙され（上海読書会事件）、新たに楊春松ら在台湾のコミュニストが党に参加した。

検挙を逃れ三・一五事件後の東京に向かった陳来旺らは「日本共産党台湾民族支部東京特別支部」を組織して第二次日本共産党との連絡を回復したが、一〇月に上海から帰国途中の渡辺が基隆で亡くなり、続く四・一六事件で陳来旺も検挙されて連絡は切れる。しかも「台湾共産党」内部では人的軋轢も生じており、一九三一年六月の台湾総督府による弾圧により「台湾共産党」は事実上消滅する。しかし、一九三〇年に上海に渡った楊春松は、同地で反戦運動を担い、一九三二年に検挙されると日本帝国臣民として台湾に送還されたのち東京に渡った。楊が敗戦後の東京で日本共産党華僑・留学生細胞の組織化の中心になるさまは、第8章でふれる。

朝鮮人コミュニストの選択

「一国一党の原則」のもと日本共産党およびその大衆組織に合流していく朝鮮人コミュニストは、一九二〇年代半ば以降の朝鮮人人口の急増に伴い、日本内地の労働運動にとどまらず、さまざまな社会運動の重要な担い手となった。

三・一運動以来留学生を担い手としてきた日本在留朝鮮人の社会主義運動であったが、一九二〇年代に入ってからは、地縁・血縁を頼りに渡航してくる朝鮮人労働者の急増により労働運動の存在感が増した。一九二二年には朝鮮人労働者が多く暮らす東京・大阪にそれぞれ朝鮮労働同盟会が結成され、以降各地で朝鮮人労働組合の組織化が進む。日本人の労働組合に朝鮮人が加入することも理論的には可能だが、労働現場では日本人労働者が低賃金の朝鮮人労働者に置き換えられる例が多かったように、日本人と朝鮮人の利害は必ずしも一致していなかったため、民族的結合が選択されたのである。しかし、大阪朝鮮労働同盟会は、総同盟関西同盟会と協力関係を築いていたし、日本人の労働組合や思想団体も、その時々の必要に応じて朝鮮人労働組合との共同行動をとっていた。

一九二五年二月、東京で在日労総（六五頁参照）の創立大会が開かれ、日本在留朝鮮人による労働組合のナショナル・センターが誕生した。在日労総の委員長に就任した李憲は、直後の四月に朝鮮共産党創立大会にあわせて高津正道と京城入りしており、第3章で見た極東社会問題研究会（七〇頁参照）とも関係の深い社会主義者のひとりだった。在日労総の活動を支え、その拡大に大きな役割を果たしたのが、戦後に日本共産党中央委員に就任する金天海である。一九二二年に日本に渡航し神奈川朝鮮合同労働会を率いた金天海は、土木工事に従事する朝鮮人労働者の組織化を進め、在日労総の幹部として運動を率いた。

ここで朝鮮共産党の結党経緯について確認しておくと、第1章で見たように、コミンテルンは一九二二年末にイルクーツク派・上海派の両高麗共産党を解体して、コミンテルンの直接の指導下で朝鮮共産党の創立を実現しようとしていた。その過程でウラジオストクの日本共産党在外ビューローが両派の調停にあたることも期待されたが、第一次日本共産党の解党により実現しないままに終わった。その後、イルクーツク派の国内組織である火曜会を中核に、金若水、朱鍾健ら日本で活動した社会主義者も加わって一九二五年四月に朝鮮共産党が創立される。のちに第一次朝鮮共産党と呼ばれるこの党は、コミンテルンによる支部としての承認を得る前の一九二五年末までに検挙された。一九二六年二月に再建された第二次朝鮮共産党は、コミンテルン朝鮮支部としての承認を得て、クートヴェに学生を送り込むなどモスクワとのつながりを構築しようとしたが、弾圧により短命に終わる。こうしたなか、一九二六年夏に朝鮮に戻った安光泉は、正友会を結成して社会主義的諸団体を糾合し、一九二六年一二月に第三次朝鮮共産党を再建する。しかしこれも一九二八年二月に検挙され、直後に第四次朝鮮共産党が再建されるが、相次ぐ弾圧で有能な活動家を失ったこともあって組織を維持できないまま検挙された。安は満洲に逃れて没したという。

　短命に終わった朝鮮共産党であるが、朝鮮人コミュニストの組織化は東アジアの各地で進んだ。満洲では一九二六年五月に朝鮮共産党満洲総局が創設され（一〇五頁参照）、一九二七年五月には朝鮮共産党日本総局も活動を開始していた。このような朝鮮人コミュニストの活動の活発化に対抗して、満洲（一九二七年一〇月第一次間島共産党事件、一九二八年九月第二次間島共産党事件）、日本（一九二八年二月の朝鮮共産党および高麗共産青年会日本部検挙、一九二八年八―一一月の国恥記念日闘争の際の検挙）では、朝鮮人コミュニストの検挙が続いた。朝鮮共産党日本総局の責任者に就任していた金天海も、一九二八年一〇月に検挙されている。

　一方で労働者の経済闘争を重視した在日労総の組織人員は拡大を続け、一九二七年四月の第三回大会の時点で三万人を突破していた。この時期の日本在留朝鮮人人口は、国勢調査によると三〇万人余りと推測されており、その一割が労働組合に組織されていたことは、戦前の日本人労働組合の組織率を考えるなら驚異的な数値である。労働組合が法律で認められていなかった戦前の日本では、労働組合の組合員数も組織率もきわめて低く、組合員数は最高で一九三六年の四二万人、組織率も最高で一九三一年の七・九％にとどまっていたからだ。また、朝鮮共産党日本総局は、在日労総を動員して国恥記念日闘争などの大衆闘争に取り組んだ。

　順調に拡大する朝鮮人労働運動に激震を起こしたのが、「一国一党の原則」のもとでの労働組合の組織的一本化の要求だった。一九二八年一二月、日本労働組合全国協議会（全協）の結成により第二次日本共産党指導下の左翼組合が再建されたのち、在日労総では全協に合同すべきか否かについての激しい議論が交わされた。全協への合同推進派の急先鋒が金斗鎔だった。中野重治らとともにプロレタリア文化運動を担いつつ朝鮮人労働運動への関与を深めた金斗鎔は、朝鮮人への「狙い撃ち」の弾圧に立ち向かいながら運動の再編をはかるために、第二次日本共産党の指導下で日本人労働者と共闘して階級的労働運動を行うべきであると主張した。プロレタリアートとしての階級的連帯を重視する金斗鎔の合流論は、朝鮮人の民族的独自性に基づく要求＝帝国日本からの民族解放を放擲した論理として、のちに批判されることになるが、一二月に在日労総は解消声明を出し、在日労総に加盟していた朝鮮人労働者は、順次全協に加盟していくこととされた。

しかし、在日労総に加入していたすべての朝鮮人労働者がそのまま全協へ移行したというわけではない。解消声明が発せられた一九二九年一二月時点で三万三〇〇〇人余りを誇った在日労総の組合員のうち、一九三二年末の時点で全協に加入した者は四七二一人に過ぎなかった。朝鮮人労働者の集住が進んでいた大阪市では、朝鮮人独自の組織が生まれていたし、全協と激しく対立する右派の総同盟にも相当数の組合員が加入している。労働現場で朝鮮人労働者が自らの権利を守るには、イデオロギー如何以上に、身近で頼りになる人脈こそが重要であったのだろう。

「雨の降る品川駅」の誕生

一九二〇年代後半、日本在留朝鮮人の急増にともない朝鮮人の労働運動が量的に拡大するなか、留学生を中心とする知識人層の朝鮮人が新たな活躍の場として切り拓いたのが、プロレタリア文化運動だった。そのような朝鮮人留学生のなかに、金斗鎔と李北満がいた。

一九二六年四月に東京帝国大学文学部に入学して美学を専攻した金斗鎔は、三・一運動当時新人会に属していた先輩の金俊淵の助言により新人会に入り、石堂清倫や志賀義雄、そして二学年上の中野（ただし年齢は同じ）と出会う。戦後に発表された中野の自伝的作品『むらぎも』には、新人会の新入生歓迎会で出会った当時の金斗鎔の姿が、次のように描かれている。

> いつかの新入生歓迎会のとき、けったくその悪い「今やわれわれは無産者階級の感情を感情する……」があったあとで、朝鮮人の金という新入学生が、「朝鮮プロレタリアートの解放なしには日本プロレタリアートの完全な解放はない。日本プロレタリアートの自己解放なしには朝鮮プロレタリアートの解放はない……」という単純な演説をしたとき、金の腕のゆるい水平動につれて、けったくその悪さから心持ちよく解放されていく思いがしたことを安吉は思い出した。
>
> （中野重治『むらぎも』、一九五四年）

李北満は、一九二二年に渡日して早稲田大学に学び、この時期には朝日新聞社に勤務していた。新聞社時代には、報知新聞社に入社したばかりの松本健二にアンリ・バルビュス『クラルテ』（一九一九年刊行）を貸すなどして松本を社会運動に導いたという。その後報知新聞社で争議を指導して馘首された松本は、全協の活動家となり戦後まで活躍する。

金斗鎔と李北満、そして中野の活躍の舞台となったのが、高揚を迎えつつあったプロレタリア文化運動である。中野は在学中の一九二六年一一月に日本プロレタリア芸術連盟に加わり、一九二七年三月に大学を卒業してからは対支非干渉全国同盟を手伝いながら、七月には日本プロレタリア芸術連盟機関誌『プロレタリア芸術』の創刊を担った。同時期に、金斗鎔と李北満は、一九二五年八月に結成されていた朝鮮プロレタリア芸術同盟（ＫＡＰＦ）の東京支部を結成し、ＫＡＰＦ機関誌『芸術運動』（朝鮮語）を創刊している。植民地朝鮮の社会運動の機関誌が宗主国で創刊されたことには、植民地より日本内地の方が検閲が緩やかであったという事情が影響していた（高二〇一〇）。

『プロレタリア芸術』と『芸術運動』は互いに連携して活動しつつ、日本と朝鮮のプロレタリア文化運動の発展に努めた。こうして深まった彼らの交友から、中野は植民地朝鮮の現実を描いた詩を生み出していく。『無産者新聞』に掲載された「朝鮮の娘たち」（一九二七年九月）は、実際に京城の女学校で起きた日本人教師と朝鮮人女学生の対立に材をとっていた。当時の李北満と中野の姿を、ドイツ文学者の新島繁は次のように回想している。

> 左翼運動で私が初めて見てフレッシュな印象を与えられたのは、若き日の李北満氏であった。それは多分昭和二年（一九二七年）初夏の頃、読売講堂で行われた「プロ芸」の講演会の時だったかと思う。演壇に流暢な日本語で熱弁を揮った秀麗な彼の姿がまだそのまま眼底に残っているそ

の夜の帰りに、私が東中野で下車すると、図らずもやはりそこで降りた彼が、多分中野重治と一緒に、長身を並べて、親しげに何か話し合いながらホームを私とは反対の方向に歩いてゆく颯爽とした様子を見受けて、当時まだ懐疑的だった私は、そこに何か閃光にも似た強烈なロマンチックなものを感じ取ったように記憶する。恐らく、人種を越えて結ばれているプロレタリアの団結の現実の姿に、一瞬、私は眼を射られたのであろう。それはまた私の、階級的自覚への一歩前進の記憶でもある。

（新島繁「大陸人群像――私の忘れ得ぬ人々」『民主朝鮮』一九四九年一月号）

三・一五事件で日本プロレタリア芸術連盟の合宿所から検束された中野は、すぐに釈放された。しかし、一九二三年六月の第一次共産党事件とは比較にならない大規模な検挙に遭遇したことでプロレタリア文化運動の戦線統一が急がれることになり、中野は四月に創立された全日本無産者芸術連盟（ナップ）の常任委員に選出された。五月に機関誌『戦旗』を発刊したナップは、第二次日本共産党の合法局面での活動を担う中核団体として活動していくことになる。

李北満と金浩永に日本内地からの追放命令が出されたのは、まさにそのような時期だった。一一月に予定された天皇即位の「御大典」をつつがなく実行するべく政府はコミュニストへの抑圧を強めており、六月二九日には治安維持法改正案を緊急勅令により公布・施行した。この「改正」により、「国体の変革」を目的とする結社行為の最高刑は死刑とされた。ふたりが品川駅から下関行きの急行に乗車したのは、治安維持法改正の三日前、六月二六日の夕刻と推定される（満田二〇〇一）。品川駅でふたりを見送った中野は、「御大典記念に　李北満・金浩永におくる」との献辞をそえて「雨の降る品川駅」を書き、それは伏字だらけの無残な姿に変えられて『改造』一九二九年二月号に掲載される。

品川で見送られた李北満は、釜山から「追放」と題した一文を東京に送り（『戦旗』一九二八年九月号）、御大典後ふたたび東京に戻ってきて、一九二九年五月に金斗鎔、金三奎らとともに高円寺の自宅にＫＡＰＦ東京支部の後継組織となる無産者社を結成した。そして無産者社の機関誌『無産者』一九二九年六月号に伏字を起こした完全なかたちで「雨の降る品川駅」朝鮮語訳が掲載されたのだった（水野一九八〇）。中野が「雨の降る品川駅」に込めたプロレタリア国際主義に基づく階級的結束と同志への惜別の思いを感じ取った朝鮮人詩人・林和は「雨の降る品川駅」への応答として朝鮮語の詩「雨傘さす横浜埠頭」（『朝鮮之光』一九二九年五月号）を発表する（高二〇一〇）。日本から追放される植民地の青年が日本人の恋人と別れる場面を描いたこの詩の冒頭の連は、「雨の降る品川駅」を容易に想起させる。

港の娘よ！　異国の娘よ！
ドッグを走り来るな　ドッグは雨にぬれ
わが胸は別れゆく悲しみと　追われゆく怒りに火と燃える

おお　愛する港横浜の娘よ！
ドッグを走り来るな　らんかんは雨にぬれている

ＫＡＰＦの中心的詩人として中野や李北満と交友を持っていた林和は、一九二九年冬に東京にやってきて無産者社に寄寓する。林和の「雨傘さす横浜埠頭」が日本語訳されて紹介されるようになるのは一九八〇年代のことになるが、林和がいち早く感じ取ったような階級的結束と惜別の詩としての「雨の降る品川駅」は、相次ぐ弾圧を乗り越えて戦後まで生きのび、プロレタリア国際主義の拠り所として読み継がれることになる。

【補注】「大陸人群像」を書いた新島繁（本名野上巖《いわお》、一九〇一―五七年）は、一九二七年当時、日本大学予科のドイツ語講師をしていた。「大陸人群像」には、「一学級の殆ど三分の一まで」が「日本帝国主義の植民地であった台湾や朝鮮」からの学生だったこと、それら学生のうち長期にわたる欠席者が四・一六事件により検挙されたためであったことも記されている。映画「母べえ」の主人公のモデルでもある新島は、敗戦後に日本民主主義文化連盟、民主主義科学者協会などの共産党系大衆団体で活躍し、一九五五年に神戸大学に着任して、小島輝正（二九九頁参照）の同僚となった。

神戸―ウラジオストク航路とＯＭＳ

間庭末吉（四四頁参照）は、プロレタリア国際主義を体現するコミュニストだった。一六歳で船員となった間庭は、イギリス船に乗務して第一次世界大戦を経験したのち、アメリカで片山潜と出会って社会主義者となりアメリカ共産党員となった。アメリカから（船員として乗船しながら）密航してロシア入りしたのち、チタやイルクーツクでの反軍活動を支え、一九二二年一二月、解放されたウラジオストクに入って国際海員倶楽部で働くことになった（出井一九九〇）。

国際海員倶楽部は、ウラジオストク、上海、サンフランシスコ、ハンブルク、アムステルダム、マルセイユなどの国際港に設置されたプロフィンテルンの拠点で、入港する海員にコミュニズムを宣伝しつつ、国際連絡を担う海員をリクルートしていた。ウラジオストクの拠点では、沿海州・北樺太・カムチャッカ地方にやってくる漁業の出稼ぎ労働者に加え、日ソ利権協約締結（一九二五年）とともに設置された北樺太石油株式会社、北樺太鉱山株式会社で働く労働者に働きかけて、映画を観せるなどしていた。

在外ビューローで活動したのち、一九二四年夏までに帰国した間庭は、神戸―ウラジオストク航路（朝鮮の釜山、元山を経由した）を擁する神戸港近くの下町・佐比江町に落ち着いて、海員の間に宣伝をはじめた。当時の間庭の姿を海員はこう回想する。

> 間庭は、当時の労働組合の闘志達が、いかにも俺は社会主義者であるといわぬばかりの服装をしていたのに反し、常に質素な賀川服（賀川豊彦が愛用していて、当時の闘士の間で流行した木綿の上着。消費組合で売っていたという）を着用し、ネクタイも結んで小ぎれいにしていた。感心

したことは、毎晩遅く帰って来た時でも必ず下着と靴下を洗濯して寝ることであった。

（世古重郎「日本海員闘争小史」、角岡編一九八二所収）

神戸の繁華街・新開地の湊川タワー下にある上西書店は社会主義関係の書物を扱う店として知られていた。間庭はここに出入りして「立読みしながら、社会主義の本を買いにくる人を物色して」オルグをはじめ、ここで河上の個人誌『社会主義研究』を購入した田中松次郎は、「ふちなし眼がね、温和そうな口きき、きちんとした服装」の間庭に話しかけられてコミュニストの道に踏み出していく（田中松次郎「ある思い出」角岡編一九八二所収）。のちには上西書店の店主自らが客と活動家をつないだ。

神戸―ウラジオストク航路への乗船経験から社会主義への関心を強めた海員が結集した海員刷新会からは、多くの海員コミュニストが生まれた。上海航路天城丸に乗船する火夫の田中は、間庭と出会ってから神戸―上海間の定期連絡を担い、のち上海からウラジオストクを経由してモスクワに入り、クートヴェに入学する。細木榛三も神戸からウラジオストク入りしてプロフィンテルンの活動を担うとともに、ＯＭＳ（一〇八頁参照）のウラジオストク要員として日本との間の密入国ルートの実務を支えた（加藤二〇一七）。三・一五事件での検挙を結核により免れモスクワに脱出した山本懸蔵も、コミンテルン第六回大会閉幕後にウラジオストクに入り、モスクワと往復しつつクートヴェ入学学生の選抜などにあたっていた（加藤一九九四）。

一九二八年一二月、ウラジオストクの佐野博からモスクワの佐野学に宛てた報告書（富田・和田二〇一四）には、一九二二年にアメリカ共産党に入党して一九二三年秋にウラジオストク入りした高谷と細木が、ＯＭＳ要員としてクートヴェに日本人学生を派遣するかたわら、太平洋労働組合書記局の活動としてカムチャッカでの漁夫のオルグを行っていたことが記される。プロフィンテルンのアジア太平洋支部として一九二七年五月に創設された太平洋労働組合書記局（本部・上海）は、一九二九年八月に予定された第二回大会をウラジオストクで開こうとしていた。国際汽船貴船山丸に乗船して神戸からウラジオストクにやってきた白川芳松は、細木の手助けによりウラジオストクで脱船（船長の許可をえず下船して船に戻らないこと）してクートヴェに学び、プロフィンテルン第五回大会に日本交通運輸代表として参加したのち、阪神間から出航するウラジオストク航路に党細胞を設ける任務を与えられ、一九三一年一月に帰国した（白川「帰国後の党活動」角岡編一九八二所収）。同時期に、帰国後に「非常時共産党」を率いることになる風間丈吉もウラジオストクから川崎汽船栄丸で帰国する。しかし細木はＯＭＳ任務での密入国支援の際の不手際からスパイ容疑をかけられてモスクワに召喚された。細木は一九三三年末にベルギーに脱出し、一九三四年七月には転向して日本に戻る（加藤二〇一七）。

　このように神戸―ウラジオストク航路は、一九二〇年代半ば以降、モスクワとの連絡や日本からソ連への密入国の拠点として機能していた。一九三一年六月にヌーラン事件（一五〇頁参照）によって上海拠点が壊滅すると、太平洋労働組合書記局の本部も上海からウラジオストクに移転し、引き続き海員ルートでの密入国は続いた。しかしＯＭＳを支えた日本人コミュニストの多くが、相次ぐ弾圧により人材を失い続けた日本での活動を命じられて帰国していき、一九三〇年代半ばまでにウラジオストク拠点のプレゼンスは低下した。

第6章　「ソ連防衛」のために

「帝国主義戦争反対」を掲げて

英露労働組合委員会の崩壊によりヨーロッパでのソ連の国際的孤立が進むなか、一九二八年七―九月にかけてモスクワで開催されたコミンテルン第六回大会は、資本主義国との対抗関係を念頭に置いたソ連／コミンテルンが極左主義に転換を遂げる画期となった。その理論的裏付けが、第一次世界大戦の終結から一九二三年までを第一期「戦争直後の鋭い危機の時代」、一九二四年から一九二七年を第二期「資本主義の一時的に安定した時期」、一九二八年以降を第三期「資本主義の全般的危機が深まり階級闘争が激化する時期」と定義する資本主義の全般的危機論だった。第三期に入った現在、資本主義の崩壊は間近であるとの認識から、ソ連／コミンテルンは極左主義によるプロレタリア革命の実現を視野に入れたのだ。

しかし実際のところソ連は、第一次五ヵ年計画（一九二八年開始）により平和的かつ一国的な社会主義建設を進めており、スターリンは、世界プロレタリア革命の実現よりもむしろソ連への資本主義国の介入を回避するための「弾よけ」として資本主義国のプロレタリアートを極左主義のもと利用しようとした。そのために、コミンテルン第六回大会で採択に至ったブハーリン起草の「共産主義インタナショナル綱領」には、ソ連が「国際プロレタリアートの唯一の祖国」なのであり、「資本主義諸国の攻撃からソ連を全力をあげてまもること」こそが「国際プロレタリアートの義務」であると明記されたのである。

ソ連防衛の理念は、同じくコミンテルン第六回大会で採択された「帝国主義戦争に反対する闘争と共産主義者の任務」で、より詳細に説明された。まず、「全資本主義世界」と「ソ連、国際プロレタリアート、植民地の被圧迫民族」に二分された現在の世界では、「国際連盟の保護下につくられるあらゆる同盟、あらゆる条約は、とくにソ連を対象とした戦争準備を隠蔽し助長するものでしかない」として不戦条約（一九二八年に成立した戦争放棄に関する条約。米英独仏伊日など一五ヵ国が署名し、その後ソ連を含む六三ヵ国が署名した）のような「軍縮を主張する平和主義的運動」を「有害である」と切り捨てる。こうして第一次世界大戦後の協調外交の成果を全否定したうえで、現代の戦争を、①帝国主義諸国の間の戦争、②プロレタリア国家に対する帝国主義的反革命戦争、③帝国主義に対する民族革命戦争に類型化し、そのうち②の戦争の危機が近づいているため、世界のプロレタリアートが「労働者の祖国」ソ連の防衛に立ち上がるよう呼びかけ、なかでも帝国主義国のプロレタリアートは「革命的敗戦主義」（第一次世界大戦の際にレーニンが発した「帝国主義戦争を内乱へ」というテーゼ）に則って自国の政府を倒さねばならないとした。

ここで注意しておきたいのが、この「帝国主義戦争に反対する闘争と共産主義者の任務」でソ連が「平和」を支持し「平和」政策を打ち出していると主張している点である。その「平和」とは、軍縮や不戦といった戦争を起こさないための「平和」ではなく、帝国主義諸国の間の矛盾を利用することで戦争を先延ばしにしようとする限りでの「平和」にほかならず、このような「平和」を利用してソ連一国の社会主義建設を遂行することが本当の目的だった。「平和」とはソ連一国の平和に過ぎなかったのだ。

日本反帝同盟の経験

こうして帝国主義戦争とは資本主義国によるソ連攻撃であると定義したソ連／コミンテルンは、ソ連防衛のために各国のコミュニストを動員する体制を構築するため、国際反帝同盟への働きかけを強めた。すでに一九二七年二月に行われていた国際反帝同盟の創立大会の呼びかけ人には、フランスの作家アンリ・バルビュスやロマン・ロラン、ドイツの物理学者アインシュタイン、孫文夫人の宋慶齢、片山潜らの名が並び、書記長にはドイツ共産党のミュンツェンベルグ（「赤いゲッペルス」の異名を持つ）が選出されていた。コミュニストによる大衆運動の場として機能していた国際反帝同盟であるが、ヨーロッパではアインシュタインをはじめ多くの知識人が参加しており、その運動は一定の意味を持った。日本では、一九二七年五月に成立した対支非干渉全国同盟（九二頁参照）を源流とする戦争反対同盟（一九二八年七月準備会結成）の発展として、日本反帝同盟（国際反帝同盟日本支部）の成立を見る（田中一九九四、井上二〇〇八）。

戦争反対同盟の基本方針は、コミンテルン第六回大会で採択された「帝国主義戦争に反対する闘争と共産主義者の任務」に沿っており、その目標は「帝国主義戦争の阻止」「植民地民族運動の支持」「反ソ戦争阻止」に置かれた。一九二九年七月にドイツで開かれた国際反帝同盟第二回大会には、ドイツ共産党日本人部から国崎定洞をはじめ、千田是也、三宅鹿之助、平野義太郎が参加した。このとき日本国内では、日本反帝同盟の創設を呼びかけるアピール「反戦同盟日本支部準備会創立の檄」が発せられ、在日本朝鮮労働総同盟、朝鮮新幹会有志、台湾農民組合、台湾文化協会、朝鮮プロレタリア芸術同盟、李北満もアピールに名を連ねていた（井上二〇〇八）。

一九二九年一一月に正式に創設された日本反帝同盟は、「日本帝国主義国内の労働者農民と朝鮮台湾満洲蒙古等の日本帝国主義に苦しむ植民地の被圧迫民衆とソヴェート連邦の労働者農民とを団結せしめること」「日本及び英米その他の帝国主義的侵略政策に対してソヴェート連邦防衛の闘争を行うこと」などを目的に掲げ、戦争反対と植民地解放運動の結びつきを明確に打ち出した（井上二〇〇八）。しかし、「ソ連防衛」というスローガンは、容易に理解されるようなものではなかった。一九三一年三月に風間中央委員会がモスクワに送った報告書のなかでも、次のように現場の戸惑いが記されている（加藤二〇〇〇）。

> 植民地運動の擁護、朝鮮、台湾の独立のための運動は、不十分なる宣伝煽動の活動以外の領域を

脱していない。C.C.C.P［ソ連］擁護の闘争も同様である。最近、植民地運動及びC.C.C.P擁護のビラを企業内の労働組合員が撒いた時、その組合員は、この活動が、自分等日本の労働者とどんな関係を持つかよくわからないと言った。

この報告書には、多くの朝鮮人組合員を擁する全協で、三月一日の朝鮮三・一運動記念日にビラを撒いて「朝鮮、台湾の独立のための闘争」を呼びかけた際、そのビラに「朝鮮を独立しうる者は、日本プロレタリアートのみである」と記して「朝鮮の運動は日本の運動によって指導されねばならない」かの印象を与えたことを、共産党が厳しく批判したことも記される（加藤二〇〇〇）。朝鮮人が多く活躍した日本反帝同盟でも、「帝国主義戦争絶対反対」を掲げて日本帝国主義の中国侵略を批判したとはいえ、植民地問題を自らの問題として実感するのはまだ先のことであったのかもしれない。しかも「戦争反対」というスローガンも、大衆には響いていなかったようだ。先の戦争反対同盟への再編に際して、一部の代表が「一般労働者は戦争により好景気の到来することを希望」していると指摘していたことは（井上二〇〇八）、満洲事変後の労働者の熱狂を予感していたかのようだ。

世界恐慌と席捲する極左主義

一九二九年七月、コミンテルン議長ブハーリンが解任され、スターリンによるコミンテルンの権力掌握が完成する。一二月二一日のスターリンの五〇歳の誕生日を迎えた一九二九年末から翌年一月にかけて、ソ連共産党は党内粛清運動を実施して労働者出身の党員を選抜する一方、知識人への入党審査を厳格化している。第六回大会以来の極左主義をより強めたコミンテルンは、コミンテルン第一〇回拡大執行委員会（一九二九年七月）で現在の世界情勢を「戦争と革命の時代」と定義し、極左主義は東アジア各国共産党の路線を枠付けていく。

このような極左主義への転回を後押ししたのが、一九二九年一〇月二四日のニューヨーク株式市場での株価の大暴落にはじまる世界恐慌である。アメリカからヨーロッパそして全世界にひろがった世界恐慌が及んだ日本では近代日本史上最悪の大不況となった昭和恐慌がはじまり、企業倒産、失業者の激増、賃金カットが相次いだ。日本経済の中核を担ってきた製糸業、鉱山、軍需産業などにも影響は及び、一九三〇年の失業者数は二五〇万人に達したとされる（当時の日本の人口は六〇〇〇万人台であった）。労働争議も急増し、一九三一年には二四五六件の労働争議が発生して、労働組合の組織率も戦前最高の七・九％を記録している。失業以前に、そもそも就職もできないという問題もあった。一九三〇年の大学・専門学校の卒業生の就職率は四二％にとどまり、なかでも法・文・経済学部では、八〇％以上の学生が就職の決まらないまま卒業している。多くの失業者が農村へ戻ったものの、農村も農産物価格の暴落、そして冷害により窮乏化する一方だった。都市も農村も、資本主義社会の矛盾を背負いこんで疲弊し、人びとは疲れ果てながら日々を生き抜いた。

世界情勢が「戦争と革命の時代」に移行したと認識するコミンテルンは、世界恐慌による労働者・農民の零落と社会不安の増大を目の当たりにして、自らの情勢認識の正しさを再確認していた。コミンテルン第一一回拡大執行委員会（一九三一年三月）では、このような世界情勢の不安定さをロシア一〇月革命直前の情勢に重ね合わせ、資本主義国におけるプロレタリア革命の実現を展望する。そしてその来たるべきプロレタリア革命の担い手は、世界恐慌によって零落し「革命化した」労働者・農民であるとされた。

「大衆の革命化」という現状認識に規定された東アジアでは、クートヴェに学びコミンテルンへの全面的服従を自明とする若い世代が台頭し、党幹部として極左路線をリードした。中国共産党では、第一次国共合作崩壊の責任を問われた陳独秀が党中央を逐われ、コミンテルンの支持のもと後継となった瞿秋白も各地での武装蜂起の失敗の責任を問われて、一九二八年六月の中国共産党第六回大会で事実上罷免される。その後、中国共産党第六回大会で実権を掌握した李立三は、スターリンの意を受けて都市での武装蜂起路線（李立三コース）を強行し、一九三〇年七月末には、湖南省の三〇万人都市・長沙を占領して「湖南省ソヴィエト政府」の樹立を宣言した。これを一週間で撃退した国民政府は、以降共産党根拠地の掃討作戦に取りかかるが、満洲事変勃発により中断を余儀なくされる。長沙占領による犠牲を重く見たコミンテルンにその責任を問われた李立三も解任され、一九三一年一月以降、王明や博古（秦邦憲）らソ連留学グループが実権を握った中国共産党は、国民党の弾圧により都市ではほとんど活動不能に陥るものの、宣伝活動などによりその存在を発信し続けていく。一方で、満洲事変後の一九三一年一一月に、革命根拠地で「中華ソヴィエト共和国」を樹立してその臨時主席に就任した毛沢東を党中央から外したように、中国共産党はなお都市での武装蜂起路線を堅持しており、農村での革命根拠地の拡大は党中央にとっては副次的課題に過ぎなかった。

満洲の間島では、朝鮮共産党満洲総局および関係者の検挙が相次ぎ（一九二八年九月第二次間島共産党事件、一九三〇年三月第三次間島共産党事件）、朝鮮共産党満洲総局が解散して中国共産党満洲省委員会に合流したのちの一九三〇年五月には、五・三〇事件五周年を期して中国共産党が呼びかけた武装蜂起が起きる（第四次間島共産党事件）。これ以降間島では中国共産党に組織された朝鮮人により日本・中国の諸機関や「親日派」朝鮮人への襲撃事件が続き、間島総領事館だけで一〇〇〇名以上の検挙者を出している。

「モスクワ帰り」のボリシェヴィキ党

日本でも極左主義が台頭した。四・一六事件によりそれまでの最高幹部がすべて検挙されたのち、東京帝国大学生の田中清玄、モスクワのレーニンスクール（各国共産党の最高幹部養成機関、日本共産党からは高橋貞樹と佐野博だけが入学を許された）に学んだ佐野博（佐野学の甥）が率いた「武装共産党」は、コミンテルン第六回大会で採択された「帝国主義戦争に反対する闘争と共産主義者の任務」に忠実に、日本帝国主義打倒のための「武装」を掲げて街頭行動に乗り出した。しかしながら、武装ビラ撒き行動、川崎武装メーデー事件、軍隊への党組織拡張の試みなどの極左的行動は、世界恐慌により零落し「革命化」していたはずの労働者・農民にはまったく影響力を及ぼせないまま、ただ激しい検挙を招くばかりに終わった。

川崎武装メーデー事件（一九三〇年五月一日、メーデーに「日本共産党日本共産青年同盟」と大書した旗を掲げた「武装共産党」が乱入し負傷者を出した）の失敗を受けた指導部は、「工場における生活に経験のないインテリ出身、ないしは街頭の小ブルジョア的動揺分子」が極左主義をリードしたことに責任を求め、「工場に基礎をおいた党」の建設を掲げる（渡部一九八一）。「公然化」から一年半も経たないなかで多くの党員を相次ぐ検挙で失った第二次日本共産党を振り回したコミンテルンの極左方針の罪も重いが、しかし「武装共産党」は、四・一六事件以前の活動経験をほぼ持たない若手党員が活動を担っているほどに人材に窮していた。実際、一九三〇年二月の時点でもわずか一〇〇名足らずの党員しか獲得できていなかった（加藤二〇〇〇）。

　このような第二次日本共産党の「大衆からの孤立」という現実と、そのような孤立を生み出したコミンテルンの責任、そしてコミンテルンに従うだけの第二次日本共産党の体質を批判する一部の検挙者は、獄中で水野成夫を中心に「解党派」（日本共産党労働者派）を組織して、獄外の中央委員会に反旗を翻した。それに加え、川崎武装メーデー事件に動員された全協では、事件をきっかけに、佐藤秀一、南巌、内野壮児、神山茂夫らが一九三〇年六月に全協刷新同盟を結成して、「武装共産党」とつながる全協中央の極左主義との対決姿勢を鮮明にした。この全協内部の対立は、モスクワで開かれたプロフィンテルン第五回大会（一九三〇年八月）に持ち込まれ、全協刷新同盟はプロフィンテルンからの批判により一九三〇年一一月に解散するが、この人脈は戦後の運動につながる地下茎として弾圧下を生き延びていく。

「武装共産党」の重要な資金源となり党員の供給源となったのは、プロレタリア文化運動だった。一九二九年七月からの半年間に第二次日本共産党が集めたカンパの四〇%を、全日本無産者芸術連盟（ナップ）をはじめとする文化団体が拠出している（飛鳥井一九八二）。同時代のプロレタリア文化運動は、知識人・学生にとどまらず労働者にも影響力をひろげており、全日本無産者芸術連盟機関誌『戦旗』は、ほぼ毎号のように発売禁止を命じられながら最高二万七〇〇〇部を刊行して全国に配布網も確立していた（同時期の非合法共産党機関紙『赤旗』は毎号五〇〇部から八〇〇部を「印刷」しているに過ぎず、配布網も未確立だった）。『戦旗』の購読から第二次日本共産党の実践に踏み出す人びとを生み出すなど、プロレタリア文化運動は非合法活動への入り口としても機能していた。一九三〇年二月以降、第二次日本共産党に資金提供を行った容疑でシンパを検挙した「共産党シンパ事件」により、平野義太郎や山田盛太郎、三木清ら大学教員に加え、中野重治、村山知義、林房雄、小林多喜二、山田清三郎らプロレタリア文化運動の支え手ら一五〇〇名が検挙された。

　非合法共産党の活動と合法的大衆団体の活動を混同した「武装共産党」により、一九三〇年九月には『戦旗』の刊行が全日本無産者芸術連盟から切り離されて共産党アジ・プロ部（アジ・プロとはアジテーション・プロパガンダの略）の指導下に置かれたため、全日本無産者芸術連盟は新たに機関誌『ナップ』を創刊する。これ以降『戦旗』の部数は伸び悩み、わずか半年余りで二万三〇〇〇部から八〇〇〇部へと部数を急減させた。『無産者新聞』の発行禁止ののち後継紙として発行された『第二無産者新聞』も一五〇〇部程度と、弾圧のもとで党活動に献身した党員・シンパの努力とは裏腹に、大衆を非合法の第二次日本共産党のもとに結集させることは困難だった。

大衆団体の政治闘争への進出

「武装共産党」が弾圧により壊滅すると、クートヴェからウラジオストク経由で帰国してきた風間丈吉が一九三一年一月に中央委員会を再建する。中央委員会は風間、一足先にクートヴェから帰国していた松村昇（本名飯塚盈延、スパイMとして知られる人物）、三・一五事件で検挙され保釈中の岩田義道、プロフィンテルン第五回大会に日本代表として参加して帰国してきた紺野与次郎により構成された。風間はコミンテルンへ派遣する日本共産党中央委員に、すでにソ連入りしていた山本懸蔵と三・一五事件で検挙された後眼病を理由に保釈されていた野坂参三を指名し、妻の野坂龍とともにモスクワに向かった野坂の「亡命一六年」生活がはじまった（山本と野坂は統一公判から分離される）。風間指導部は、上海でのコミンテルンとの連絡による資金獲得を目指して紺野を上海に送ったものの、ヌーラン事件（一九三一年六月、一五〇頁参照）により上海のコミンテルン関係機関が全滅して上海拠点は機能を停止していた。モスクワでの指示をもとに風間が執筆した「三一年政治テーゼ草案」は、世界恐慌下で零落した大衆の「革命化」という現状認識から、日本の来たるべき革命はプロレタリア革命であると規定していた。

一九三一年三月に日本からモスクワに送った報告書（加藤二〇〇〇）により、当時の党活動の実勢を確認しておこう。まず、党員数である。

東京地方　党員四四名　その他、保釈出獄中の党員で活動している者一八名
　　　　　工場細胞六（東京日日新聞、シマヤリング、鈴木鉄工所、トッパンインサツ）
大阪地方　党員三名
神戸地方　党員一名
山口県　　党員一四名
　　　　　細胞五（宇部炭鉱三、徳島鉄板、徳島海軍燃料所）
北九州　　八幡鉄工所　細胞二、党員九名
　　　　　福岡、細胞一、党員不明
　　　　　大牟田　党員一名

以上の合計八九名に加え、二ヵ月以内に党に組織できる者として、東京一〇〇名、大阪五〇名、神戸七〇名（うち海員五〇名）とされる。その一ヵ月の必要経費を以下に示しておく。

中央委員	五名	一〇〇円ずつ	五〇〇円
労働組合フラクション	六名	六〇円ずつ	三六〇円
技術部員	八名	五〇円ずつ	四〇〇円

大衆団体フラクション	一〇名	四〇円ずつ	四〇〇円
旅行費	三名	一五〇円ずつ	四五〇円
印刷所費	三ヵ所	五〇円ずつ	一五〇円
資料費			五〇円
日本共産主義青年同盟の一ヵ月の経費			三〇〇円

以上の計二六一〇円中六一〇円を国内で負担できるとして、コミンテルンには毎月二〇〇〇円の資金援助を求めている。なお、事実上の合法機関紙『第二無産者新聞』（一五〇〇部発行）は、自立した経営が成り立っており、資金援助の必要はなかった。

この経費配分からも、「武装共産党」の極左主義を批判して、党の大衆化による多数者獲得を基本方針として宣伝に経費をかけた風間指導部の運動方針が読み取れる。一九三〇年七月以来停刊していた『赤旗』が再刊され（三四号、一九三二年一月二五日）、合法機関紙『第二無産者新聞』を吸収したのち、『赤旗』の活版印刷化（六九号、一九三二年四月八日）が実現している。フラクション活動（政党が労働組合や大衆団体の内部に党員を送り込んで宣伝・勧誘・動員などの活動を行うこと）の重要な標的であったプロレタリア文化運動では、プロフィンテルン第五回大会に通訳として参加して帰国してきた蔵原惟人が「プロレタリア芸術運動の組織問題」（『ナップ』一九三一年六月号）を発表し、工場や農村で文化サークルを作って運動の基盤を形成するとともに文化団体の横断的な統一組織を創設するよう提唱する。一九三一年一一月、日本プロレタリア文化連盟（コップ）が誕生して、日本プロレタリア作家同盟、日本プロレタリア映画同盟、日本プロレタリア演劇同盟、日本プロレタリア音楽家同盟、日本プロレタリア写真家同盟、無産者産児制限同盟、日本プロレタリア・エスペランティスト同盟、日本戦闘的無神論者同盟、プロレタリア科学研究所、新興教育研究所の一一団体が構成団体となった（機関誌『コップ』『プロレタリア文化』）。なお、芥川龍之介を批判した「敗北の文学」（『改造』一九二九年八月号）で文壇デビューした宮本顕治は、東京帝国大学卒業後の五月に第二次日本共産党に入党して、日本プロレタリア作家同盟で活動している。

「労働組合フラクション」とは全協を指している。世界恐慌による労働運動の激化のなか大衆闘争に転じた全協は、金属・化学・繊維・土建など産業別の組織化を進めて、一九三二年四月には「約一万の労働者」を糾合した。全協最大の構成員数を占めた全協土建（一九三一年一〇月末は全構成員数の二三％、一九三二年末は同三二％）の過半数は朝鮮人労働者であり、全協化学の神戸支部は事実上朝鮮人組合となっていたように、全協のかなりの部分は零細企業の労働者か、自由労働者として働く朝鮮人が支えていた。「工場に基礎を置いた党」の組織化の基盤となるはずの大工場での全協組合員の獲得が実現したのは、ほぼ東京・大阪に限られた。

党の大衆化への模索と並行して、「戦前期日本共産党にとって最大の合法的情報戦」（加藤二〇〇六）となった日本共産党公判闘争の場を利用した党のプロパガンダもはじまった。三・一五事件、中間検挙、四・一六事件により検挙された東京地方裁判所係属の二七七名の被告に対する統一公判を利用して、「日本共産党」の存在を大衆に訴えようとしたのだ。獄中の被告団も公判対策委員会を開いて方針を決定し、公判での代表陳述者は「綱領」佐野学、「組織原則」鍋山貞親、「党の歴史」市川正一、「労働組合に対する方策および指導」杉浦啓一・国領伍一郎、「農民問題」高橋貞樹、「青年運動」徳田球一、「植民地問題」市川正一、「解党派問題」杉浦啓一、三田村四郎と決まった。一九三一年六月の第一回公判にはじまる公判闘争には多くの傍聴人が詰めかけ、その内容は『プロレタリア科学』誌上に精力的に掲載されていく（ただし発禁処分となった）。水野ら「解党派」グループやソ連入りした野坂らが統一公判から分離されながらも一九三二年七月二日に全一〇八回の公判を終え、一〇月二九日に一八一名に第一審判決が言い渡された。その量刑は、無期懲役が四名（市川正一、鍋山貞親、佐野学、三田村四郎）、懲役一五年が二名（高橋貞樹、国領伍一郎）、懲役一二年が一名（砂間一良）、懲役一〇年が一二名（中尾勝男、志賀義雄、徳田球一、杉浦啓一、唐沢清

13　日本共産党公判闘争のビラ
国際共産党日本支部日本共産党中央機関紙『赤旗』42号（1931年5月17日）特別附録。左上より時計回りに佐野学、鍋山貞親、三田村四郎、徳田球一、丹野セツ。（『赤旗』復刻版、三一書房、1954年）

八、相馬一郎、福本和夫、河田賢治ら）となっている。このうち懲役一二年以上の者は、一九二八年六月の治安維持法改正以降に検挙されて同改正法が適用されたためで、それ以前に検挙された者と同じ罪状でも適用刑が重くなっている。

日本共産党の「歴史と伝統」の創出

「徳球」として知られる徳田であるが、その戦前の活動経験はさほど長かったわけではなく、コミンテルンからの信頼もさして厚い人物ではなかった。その徳田がなぜ戦後最高幹部となり、日本共産党の象徴的存在となるに至ったのか、その鍵は獄中で徳田が陳述した「日本共産党史」に求められる。

「徳田球一予審尋問調書」として知られるその「日本共産党史」陳述は、一九三〇年一月二八日に行われた第一〇回予審尋問にはじまる。第一〇回予審尋問で徳田は、自身が検挙されるまでの日本共産党の歩みを、「一、第一次日本共産党時代」「二、日本共産主義者「グループ」時代」「三、福本「イズム」時代」の三期にわけ、以降四月一日の第二三回予審尋問まで二ヵ月強にわたって詳述していく。ここで重要なのは、徳田は自身の経験と他の党員から聞いた事実を重ね合わせて「党史」を陳述したという点である。その結果、徳田が経験したことや見聞きしたことは「党史」として陳述されたが、たとえば第一次日本共産党期のシベリア・ウラジオストクでの活動など（四三―四五頁）、徳田が経験していないことは、歴史のなかに埋もれてしまった。

　その一方で、徳田は自身の活動を誇大に見せ、一九二八年までの党活動において自分が主導的立場にあったかのように語っている。その最たる例が、一九二二年一月の極東諸民族大会で「天皇の廃止」をコミンテルンから指示されたという事実とはほど遠い語りであり（実際には「政治制度の完全な民主化」を指示された）、福本主義に徹頭徹尾反対したという語りである（八五頁参照）。なぜ徳田がこのような語りを必要としたかといえば、自分こそがコミンテルンの信頼のもと働いた最重要人物なのだと裁判所に認識させねばならなかったからだ。実際の最高幹部は渡辺、佐野学、鍋山であり、徳田はコミンテルンからあまり重きを置かれていなかったのであるが、渡辺はすでにこの世を去っており、極東諸民族大会にはじめて日本からの代表として参加した自分よりも後に入党してきた佐野、鍋山が重用されていることに徳田は忸怩たる思いを抱えてもいただろう。だからこそ徳田は、第一次日本共産党が成立したのは自分が極東諸民族大会から帰国した後の一九二二年七月のことであるとし、しかも創立当初から「君主制の廃止」を掲げていたとしたのであり、そのようにすることで、自分こそが第一次日本共産党創立のキーパーソンであると示そうとしたのである。

　こうして自らの存在意義を前面に打ち出しつつ、司法の側が欲する情報を整理して提示した徳田の「日本共産党史」陳述は、獄中の被告にも回覧された。四・一六事件で検挙された西田信春は、盟友中野に獄中から書き送った書簡で「僕は同志の人々の調書から得た党の歴史についての知識が、われわれに与える大きな教訓的意義について今更ながらに驚いている。そして外ではこれについての本が立派に出されることの一日も早からんことを希望している」と記している（石堂・中野・原編一九七〇）。

こうして獄中で回覧され被告間の共通の記憶となった徳田の「日本共産党史」は、日本共産党公判闘争でも司法の側の予備知識として利用される。日本共産党公判闘争で党史陳述を担当した市川は、その陳述が遅々として進まないことに腹を立てた裁判長の宮城実から、「徳田ならもっと早くやれるだろう」と皮肉られる始末だった。徳田が作り上げた「日本共産党史」に沿う形で語られた市川の党史陳述は、「所謂第一次共産党」「解党時代」「党再建と福本時代」「党の根本的な再組織」に区分した語りとなっており、一九三一年一一月には『プロレタリア科学』臨時増刊号「日本共産党公判闘争傍聴記号」が刊行されて、市川の党史陳述の内容が獄外にも知られることになった。共産党の側も公判終結直後の一九三二年七月一〇日付で市川の党史陳述を「日本共産党アジ・プロ部」の序文を付した非合法文書として党員やシンパに配布している。一九四五年三月、北京で逮捕された羽仁五郎が自宅の庭に埋めて死守したこの「日本共産党アジ・プロ部」版党史は、戦後に『日本共産党闘争小史』として刊行され、版を重ねていくことになる（一九九頁参照）。

第7章　弾圧と転向に抗して

上海／ベルリン／アムステルダム

四・一二クーデターとその後の苛烈な中国共産党への弾圧を経ても、コミンテルンの極東ビューローやOMS、プロフィンテルンや太平洋労働組合書記局の代表者も常駐する上海は、国際共産主義運動の最重要拠点であり続けた。一九二八年四月、OMSのエージェントとして上海に着任したイレーヌ・ヌーランは、表向きは貿易会社で（コミンテルン資金授受のために設立された）働きながら、上海にやってくる各国のコミュニストの連絡を支えた（鬼丸二〇一四）。コミンテルン第六回大会の閉幕後モスクワからインドを経由して一九二九年三月に上海入りした佐野学は、周恩来の仲介によりヌーランと接触し、ヌーランから前年九月に渡航してきた渡辺政之輔や鍋山貞親の動向を聞いたり、ウラジオストクの太平洋労働組合書記局に転じたヤンソンからの連絡を受け取ったりしたが、一九二九年六月に検挙され日本へ送還された。

佐野学の逮捕によりいったん上海を離れたヌーランが上海に戻った一九三〇年三月以降、中国共産党による都市での武装蜂起路線の本格化も影響して、上海拠点の活動は活発化した。ヌーランはＯＭＳの要員として東アジア・東南アジア各国の共産党との連絡、活動資金の分配、上海でエージェントが居住する住宅の管理、連絡用の郵便私書箱や電信アドレスの管理を一手に担った。上海に暮らす中国共産党員の日本人・鈴江言一により日本との連絡も回復し、一九三一年五月には風間丈吉が上海に渡航してきた。しかも上海では、東亜同文書院の日本人コミュニストが中国共産党に組織化されて街頭行動に乗り出し、他の日本人コミュニストとの連絡も行っていた（福本一九九六）。

しかし国民政府が共同租界・フランス租界への影響力を強めるにしたがって、上海での中国共産党／国際共産主義運動の活動は狭まった。一九三〇年以降、領事館警察が逮捕した中国人の裁判権が国民政府に移管されて多くの中国人コミュニストが逮捕・処刑されていき、上海の中国共産党中央委員会は壊滅に追い込まれる。そしてヌーランが一九三一年六月に上海工部局警察に逮捕されると（ヌーラン事件）、上海の国際共産主義運動関係機関も機能を停止した。その後、九月には、日本の上海領事館警察が、ヌーランと同じく太平洋労働組合書記局に属していたアメリカ共産党員・鬼頭銀一を逮捕する。これにより、日本―北米―ヨーロッパをつなぐ在外日本人コミュニストのネットワークの一端もはじめて明るみに出ることとなった。鬼頭は前年秋に上海で尾崎秀実とゾルゲを引き合わせたうえ、中国共産党との連絡活動にも従事していた。

上海拠点が利用できなくなった後、日本との重要な連絡ルートとして存在感を高め、「三二年テーゼ」を日本に送付することになるドイツ共産党日本人部ルートも、一九三一年三月に共産党への資金提供容疑で山田勝次郎が逮捕されて以降、監視が強化された。逮捕により山田は京都帝国大学助教授を免官された。一二月にはドイツから帰国してきた千田是也が日本反帝同盟との連絡容疑で逮捕された。しかもドイツでは世界恐慌以来支持を急速に拡大してきたナチス党が一九三二年七月の総選挙で第一党を占め、一九三三年一月に成立したヒトラー内閣はドイツ共産党を非合法化して、ドイツ共産党日本人部を介した連絡ルートも崩壊した。

満洲事変、第一次上海事変（一九三二年一月）と日本の中国大陸での軍事行動が拡大するなか、ヨーロッパではナチスの台頭に危機感を抱く人びとが、国際反帝同盟（一三三頁参照）のもとで反戦運動を展開した。ロマン・ロラン、アンリ・バルビュスの呼びかけにより開かれたアムステルダム反戦大会（一九三二年八月）には、二九カ国から二二〇〇名が参加し、ふたりが起草し全世界に送った「共同アピール」は、「上海で無実の市民を大量に虐殺し、満洲を独占した」と、第一次上海事変、そして「満洲国」の建国を批判した。大会参加者の四割近くを共産党員が占める一方で、社会民主主義者も多く参加していたことは、社会ファシズム論（社会民主主義こそが労働者階級の主要な敵であるという発想で、コミンテルン第六回大会での極左路線への転換と同時に定式化された）によって敵対していたコミュニストと社会民主主義者による共闘の端緒といえ、一九三四年以降本格化する反ファシズム人民戦線運動（反ファシズムを掲げて広汎な政治団体が結集した運動）の重要な前提となった。アムステルダム反戦大会で設置を決定した国際反戦委員会（本部パリ）は、上海での極東反戦大会の開催を決定し、ロマン・ロラン、アンリ・バルビュスが開催への「呼びかけ」を発した。日本では、極東反戦大会支持のために左派を中心とする超党派の活動家が「極東平和友の会」を組織するが、一九三三年九月に実現した極東反戦大会への日本・朝鮮からの参加は、厳重な取締りに阻まれ実現しなかった（田中一九九四）。

党組織の実態と連続する弾圧

満洲事変の勃発は、世界恐慌に苦しむ日本の大衆を熱狂させ、日本社会の空気を一変させた。帝国主義諸国が進めるブロック経済政策、そしてソ連の一国社会主義建設を前に日本の国益とナショナリズムへの傾斜を強めていた合法無産政党右派の社会民衆党は、日本の経済活動の自由と過剰人口の送出先確保の必要から満洲への進出を正当化して、満洲事変を支持した。社会民衆党など各無産政党の合同により一九三二年七月に成立した社会大衆党は、「反共産主義・反資本主義・反ファシズム」の三反主義を掲げて、社会主義的国家変革を志向する。三反主義のもとで労働運動の結集も進み、一九三二年九月に総同盟を中心に発足した日本労働組合会議は当時の組織労働者の七五％を組織して、第二次日本共産党の影響下にある全協を圧倒していた。

風間指導部のもと党勢を拡大しつつあった第二次日本共産党にとって、満洲事変の勃発は、「帝国主義戦争を内乱へ」というレーニン・テーゼを現実化する絶好の機会の到来にほかならなかった。コミンテルン執行委員会は「日本の情勢と日本共産党の任務」いわゆる「三二年テーゼ」を発して、日本の権力構造を君主制、地主的土地所有、独占資本の三つの要素によりなると規定し、来たるべき日本革命を「社会主義革命に強行転化する傾向を持つブルジョア民主主義革命」であるとした。こうして、日本で「天皇制打倒」と「ソヴィエト権力樹立」がスローガンに掲げられることになったのだが、実際のところ、満洲事変により日本のソ連侵攻の危機が高まったと考えたスターリンにとっての「三二年テーゼ」とは、日本が対ソ戦争を仕掛けてくるまでの時間稼ぎとして、第二次日本共産党に日本国内での後方攪乱を担わせるためのスローガンに過ぎなかった。

その満洲では、満洲事変勃発直前に日本共産党満洲地方事務局が創設されていた。少数の満鉄雇員による労働運動を源流に、撫順炭鉱や大連郵便局などの労働者が結集した満洲地方事務局は、「一国一党の原則」に基づき中国共産党の指導下に入るはずだったが、中国共産党満洲省委員会と連絡がとれなかったため、暫定的に日本共産党の組織を名乗った。一九三一年九月一八日に満洲事変が勃発すると、「中・日・鮮労働者農民兵士の力によって帝国主義強盗戦争を打ち倒せ！」と題するビラを撒いて公然化する。さらに国内の『赤旗』に掲載された主要論文を再録した機関誌『満洲赤旗』も発刊したが、一〇月二八日にはじまる満洲の共産主義者一斉検挙により創立わずか一ヵ月半も経たず壊滅した（松村二〇〇六）。この事件で検挙された岡村満寿は、服役後に中国の「解放区」に入り、一九五三年まで中国共産党のもとで活動していく。

後方攪乱の「駒」とされた第二次日本共産党への入党者は、一九三一年から三二年にかけて急増した。一九三一年前半の入党者が一一七名（うち朝鮮人四名）、後半の入党者が二三〇名（うち朝鮮人一七名）、一九三二年前半の入党者が二四六名（うち朝鮮人三七名）、後半の入党者が三六三名（うち朝鮮人四〇名）と推測され、その多くは六大都市（東京・横浜・名古屋・京都・大阪・神戸）に暮らす知識人あるいは低学歴の労働者だった（西川一九八一）。ほとんどが二〇歳代半ばまでの若者であった日本人党員の過半数が無職あるいは党の機関活動家（職業革命家）であり、入党後一年以内に八割が検挙されている（西川一九八一）。一方で、一九三一年一〇月の朝鮮共産党日本総局の解体声明発表以降に急増した朝鮮人党員の半数以上が全協の活動家であり、二割が機関活動家だったが、機関活動家といっても『赤旗』や党文書の配布・発送係あるいは街頭細胞（工場など経営内細胞に属さない自由労働者や失業者の属する組織）の活動に従事する末端の活動家だった（西川一九八一）。

戦前期最大の党勢を誇った風間時代への最初の弾圧が、一九三二年三―四月の蔵原惟人、中野重治、村山知義ら日本プロレタリア文化連盟（コップ）関係者の大規模検挙である。これ以降、コップの活動は非合法体制に入った。続いて風早八十二、河上肇、細迫兼光、大塚金之助ら学者関係の検挙が続いて、大衆団体やシンパからの資金カンパが途絶するなか、一〇月六日に活動資金獲得のため川崎第百銀行大森支店を党員が襲撃した事件（銀行ギャング事件）を端緒として風間ら多数の党幹部が根こそぎ検挙され、岩田義道が拷問死（一一月三日、一六二頁参照）して以降、小林多喜二を拷問死（一九三三年二月）させるに至る苛烈な弾圧により党勢は急速に弱まっていく。一九三三年一月には、クートヴェから帰国してきた山本正美が中央委員会を再建するも五月には検挙され、次に中央委員会を引き継いだ野呂栄太郎も一一月に検挙されて翌年二月に獄死する。

党員・シンパの根こそぎ逮捕は、非合法共産党の影響力が大衆団体に及んでいることを逆説的に証明していると考えられた。『ニューヨーク・タイムス』の東京特派員は、一九三二年中に六九〇〇人が逮捕されたことを指摘して「日本の知識人の間に共産主義に対してシンパシーをよせる者の数が大きいことが明らかになった」と記事にした（一九三三年一月一九日号、富田・和田二〇一四）。この記事に注目したコミンテルンも、逮捕者が多いことは日本共産党の一定の成功を示しているとして、日本が革命化する可能性を過大に評価していた。

　実際、司法や教育の場でも共産党員・シンパの検挙が続き（一九三二年一一月司法官赤化事件、一九三三年二月長野県教員赤化事件など）、体制の中枢にもコミュニストがいたことに世間は騒然としたが、問題は、第二次日本共産党がいまだ大衆的支持を得られていないことにあった。とりわけ、組織労働者の大多数が右派の総同盟に結集しているなかで、工場に潜入して労働者を獲得し、党の基礎組織として工場細胞を組織することは困難を極めた。日本プロレタリア作家同盟の詩人田木繁は、「松ヶ鼻渡しを渡る」（一九三三年四月。詩集『松ヶ鼻渡しを渡る』一九三四年所収）で、安治川の渡船場「松ヶ鼻渡し」から西大阪の工場地帯「西六社」（住友電気、住友金属、住友化学、日立造船、大阪瓦斯、汽車製造の六社が並び偉容を誇った）に潜入する決意を歌う。

発動機船がくるりと百八十度
その舳を廻転させると忽ち
八門のコンクリート製砲身をつきあげた

大同電力春日出発電所を先頭に

ここ安治川右岸に巨姿を浮べた
日本資本主義西部の艨艟が
濁った波を噛んで突き進んでくる
正面に白い巡洋艦が大阪ガス
左手に真黒い戦闘艦は汽車会社
おお幾人のオルグがこの渡しを渡り
幾人のオルグが敵の手に捕われたことか

日暮れてなお
すべての隊列、すべての部署には戦闘準備
岸壁に立ちならぶ自動送炭機は
その輸送能力を競い
ＳＯＣＯＮＹ・ＴＡＮＫＳは重油船めがけて
その五吋ホースを膨らます
西地区オルグの寿命は三ヶ月

やられたら三年と
相場は昔からきまったもの
がしかし関西地方委員会は未だかつて
それを欠いたことがあるか
そして今日この俺が
この松ヶ鼻渡しを渡らなかったか

西大阪の工場地帯に潜入するオルグは、わずか三ヵ月しか活動できないまま逮捕され、逮捕されたら最低三年の実刑判決を受ける。それでも誰かが捕まればまた他の誰かが潜入し続けることで、困難なオルグ活動が続いていく。彼らのその執念と自己犠牲の精神を貶めることなど誰ができるだろう。

しかし労働者を結集すべき全協は、「三二年テーゼ」のもと「天皇制打倒のための闘争」を行動綱領に掲げたために「国体の変革」を目的とする団体と見なされ、一九三三年二月には治安維持法違反で一斉検挙された。こうして相次ぐ弾圧のもと弱体化していった共産主義運動の息の根は、獄中の最高幹部によって止められる。

佐野学・鍋山貞親の「転向」再考

一九三三年六月、市ヶ谷刑務所に収監されていた佐野学、鍋山貞親は「共同被告同志に告ぐる書」

赤旗

天皇制政府のテロル政策に密通して
黨破壊に狂奔するスパイ的裏切者
佐野鍋山を大衆的憤激を以て断罪せよ！
プロレタリアートの國際主義に挑戦し
ブルヂョア地主の強盗戦争を謳歌する
天皇主義ファシストの策動を粉砕せよ！

決議

佐野鍋山は
黨破壊をたくらむ最悪の解黨主義者だ

マルクス・レーニン主義への反逆と
天皇主義的ファシストへの轉落

14　佐野・鍋山の転向を報じる『赤旗』
国際共産党日本支部日本共産党中央機関紙『赤旗』142号（1933年6月16日）。（『赤旗』復刻版、三一書房、1954年）

を発表して、共産主義運動からの転向を表明した。第二次日本共産党の最高幹部であるふたりの転向以降、雪崩を打ったかのように共産党員の転向が続き、わずか一ヵ月で既決囚・未決囚の三割以上が転向を表明した。

さて、なぜ最高幹部のふたりは転向したのか。この点について、のちに徳田球一は、前年に無期懲役の判決を受けていたふたりはドイツでナチス政権が成立したことにより自分たちは永久に出獄できなくなったと考えたからだ、と語ったという（今村一九七六）。転向声明発表から一年近くが経過した一九三四年三月に行われた控訴審の場で、佐野は「共産党離脱」を決意したきっかけとして以下の四点をあげた（社会思想対策調査会調査『日本共産党事件巨頭被告佐野学等の控訴公判廷に於ける陳述の概要』、一九三四年）。

（一）コミンテルン及び共産党が、日本労働者運動に種々の罪悪を及ぼすことを知ったこと、コミンテルンは破産し、共産党は腐敗したこと。

(二)一九三二年の五月に発せられたコミンテルンテーゼ(「三二年テーゼ」――引用者)が、日本からの代表の出席を待たず、前年決定された政治テーゼ草案(「三一年政治テーゼ草案」――引用者)を、根本からひっくりかえし、日本を悪罵し天皇制打倒、敗戦主義等乱暴なる指令を与え、コミンテルンの政治的破産を如実に示したこと。

(三)最近急進小ブルが入って、労働者の欲求を離れて無責任に革命的言辞を弄するようになったこと、シンパ網シンパ層の結成で、共産党のイデオロギーが労働者から離れ去ったこと。

(四)近時の逼迫した世界情勢のなかで、日本人としての魂を覚醒されたこと、これは最も重大な転向のキッカケとなったもので、満洲事変、上海事変で民族性に目ざめた我々は、国際主義に盲いていたことを自覚したこと。

ここからは、コミンテルン執行委員会幹部会員であった佐野が、彼が最後に参加した第六回大会以降のコミンテルンの変質――スターリンは一国社会主義の建設という目的にコミンテルンを従属させた――に疑問を抱いていたことがわかるだろう。また、「三二年テーゼ」が満洲事変下での後方攪乱(敗戦主義)を指令したことに象徴されるようなかたちで、日本革命の戦略問題すらソ連防衛・一国社会主義建設の手段に貶められるようなあり方に対する反発も読み取れよう。さらに、一九三一年以降の党の急速な拡大のなかで新たに入党してきた学生や知識人(=急進小ブル)が、銀行ギャング事件（一九三二年一〇月）やスパイ査問事件（一九三三年一二月）などを起こしたことで、本来の支持層であるべき労働者層の離反を招いたことも、第一次日本共産党以来一〇年の運動経験を持つ最古参党員であったふたりが共産党に失望した理由であったこともわかる。

注意を要するのは、ふたりは社会主義革命を否定しているわけではない、という点である。ただし、ふたりのいう革命は、コミンテルンの指導のもとでの植民地民族の解放とセットとなったかたちの革命ではない。ふたりにおいては、宗主国のプロレタリアートが植民地民族のプロレタリアートと共闘してブルジョアジーに対抗するいわば「一帝国的」な革命が想定されており、「日本、朝鮮、台湾の民衆の同権的地位と支那との連邦関係を有しつつ、世界社会主義の極東における一中心をなす」ことが革命の目標として掲げられていた。一九二〇年代東アジア国際共産主義運動の国境をこえるネットワークのなかに生きたふたりの経験が反転されたこのような東アジア社会主義革命の構想は、ロシア一〇月革命のような暴力革命ではなく、「平和的移行」により実現すべきものであり、その「平和的移行」のモデルとしてナチスなど先行するファシズム国家があげられている。

この限りで、確かに佐野と鍋山は、天皇制に屈服したといえる。しかし重要なのは、残存する第二次日本共産党が「三二年テーゼ」のもと天皇制と闘い自滅していくなかで、社会主義革命の本来の目的であったはずのブルジョアジーの打倒によるプロレタリアートの解放を実現する現時点での最良の方法が、天皇制権力を積極的に利用しての「平和的移行」による社会主義革命であると考えたことだ。このような発想の仕方は、同時代の革新官僚や、日中戦争全面化後に東亜協同体論に結集した

「転向」コミュニスト（米谷二〇〇六）にもつながっていたといえるだろう。

モスクワ—アメリカ—日本

世界恐慌による経済的打撃が深刻さを増したアメリカは、ロシア一〇月革命から一六年を経た一九三三年一一月、経済面での市場開拓を目論んでソ連と国交を樹立した。ヨーロッパでナチス政権が成立し、東アジアでは日本の中国侵略が進行するなかでの米ソ国交樹立には、ナチス・ドイツと日本への牽制の意図もあった。一九三四年九月にソ連は国際連盟にも加盟し、名実ともに国際社会への参加を果たした。

ソ連が国際社会での立場を確立した一方、日本国内に残るわずかなコミュニストは疑心暗鬼に陥り互いに「スパイ」と疑い合うなど、もはや同志間の信頼は崩壊しつつあった。一九三三年一二月、党中央委員を「スパイ」として査問し犠牲者を出した事件（スパイ査問事件）で、中央委員の宮本顕治が逮捕されると、ただひとり未検挙の中央委員として残った袴田里見が発した党員再登録指令に反発した宮内勇、山本秋らが、一九三四年五月に「日本共産党中央奪還全国代表者会議」いわゆる多数派を組織して、公然と袴田に反旗を翻した。コミンテルン日本支部として日本共産党が存立している以上、多数派に結集したコミュニストはコミンテルンによりその正統性を保障されねばならなかったため、彼らは袴田への批判と自らの正統性を記した書簡をモスクワに送った。モスクワに残されていたこの書簡から、コミンテルン執行委員会が多数派の存在を知っていたことがわかるが、しかし一〇月には宮内と山本も検挙される。一九三五年二月にはかろうじて刊行を続けていた『赤旗』も第一八七号で刊行不能となり、四月に袴田が検挙されて日本共産党中央委員会は「壊滅」し、以降戦後の中央委員会再建まで中央委員会は存在しないものとされた。七月には神山茂夫ら旧全協刷新同盟系による党再建運動参加者も検挙されている。

この壊滅期の日本共産党を支えようとした者のひとりが、「一国一党の原則」により第二次日本共産党に入党したただひとりの欧米系党員マクス・ビカートンである。ニュージーランドに生まれ一九二四年から旧制一高の英語講師を務めた彼は、はじめての『蟹工船』英訳者であり、党シンパとして検挙された古在由重の親しい友として第二次日本共産党に資金援助を行い海外への連絡を担った。一九三四年三月に検挙され国外退去処分となったビカートンは、ロンドンからコミンテルン執行委員会に宛てた報告書を送り、一九三二―三三年の日本の運動の状況と、岩田や風間ら党幹部の印象を伝えている。ビカートンが岩田夫妻の地下生活のために借りた「本郷西須賀町の根津権現のすぐ上の高い塀のある庭付の大きな家」に「金曜日、一九三二年一〇月二九日の夕刻」にやってきた夫妻は、「入浴し、一時間だけ留まり」、「とても明るく、次の金曜日にもまた来ると約束」した翌日に検挙され、そして岩田は官憲の手で殺されたのである（富田・和田二〇一四）。

ビカートンのほか、この時期に入党した外国人党員に、一九二九年に日本に留学してきた中国人の胡風がいる。プロレタリア科学研究所などで活動した文学畑の彼が、第二次日本共産党に入党したのは、一九三二年の冬のことだった。

モスクワでは、一九三三年一一月に片山潜が二〇年近い亡命生活ののち亡くなり、残る野坂参三と山本懸蔵は、日本の中央委員会を維持するために、クートヴェ学生の神達八郎やソ連共産党に転籍した高谷覚蔵らを日本に送り込んだ。一九三四年四月に帰国した神達は八月に、七月に帰国した高谷も翌年五月にそれぞれ逮捕され、全協再建のためプロフィンテルンから帰国した飯塚博も一九三四年一一月に長崎で逮捕されたように、モスクワから日本に送り込んだ要員は誰ひとり党組織と接触できなかった。片山の秘書であった勝野金政も、山本の告発により三年半のラーゲリ（ソ連の強制収容所）生活を送ったのち日本大使館の支援で一九三四年七月に帰国していた。この時期の日本官憲はこうした逮捕者・帰国者から得た情報により、ＯＭＳの活動実態などの貴重な情報を収集していた。

上海ルートもベルリンルートも断たれるなか、野坂は日本との連絡拠点設置のためにアメリカ共産党書記長ブラウダーに支援を求め、ブラウダーはレーニンスクール（一三八頁参照）に学んだアメリカ共産党員ジョー小出（鵜飼信道）を野坂の助手に推薦した（加藤二〇一七）。アメリカ共産党とＯＭＳの支援によりアメリカに入国した野坂は、一九三四年九月にサンフランシスコで日本語の非合法雑誌『国際通信』の刊行をはじめ、いったんモスクワに戻ってコミンテルン第七回大会（一九三五年七月）に参加してコミンテルン執行委員に選出された。

コミンテルン第七回大会は、反ファシズム人民戦線運動（ナチス・ドイツなどファシズム国家の台頭が進むなかで、共産党が社会民主主義者や自由主義者などと共同行動を取ってファシズムの暴力に対抗しようとする運動）の実行を決定した重要な大会であり、コミンテルンにとって最後の大会となった。一九三六年二月にスペイン、六月にはフランスでそれぞれ人民戦線内閣が成立するが、東アジアでは、すでに一九三五年八月に中国共産党が中国国民党に統一戦線の形成を呼びかけており、紆余曲折の末、日中戦争勃発後の一九三七年九月に第二次国共合作が成立して抗日民族統一戦線が誕生することになる（一七二頁参照）。

モスクワで野坂が山本と連名で起草した「日本の共産主義者への手紙」は、日本での反ファシズム人民戦線運動の実現を訴えて、日本の「ファシスト軍部」の打倒を掲げていた。この「手紙」はモスクワから再渡米した野坂が、一九三六年五月にサンフランシスコで日本語で出版して日本国内への持ち込みをはかっていく。

野坂がアメリカに去ったのちのモスクワでは、ただひとり残った山本がコミンテルンの日本共産党代表になった。知識人への反感を内包する山本は、アメリカやドイツから入露してきたあらゆる日本人に「スパイ」の疑惑をかけていく。とりわけ片山と親しく一九三二年夏にベルリンからモスクワに亡命してきた国崎定洞への山本の反感は根深く、のちの「大粛清」における日本人コミュニストの最期は、すでにこの時点で準備されていたのである。

北米―日本をつなぐ海員ネットワーク

神戸港や横浜港に入港する海員コミュニストは、上海やウラジオストクでの連絡任務にとどまらず、北米航路を利用した連絡任務にも従事していた。上海やウラジオストクと日本を往復する海員の多くが水夫・火夫などの下級船員であったのに対し、北米航路で連絡に従事する海員は、ほとんどが航海士・無線通信士などの高級船員だった。ニューヨーク航路で日本郵船高岡丸に乗務した名倉一三はこう当時を回想する。

日本の地下で発行した文書を米国の港を通じてコミンテルンに渡し、また、かの地からの指令等を日本の地下組織に渡す仕事で、しかも何人かの手を経るので、最終的には誰の手に入ったか全然分からない。それでも「自分は海員の革命家以外、誰にもできない重要な任務を遂行し、世界の同志達とともに闘っているのだ」と信じ、毎日毎夜が充実と緊張の連続であったことを覚えている。（中略）私の任務はニューヨークの画家西野喜一（アメリカ共産党員で、彼のアトリエがアジトになっていた）のアトリエを通じて日本で発行されたビラ、ニュースを届け、帰りには「デイリーワーカー」（日雇の意）等の米国共産党の機関紙や「共産党宣言」などを日本に持ち込む事であった。二重マントを着用し、大勢の船員と共に税関のゲートを突破しても、怪しまれる事はなかった。時には米国共産党中央部のブローダー［ブラウダー――引用者注］書記長にあてた秘密文書もあった。

（名倉一三「私の履歴書――海員刷新会員の一人が歩んだ道」、角岡編一九八二所収）

西野のアトリエでは、四・一六事件で弾圧された日本のコミュニストへの救援を呼びかける講演会も行われ、講演会に集ったアメリカ人が救援のカンパに応じてくれたという。

上海ルート、ベルリンルートが壊滅したのち、一九三五年夏に神戸港を中心として結成された海上共産主義者非合法グループ（永山二〇〇三）の高級船員が担う北米航路ルートは、国外から日本のコミュニストと連絡をとる第一の方法として機能する。アメリカ側の拠点のひとつであったロサンゼルスには野坂が滞在して『国際通信』を発行していたし、同地にはプロフィンテルンの日本人工作員も常駐しており、寄港の際に各人が数部ずつ宣伝印刷物を受け取り日本に持ち帰った。官憲側の記録（司法省刑事局『コミンテルン第七回大会の新戦術が裁判上に及ぼしたる影響（思想研究資料特輯第六三号）』一九三九年）によると、一九三五年一月から一九三七年一二月までに国内で発見されたアメリカからの印刷物は、『国際通信』（六六六部）、『国際通信パンフレット』（一九七部）、太平洋労働組合書記局機関紙『太平洋労働者』（三〇八部）、『太平洋労働者パンフレット』（三部）、プロフィンテルン港湾労働者同盟機関紙『海上通信』（四三二部）の計一六〇六部にのぼった。なお、新聞紙型の『海上通信』のみ偽装されず、『国際通信』『太平洋労働者』などは『新婚アパート』『大塩平八郎』などの表紙をつけて偽装され、日本国内に持ち込まれたという。

海上共産主義者非合法グループのメンバーは、みなかつての全協の活動家だった。日産汽船日寅丸に乗船する航海士の増田正雄、旭石油満珠丸に乗船する船舶通信士の米山大甫、帝国汽船橘丸に乗船する航海士の石井勇、同じく航海士の河野実らである（永山二〇〇三）。コミンテルン第七回大会（一九三五年七月）でのディミトロフの反ファシズム人民戦線結成を呼びかける演説は、『国際通信パンフレット』の一冊として編まれ、さらに『嵐を衝いて』や『夏期の好飲料』などに偽装されて、海上共産主義者非合法グループの手で日本に持ち込まれた。野坂・山本の「手紙」も、同様の方法で日本に持ち込まれている。これら反ファシズム人民戦線運動の実行を訴える出版物は神戸・大阪で秘密裏に回覧され、神戸では日本労働組合全国評議会（全評、合法左派のナショナルセンター）神戸地方評議会に属する矢野笹雄らが、大阪では多数派の流れをくむ日本共産党中央再建準備会の和田四三四、奥村秀松、藤井英男らが、それぞれ地域での人民戦線結成に向けて活動するが、後述するように一九三六年一二月の第一次人民戦線事件でこれらの試みは根こそぎ検挙され抹殺された。神戸で活動した久留島義忠は、一九三八年二月、神戸刑務所橘未決監で出会った石井の姿をこう回想する。

角に立っている看守の前を通り過ぎ、少し遠ざかった時、私は二人の距離を意識的にちぢめて、彼に接近していった。

私は「去年の一二月五日の人民戦線事件でやられた神戸の全評のものですが、あんたはどんな関係で来たんですか」とたずねると、

「ああ僕等は海上のものですよ、船舶通信士協会のものです。ニューヨーク航路で、ディミトロフ報告などを、あんたたちに送り届けていたのは僕等ですよ」と返ってきた。

腕を振り、足を踏みしめる格好をしながら、時には接近し、時には距離をおいて、看守の目を警戒しながら、話を続けることができた。

ディミトロフ報告が、日本にはこばれたいきさつは、かねて仲間同志でうわさをしていた。しかしその運搬者本人と直接この神戸の獄庭で、知り合うチャンスを持つとは、と私は自分の舎房に帰っても、一日中ある昂奮につつまれてすごしたのであった。

彼は石井勇といって、北海道出身で、その後北海道の刑務所に送られたはずである。神戸の船舶通信士協会には、河野、松本、岡本、石井君たちが中心的活動家であり検挙、弾圧されたのだった。

（久留島義忠「人民戦線時代の革命的船員たち」、角岡編一九八二所収）

海上共産主義者非合法グループを介した連絡のほか、野坂は日本にエージェントを送り込んで直接工作を行うルートも確保していた。ドイツ共産党員だった小林陽之助は、一九三六年七月にモスクワから大阪に到着して、一九三七年一二月の検挙まで京都の『世界文化』グループによる反ファシズム人民戦線の試みとつながりつつ、東京での中央委員会再建運動にも関与した（加藤二〇一七）。小林勇は、一九三六年一一月に帰国途中の大連で逮捕されて国内には潜入できなかったが、小林が供述した帰国ルート（モスクワ→レニングラード→パリ→ヴェネツィア→上海→青島→大連→奉天→京城→関釜連絡船で下関）からは、「中央委員会」は袴田検挙によって「消滅」していたとしても、コミュニストの活動は、世界とつながりながら密やかに保たれていたことがうかがえるはずだ。

「大粛清」からコミンテルン解散へ

ソ連共産党・コミンテルンを掌握したスターリンであったが、一九二九年以降の農業集団化政策により大飢饉が起きるなど国内は疲弊していた。強硬策を推し進めるスターリンの対抗馬として期待感が強まっていた穏健派のキーロフの暗殺（一九三四年一二月）を機に、スターリンは反対派の粛清に動き出す。コミンテルンの幹部・要員もその標的となり、一九二〇年代以来東アジアの革命戦略に関わってきたサファロフ、マジャール、ジノヴィエフ、ラデクに加え、各国共産党代表としてモスクワのコミンテルン本部に集結していた外国人コミュニストは、ほぼ全員粛清されることになる。

日本人コミュニストもその例外ではなく、しかも粛清の中心にあったのは、ただひとりモスクワに残る日本共産党代表・山本懸蔵だった。山本はもともと折り合いの悪かった国崎定洞を「スパイ」として告発したのをはじめ、国崎につながる日本人もことごとく告発して彼らを処刑台へと追い込んだ。とりわけ、盧溝橋事件直後の一九三七年七月九日、ソ連共産党機関紙『プラウダ』が、在露日本人がみな「偽装スパイ」であるとの論説を掲載して以降、日本人への粛清の嵐が荒れ狂った。山本もまた、一九三七年一一月にスパイ容疑で逮捕され、一九三九年三月に銃殺される（加藤一九九四）。

モスクワに暮らす日本人コミュニストの逮捕のピークは、一九三八年三月だった。ドイツ共産党・アメリカ共産党から入露した日本人、ソ連への憧れを胸に密入国してきた日本人、みなスパイとされ異国で非業の死を遂げた。この粛清を生き延びた日本人は、一九三七年八月に国外追放された佐野碩と伯爵土方与志（ともに演出家である）、アメリカ滞在中の野坂参三とモスクワに残っていた妻の野坂龍、そして山本の妻の関マツだけであった（加藤一九九四）。龍にかけられたスパイ容疑を晴らすために山本をスパイと密告して妻を救った野坂がモスクワに帰還したのは、一九三八年八月だった（和田一九九六）。

家族を、友人を互いに密告し合ったスターリンの「大粛清」により幹部のほとんどを失ったコミンテルンは、一九三〇年代末までには「ソ連の国境警備隊」と揶揄されるまでにソ連の外交政策と深く結びついており（下斗米二〇〇四）、事実上コミンテルンの独自の活動は終わっていた。反ファシズム人民戦線運動としてスペイン内戦（一九三六―三九年）を支援したソ連とこれに不干渉政策をとったイギリス・フランスとの関係は悪化し、一九三九年八月の独ソ不可侵条約締結に至る。そして翌九月にドイツがポーランドに侵攻して第二次世界大戦が勃発すると、快進撃を続けるドイツのバルカン半島侵攻を契機に独ソ関係も悪化し、一九四一年六月にドイツがソ連に侵攻して独ソ戦がはじまった。独ソ戦がはじまると、ドイツ軍の挟撃を目指す英ソの関係は好転する。大西洋憲章（一九四一年八月）を支持してアメリカ・イギリス・中国と連名で連合国共同宣言（一九四二年一月）を発議したソ連は、連合国の一員として資本主義国と共闘することになる。ここに至って、スターリンはコミンテルンの解散を決定し、一九四三年六月九日、コミンテルン執行委員会幹部会の名でコミンテルンの解散が発表された。かつて隆盛を誇ったコミンテルンと各国支部の緊密なネットワークが戦争で分断された今、もはやコミンテルンの存在意義はどこにもなかったのだ。

しかしモスクワでは、コミンテルンの遺産は来たるべき戦後外交に向けた貴重な材料として継承された。ソ連共産党に吸収されたコミンテルンの各国語スタッフはソ連共産党国際情報部（部長ディミトロフ）に組織化され、ソ連共産党の戦後構想を担っていく。そしてコミンテルンからもソ連共産党からも距離を置きつつ過酷な闘いを乗り切った毛沢東率いる中国共産党が、東アジアでの抵抗の拠点として機能していくことになる。

抵抗の場・中国

満洲事変の勃発後も、蔣介石の掲げる「安内攘外」（まず国内の敵＝共産党を一掃して、のちに外国の侵略を防ぐ）のもと、国民党軍による共産党掃討戦は続いた。一九三二年七月には「中華ソヴィエト共和国」への攻撃を開始し、一時はいくつかの根拠地を壊滅させるが、周恩来指揮下の紅軍の激しい反攻に遭うなど、戦況は一進一退していた。一九三三年二月の日本軍の熱河侵攻に際しては、蔣介石も掃討戦を中断するが、五月に塘沽《タンクー》停戦協定を結んで日本に譲歩したのち掃討戦を再開し、ついに紅軍に大打撃を与えるに至る。根拠地・瑞金の放棄を決断した中国共産党は、一九三四年一〇月、紅軍とともに西へ旅立ち長征がはじまった。長征途上の一九三五年一月に行われた遵義会議では、コミンテルンの指示のもと都市への全面攻撃を主張してきたソ連留学組が事実上失脚し、これまで傍流に追いやられてきた毛沢東が党の実権を掌握する。それは、中国共産党史上はじめて、コミンテルンの支持という後ろ盾をもたない指導者の誕生であり、農村に根拠地を作り都市を包囲するという毛沢東の戦術が受け入れられた瞬間だった。一九三五年一〇月一九日、毛沢東の部隊は陝西省呉起鎮に到着し、以降各地からの紅軍も合流して、一九三六年一〇月、長征はついに完了する。その途方もない旅路は、エドガー・スノウ『中国の赤い星』（一九三七年）に描かれ世界に知られた。

長征の間、モスクワのコミンテルンと中国国内の中国共産党との連絡は途絶していた。その間モスクワの王明ら中国共産党代表団は、コミンテルン第七回大会で採択された反ファシズム人民戦線の方針に基づき、抗日民族統一戦線の結成を呼びかける「八・一宣言」を発しており、これはモスクワからの使者によって長征を終えたばかりの毛沢東に伝えられた（石川二〇一〇）。こうして「抗日」を掲げることになった中国共産党は国民党との連携を視野に入れていくことになり、西安事件（一九三六年一二月、蔣介石が国民党と共産党の内戦の停戦を迫る張学良に監禁された事件）を経て、一九三七年七月七日の日中戦争全面化によって、九月に第二次国共合作が実現して抗日民族統一戦線が誕生する。以降、日本のソ連侵攻を回避するためにもできるだけ日本を中国戦線に釘付けにしておきたいソ連は、国民政府と中ソ不可侵条約を締結して（一九三七年八月）、国民政府への軍事援助を強化した。国民政府は、日本政府の予測に反し、南京陥落前月の一九三七年一一月に首都を内陸の重慶に移して抗戦を続け、一九三八年以降、日中戦争は日本にとって泥沼化していくことになった。

一九三七年一月、中国共産党と八路軍（華北の紅軍）の本拠は延安に置かれた。一九三六年半ばにはモスクワのコミンテルンと延安の中国共産党の連絡が回復し、一九三七年末にはモスクワの中国共産党代表である王明が延安に戻ってきた（和田一九九六）。抗日民族統一戦線を第一義として主張する王明と、共産党の独自性を固持して「持久戦論」を掲げる毛沢東の対立は深まり、一九三九年九月には、周恩来とモスクワ留学組の王稼祥は、モスクワに向かいコミンテルンから毛沢東への支持を取り付けている（和田一九九六）。国民党と共闘する一方で自党の自立と拡大を念頭に置いた中国共産党は、毛沢東の「持久戦論」のもと抗日根拠地の建設を着実に進め、日本軍との激しい戦闘を続けた。日本軍の「殺し尽くす、焼き尽くす、奪い尽くす」三光作戦は、中国共産党の「解放区」（抗日根拠地）がひろがる華北で日本軍と激しい戦闘を行った八路軍に対する掃討戦だった。

第8章　戦前／戦中／戦後の連続と断絶

「空白の一〇年」という「神話」

一九三五年三月、「最後の中央委員」袴田里見が検挙されてからも、関西方面ではコミュニストによる組織的活動が一定の成果をあげていた。まず、関西地方委員会は、東京での宮内勇らの検挙（一九三四年一〇月、一六二頁参照）ののちも多数派として活動を続け、一九三四年一〇月の風水害で被災した各工場の救済要求を足がかりとして地域の労働組合の戦線統一に成功した。地域の消費組合運動の実践を労働運動と結びつけようとした和田四三四の献身により一九三五年四月に成立した大阪港南地方全労総同盟合同促進協議会は、コミンテルン第七回大会（一九三五年七月）で反ファシズム人民戦線戦術が採択されるより一足先に、自らの創意によってセクト主義を乗りこえた「下からの」人民戦線を実現していた。一九三五年一〇月頃、コミンテルンからの指示もあって多数派が解散すると、関西地方委員会は一九三五年二月以来停刊していた『赤旗』を再刊して中央委員会再建までその事務を「代行」しようとするが、一九三六年一月に国谷要蔵、吉見光凡ら二十数名が検挙される。検挙を逃れた和田、藤井英男らは三月までに関西地方委員会を再建してコミンテルン第七回大会の決定に基づく反ファシズム人民戦線運動に乗り出すとともに、日本共産党中央再建準備会を名乗って、自ら中央委員会の再建をはかっていくことになる。神戸でも、コミンテルン第七回大会に先立つ一九三五年一月に地域の労働組合を結集した親睦団体として誕生した友愛倶楽部が「下からの」人民戦線運動を支え、ここに結集したコミュニストは、京都の野間宏らの動きと結びつきつつ、大衆運動の場でコミュニストの組織化をはかろうとしていた（黒川二〇一九）。

野坂参三によりモスクワから日本に送り込まれた小林陽之助（一六八頁参照）も、東京での岡部隆司、長谷川浩、伊藤律、金秉吉（保坂浩明）らによる中央委員会再建運動（一九三七年）に関与した。一九三八年九月にアメリカ滞在中の野坂がディミトロフに送った報告書は、東京の中央委員会再建運動、大阪の日本共産党中央再建準備会のどちらにも言及しているが、大阪そして神戸は、最後までコミンテルンとの組織的連絡が実現しなかった。

一九三七年一二月、第一次人民戦線事件により、大阪・神戸の反ファシズム人民戦線運動も東京・大阪の中央委員会再建運動も壊滅する。第一次人民戦線事件の共産党関係被告人二五六名には、金斗鎔、金天海ら三四名の朝鮮人と、増田正雄、河野実、石井勇の三名の海員がいた。釈放後の増田ら海上共産主義者非合法グループの人びとは、太平洋戦争の戦況が悪化するなか徴用され、戦地と日本を結ぶ輸送業務に従事して台湾やフィリピンで非業の戦死を遂げた。

獄外では、検挙を逃れた人びとや「転向」した人びとが、かろうじて共産主義運動の灯を守ろうとした。関西方面では三・一五事件で検挙された春日庄次郎が一九三七年一月に非転向のまま満期出獄すると、妻の安賀君子や竹中恒三郎らとともに兵庫県尼崎市で日本共産主義者団を結成して「三二年テーゼ」を基礎としての党再建運動をはじめた。一九三八年九月に日本共産主義者団が検挙されると、やはり三・一五事件で検挙され満期出獄してきた岸本茂雄が党再建運動をはじめるが、一九四〇年九月の検挙でこれもつぶされる。第一次人民戦線事件で検挙された矢野笹雄も、岸本らに連座して再検挙されるが、矢野は獄中で「やりません、やりません」と転向を誓って出獄し、すぐに党再建運動に飛び込んでいく。矢野の盟友にしてともに反ファシズム人民戦線運動を担った堀川一知は、「桂小五郎なんか「やりません、やりません」という形ですり抜けては倒幕運動をやっていた。それを学ばないかん」と語ったといい（矢野笹雄遺稿集刊行委員会一九九〇）、矢野が語り残したこの堀川のエピソードは、獄中非転向だけを「非転向」とする転向認識に一石を投じるだろう。東京方面でも、芝寛や古在由重による党再建運動がはじまるが、一九三八年一〇月に検挙された（第一次京浜グループ事件）。また、四・一六事件で検挙され一九三五年に満期出獄してきた山代吉宗が、妻の山代巴とともに自ら工場で働きながら労働者への働きかけをはじめていたが、この小さな試みも一九四〇年五月に圧殺された（第二次京浜グループ事件）。

一九四一年一〇月には、新聞記者・評論家として著名な尾崎秀実とソ連赤軍の諜報員ゾルゲが逮捕され、政権中枢にまで食い込んでの諜報活動が発覚した（ゾルゲ事件）。ドイツ共産党に入党したのちソ連に入国してコミンテルン／ソ連共産党で活躍したゾルゲと、東京朝日新聞記者から満鉄東亜経済局嘱託に転じ、『現代支那論』（一九三九年）などで知られる中国問題の専門家となった尾崎は、一九三〇年に上海で出会い（一一三頁参照）、そしてともに日本の対ソ戦回避のため、東京を舞台に諜報活動を続けたのだった。

さらに、一九四一年一二月の太平洋戦争の開戦と同時に、治安維持法違反者のうち当局が「非転向」「転向不十分」と見なした人物を刑期満了後も獄中に留め置く予防拘禁が実行された。そのほとんどがコミュニストだったが、朝鮮独立運動の活動家や宗教家もいた。一九四二年二月頃から、東京予防拘禁所内には徳田球一、志賀義雄、椎野悦朗、西沢隆二、志田重男、松本一三らによる獄内細胞が形成され（最大一八名程度）、「三二年テーゼ」や「日本の共産主義者への手紙」などの重要文献も入手していた（今村一九七六）。東京予防拘禁所は一九四五年六月末に府中刑務所内に移転したため、彼らの獄内細胞のメンバーも、一〇月一〇日に府中刑務所から出獄することになる。

重慶／延安／満洲

国民党支配下の重慶では、作家の鹿地亘が捕虜となった日本兵への思想教育を実施し、一九三八年一二月に日本人民反戦同盟を設立して捕虜の組織化を進めていた。東京帝国大学在学中に中野重治らと文学運動を担い、卒業後に対支非干渉全国同盟の活動を支えた鹿地は、一九三二年に共産党に入党したのち逮捕、獄中での転向後に上海に渡って国民党とともに重慶に脱出していた。中国共産党も、「捕虜を殺さない」「捕虜を優遇する」「帰国または帰隊をのぞむ捕虜は釈放する」という方針のもと、捕虜を教育して日本兵に働きかける日本軍解体工作を開始しようとしていた。一九三九年一一月、山西省林県麻田鎮に日本兵三名により「めざまし連盟」（日本人覚醒連盟）が生まれ、以降一九四二年までに六つの支部の結成が続いた。上海の大韓民国臨時政府も、重慶に移転して抵抗を続けていた。

全国から知識人や青年が集結した抗日根拠地延安には、一九四〇年三月にモスクワからコミンテルン執行委員会により野坂参三が派遣された。モスクワからカザフスタンのアルマ・アタを経てウルムチ、蘭州を経由してちょうど一ヵ月の旅路だった。野坂の任務は「日本軍解体工作において中国共産党を助け」「延安に日本人反戦センターをつくり、日本内の共産党員との連絡をつける」こととされた（和田一九九六）。延安には、京都帝国大学に学んだ王学文（九三頁参照）の働きかけにより日本人民反戦同盟延安支部が五月に誕生しており、野坂は王稼祥らと日本人捕虜の教育機関として「日本労農学校」の開校を目指す。一九四〇年一一月に開校したこの学校の校長に野坂（中国名・林哲）、副校長に京都帝国大学に学んだ李初梨（九三頁参照）が就任し、王学文、旧制一高を中退した趙安博が教師を務めた。捕虜の日本兵からはコミュニストも生まれ、一九四二年六月に在華日本人共産主義者同盟が野坂の指導で結成された。一九四三年夏には、日本の獄内細胞の指示で延安にやってきた岡田文吉も合流している。日本人民反戦同盟は一九四四年に日本人民解放連盟に改称して、日本兵だけではなく居留民への働きかけにも乗り出そうとした。

延安には朝鮮人独立運動家も結集し、抗日民族統一戦線の一翼をなしつつ朝鮮人の組織化を進めた。三・一運動に参加したのち上海に渡って大韓民国臨時政府で活動した中国共産党員の金科奉、日本留学後に朝鮮共産党の一源流となったソウル派に属し、第三次朝鮮共産党事件で服役したのち中国に渡った崔昌益、三・一運動後の満洲で義烈団を組織し、黄埔軍官学校に学んだのち北伐にも参加した金元鳳らである。崔昌益は金元鳳が組織した朝鮮義勇隊のコミュニストと合流して、一九四二年七月に朝鮮独立同盟を創設する。その傘下の朝鮮義勇軍は、華北・華中で日本軍から脱出した朝鮮人兵士を受け入れて勢力を拡大し、敗戦後の北朝鮮（朝鮮民主主義人民共和国）の一勢力となる「延安派」の源流をなした。延安の無名の朝鮮人コミュニスト張志楽の半生は、ニム・ウェールズの『アリランの歌』（一九四一年）の主人公キム・サンとして世界に知られた。

一方、一九四二年四月にはじまる中国共産党の整風運動は、党幹部の自己批判と毛沢東への忠誠を求めるとともに、中国共産党からソ連留学組とコミンテルンの影響を一掃させ、ついに毛沢東は党内での絶対的権威を確たるものとした。激しい自己批判と迫害をも伴った整風運動は、のちの反右派闘争や文化大革命の源流ともいえ、張志楽も整風運動で命を落とした。それはまさに、毛沢東が忌み嫌うコミンテルン／ソ連共産党で、スターリンが自らの権威を確立したことに範を取った行動であった。モスクワで開催された第六回大会から一七年を経て延安で開催された中国共産党第七回大会（一九四五年四―六月）では、「毛沢東思想」は「党のすべての活動の指針とする」ことが決められ、毛沢東は中国共産党の絶対的権力者となる。

一九二〇年代から抗日運動の経験を蓄積してきた満洲では、一九三六年に中国共産党が抗日ゲリラを組織化して東北抗日聯軍が誕生した。その一部隊長に金成柱、のちの金日成がいた。一九四〇年、日本軍による東北抗日聯軍の掃討作戦により満洲から沿海州に逃れた金日成は、中国人とともにソ連軍第八八独立狙撃旅団に編入され、ソ連軍人として日本敗戦を迎える。金日成を筆頭に東北抗日聯軍に参加した人びとは、敗戦後の北朝鮮の一勢力「満洲派」につながっていく。

満洲経験という文脈では、満洲に渡った日本人コミュニストも戦後につながる営為をなした。一九三三年の銀行ギャング事件（一五四頁参照）で服役したのち一九四二年満洲映画協会（満映）に入った大塚有章、早稲田大学在学中に共産主義青年同盟に参加し、卒業後に共産党に入党して検挙され、釈放後の一九三九年に佐藤大四郎の誘いで合作社運動に加わるため満洲へ来た井上林、そして一九三九年の調査部拡充により満鉄調査部に採用された石堂清倫ら左翼前歴者たちだ。しかし井上は合作社事件により検挙され、石堂や、第一次日本共産党の理論派として活躍した西雅雄、ベルリンと日本の連絡を担った堀江邑一らは一九四二―四三年にかけての満鉄調査部事件で根こそぎ検挙され、西は獄死した。

帝国の解体と東アジアのコミュニスト

戦後東アジアの国際秩序は、すでに一九四五年二月のヤルタ協定によって決まっていた。満洲事変以来、日本の対ソ戦を極度に警戒してきたソ連は、対日参戦するにあたり、日露戦争でロシアが失った領土の回復と、太平洋への航路確保のため千島列島の獲得を求め、ソ連の対日参戦を望むアメリカもこれを受け入れたのだ。そして八月八日、対日宣戦布告を行ったソ連軍は、一挙に国境線をこえて満洲・樺太に侵攻し、樺太全島と朝鮮半島北部までを占領する。日本政府は八月一四日にポツダム宣言の受諾を連合国に通告し、八月一五日正午「終戦の詔勅」のラジオ放送により国民にも「終戦」が知らされて、大日本帝国は崩壊した。

ソ連軍占領下の満洲には、「北進南防」（北方に軍を進め南方では防衛に徹する）戦略のもといち早く華北から八路軍が進軍してきた。奉天の獄中にあった井上は、李初梨ら八路軍の手で一九四五年一〇月に救出された（中国中日関係史学会二〇〇三）。八路軍と東北抗日聯軍を母体に、林彪が指揮する東北民主聯軍が成立し（一九四六年一月）、ソ連軍が関東軍から没収した武器の引き渡しを受けた東北民主聯軍は三〇万人の勢力を擁した。日本政府がポツダム宣言の受諾を表明した八月一四日にソ連と国民政府は中ソ友好同盟条約を締結したように、この時点でのソ連は必ずしも中国の社会主義化を望んだわけではなかったが、満洲から日本兵ら約六〇万人をソ連領内に連行・抑留し（シベリア抑留）、のちには思想工作を実施していくことにもなる。「抑留者」「帰還者」として艱苦を忍んだ彼らについては第9章でふれる。

解放された朝鮮半島では、八月一六日に大韓民国臨時政府の呂運亨らが朝鮮建国準備委員会を結成して朝鮮人民共和国の成立を宣言したが、各国の支持は得られなかった。北緯三八度線より北部をソ連が、南部をアメリカが占領するなかで、一二月に行われたモスクワ三国外相会議は、朝鮮での臨時政府の樹立と五年間の信託統治を決定し、そのための協議機関として米ソ共同委員会を設置した。

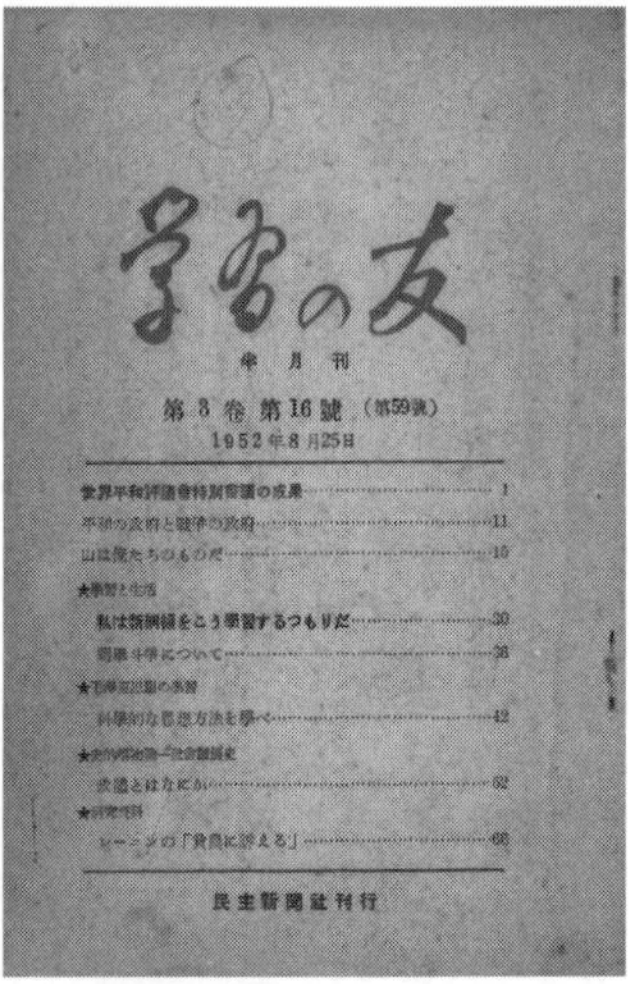

15 『学習の友』59号（1952年8月25日）
主編・菅沼不二男、出版兼発行者・民主新聞社とあり、瀋陽で発行された。冒頭論文「世界平和評議会特別会議の成果」は郭沫若の執筆により、「新綱領」とは「51年綱領」を指す。

その一方で、ソ連共産党は朝鮮半島でのコミュニストの組織化をはじめていき、ハバロフスク生まれのソ連共産党員の許嘉誼ら朝鮮人コミュニストを占領地に送り込み、延安からは中国共産党員の金料奉が、満洲からはソ連に逃れていた金日成がそれぞれ帰国してきた。さらに南部の占領地では、国内に残っていた朴憲永らがコミュニストの糾合をはかっており、ここにのちに朝鮮労働党を構成する四グループ（許嘉誼らソ連派、金料奉ら延安派、金日成ら満洲派、朴憲永ら国内派）が揃う。

また、半世紀にわたる植民地支配から解放された台湾の新たな統治者となった国民政府は、大陸出身者を重用し、台湾人の不満は高まりつつあった。一九四七年二月二八日、国民政府の抑圧に抗議する台湾人のデモは、政府施設の襲撃や大陸出身者への暴行へと拡大する。三月八日に大陸から増援された国民党軍が上陸すると、戒厳令が施行されて台湾人への武力弾圧が強行され多くの人びとが命を落とした。戦後東アジア最悪の白色テロのひとつとして今なお記憶されるこの二・二八事件を機に、一〇年以上の服役を経て台湾に戻っていた謝雪紅（一一六頁参照）はゲリラ戦を画策するが失敗し、香港を経て大陸に入りふたたび中国共産党で活動していくことになる。

一九四六年五月にソ連軍の撤退が完了した満洲では、ソ連共産党と中国共産党東北局の関係が深まったが、毛沢東が率いる延安の中国共産党とソ連共産党との関係は薄かった（下斗米二〇〇四）。はじめてコミンテルンの後ろ盾なしに中国共産党の実権を掌握した毛沢東は、整風運動でコミンテルンの影響を排除したようにソ連共産党に対して不信感を抱いていた一方、ソ連共産党の側も王明らソ連留学組を重視したからだ。長征中に陝西の革命根拠地を守り毛沢東らを迎え入れた高崗が率いる中国共産党東北局は、延安から事実上自立していく。

一方、延安から満洲を目指した趙安博らが一〇万人の軍勢とともに五ヵ月をかけてチチハルに到着したのは、ソ連軍撤退直後の一九四六年四月だった（水谷二〇〇六）。チチハルでの趙は、残留日本人の生活や送還を担当し、井上や日本人民解放連盟の前田光繁らとともに日本語で『民主新聞』を創刊し、国共内戦のなかでハルビン、瀋陽へと共産党が進軍するのと歩を一にして部数を拡大した。のち井上らは、月刊誌『前進』『学習の友』を刊行していく。満映厚生課長として奉天で敗戦を迎えた大塚は、元日本共産党員とともに日本共産主義者グループを組織し、のち残留日本人組織である日本人民主連盟の委員長にも就任する。国共内戦がはじまると、大塚ら日本人民主連盟はチャムス北方一〇〇キロの地にある鶴崗炭鉱で採炭に携わり、炭鉱で働く日本人労働者とともに東北建設突撃隊を組織して、そのメンバーは一年で五〇〇人にまで達したという（中国中日関係史学会二〇〇三）。

一〇月一〇日、府中刑務所前

東アジアのコミュニストの再編と並行して、日本でも日本人・朝鮮人の共闘により政治犯釈放に向けた動きが進む。敗戦後鹿児島から上京してきた椎野が府中刑務所の徳田を訪ね、その際に金天海から託された書簡を新大久保に暮らす金斗鎔に渡したことで、日本人と朝鮮人の政治犯釈放に向けた動きがつながった（井上二〇一三）。

そして、敗戦後もなお固く閉ざされたままだった府中刑務所の重い扉をこじ開けたのは、ＡＦＰ通信の極東特派員ロベール・ギランである。かつての同僚であり、ゾルゲ事件（一七六頁参照）で逮捕されたまま行方不明になっているブランコ・ヴケリッチの行方を捜していたギランは、安達鶴太郎、山崎早市、高津正道から政治犯が府中刑務所に収監中であることを聞き、一〇月一日、占領軍の将校用の軍服に身を包んで軍用ジープで府中刑務所に乗りつけ、徳田・志賀との会見を実現した（吉田二〇一一）。二時間にわたった会見の模様は全世界に配信され、一〇月四日、ＧＨＱ（連合国軍総司令部）は「政治的、市民的及び宗教的自由についての制限の撤廃に関する覚書」（いわゆる人権指令）を日本政府に指令し、この日以降横浜刑務所、豊多摩刑務所、千葉刑務所などで政治犯の出獄が相次ぐ。一〇月一〇日までに全国で釈放された政治犯は三〇〇〇人にのぼった。

ギランのスクープののち、いち早く府中刑務所にやってきたのは朝鮮人だった。府中で予防拘禁されていた今村英雄は、次のようにその様子を回想している。

我々のことが新聞に発表されてすぐ慰問隊がやってきた。第一番手は朝鮮人、金成功（成功の字は不正確、セイコウ）、崔哲の二君であった。……これが皮切りで、毎日の慰問客、訪問客がきた。然し第二陣も朝鮮人であった。老若混じえた十人ぐらい、酒、肴、果物、煙草、お菓子などたくさん携えた、文字通りの慰問隊であった。……一人の青年がバイオリンをもって立ち上っ

16　府中刑務所を出所する政治犯たち
帽子を持つのが志賀義雄、その後ろの長身男性が金天海、金の向かって左が徳田球一。

17　府中刑務所前に出迎えにやってきた人びと
手にする旗には「解放戦士出獄」「在日本朝鮮人連盟大森」と大書されている。

た。アリランやトラジを演奏してくれた。……日本人では、三、四日おくれた南巌、小沢道子君が一番手だったと記憶するが、たしかではない。

（今村英雄『予防拘禁所の記録』、一九七六年）

南巌と小沢道子は、ともに全協刷新同盟（一三九頁参照）の活動家であり、一九三五年七月に神山茂夫らとともに党再建運動の容疑で検挙されていた（一六二頁参照）。

府中刑務所に収容されていた政治犯のなかには、金天海、李康勲ら朝鮮人もいた。のちに日本人による朝鮮近代史研究の先駆者となる山辺健太郎は、府中刑務所に予防拘禁されて病床に伏せる金天海の看病をしている（山辺一九七六）。

一〇月一〇日午前一〇時、府中刑務所の門前には、徳田ら政治犯の出獄を出迎えようとやってきた群衆が待ち構えていた。ふたたび今村の回想を引いておこう。

鉄の扉を一歩出るか出ないか、門前の広場には凡そ三千の群衆が待っていて、渦をまくデモとなった。そんなことは予期していなかった我々は面喰った。整然とつくったつもりの列も一瞬にして混乱状態におちていった。…昂奮がやっと鎮まった。演壇に上った徳田が挨拶を始めたところ、またまた昂奮がやってきた。朝鮮人の、感極った「アイゴー、アイゴウ」の泣き声である。もう何も聞えるものでなかった。「アイゴー」一色である。その気持はよくわかるのであった。

（今村英雄『予防拘禁所の記録』、一九七六年）

「アイゴー」一色であったように、出迎えた人びとのほとんどが朝鮮人だった。この場にいた作家の中西伊之助が、「数台のトラックに赤旗をひるがえして出迎えた数百人の出迎人は、殆んど朝鮮人連盟の諸君だった。その中にまざっていた日本人は僅かに二三十人にすぎない心細さであった」（「日本天皇制の打倒と東洋諸民族の民主的同盟――朝鮮人聯盟への要請」『民主朝鮮』一九四六年七月号と記したように、出迎えにやってきた日本人は、高津をはじめ（二六九頁参照）、政治犯釈放に尽力したわずかな人びとのみだった。

徳田球一と野坂参三

ギランにより政治犯の存在がスクープされたのちの一〇月七日、ＧＨＱは徳田と志賀に面会し、ソ連共産党との関係を問うた。徳田は次のように述べたという（和田一九九六）。

> 日本共産党はソヴィエト・ロシアと何らの関係も持ってはならない。もし提携すると、ロシアの共産党はあまりにも大きいため、日本共産党はそのアイデンティティを失うであろう。徳田は、ロシアに頼るのは危険で、そのようなことになれば、日本共産党の勢力は減少すると述べている。徳田は、日本共産党がロシアからのいかなる財政的援助も受けることも拒み、また、そ

のような方向でロシアの助けを乞うことは一切ないと強調している。日本共産党の目的のひとつは、ソヴィエト・ロシアと無関係であることでアメリカを満足させることである。

徳田は、ＧＨＱがコミュニストに対して抱いている警戒心を少しでも解いておくことを意図して、ソ連との関係を否定したのかもしれない。あるいは、一九二七年のモスクワでの屈従の経験（八六頁参照）がトラウマとなっていて、ソ連共産党からは一定の距離をとっておきたかったのかもしれない。いずれにせよ、ソ連共産党の側も徳田を信用すべきか考えあぐねていた。一九二八年三月以来獄中で過ごしてきた徳田に関する情報がほとんどなかったからだ。

一〇月には最後のコミンテルン執行委員会幹部会員である野坂が、延安からモスクワに戻ってきており、ソ連共産党は野坂をエージェントとして、再建されるべき日本共産党との連絡に乗り出すことにした。「獄中一八年」の筋金入りのコミュニストとして日本国内で有名になった徳田と直接接触することによりソ連共産党が日本共産党を指導しているという印象を与えるより、国外での長い活動歴を持ち信頼をおくことのできる野坂と秘密裏に接触するほうが、ソ連共産党にとっても好都合だったからだ。しかも野坂は、モスクワで徳田と志賀の指導能力について尋ねられ、「彼らは一九二八年に下獄して、反ファッショ闘争と民主勢力の統一の経験を知らないので、日本政治の基本問題の解決において「左の」立場をとる可能性があり、正しく指導できるかどうか心配している」と答えて（和田一九九六）、自らが経験した一九三〇年代半ばの反ファシズム人民戦線運動を獄中にあったために経験していない徳田と志賀を貶めてもいた。

ともあれ、府中刑務所から解放された際、徳田らは、占領軍を日本を「軍国主義」から「解放」し「民主々義革命の端緒」を開いた存在と位置づけ「深甚の感謝の意を表」した（「人民に訴う」『赤旗』復刊一号、一九四五年一〇月二〇日）。実際、占領初期のアメリカの対日占領目的は、陸海軍の解体をはじめとする「非軍事化」と、政治・経済・社会の全般にわたる「民主化」であり、コミュニストを獄中から解放したのも民主化政策の一環としての人権指令であったから、この時期には占領軍が「解放」軍と捉えられる余地はあった。GHQは、東西対立が激しくなって日本占領政策を大きく転換するまでは、たとえば労働組合の結成を奨励するなど、資本主義と議会主義の枠内で「民主化」を促したからである。

一九二六年一二月の第三回大会（第二次日本共産党の創立大会、八四頁参照）以来一九年ぶりに開催された日本共産党第四回大会は、一九四五年一二月一日にはじまった。この時の党員数は一〇八三名と報告されており、中央委員に神山茂夫、金天海、黒木重徳、志賀、徳田、袴田里見、宮本顕治を、中央委員候補に岩本巌、春日正一、蔵原惟人、紺野与次郎、志田、宋性澈、松崎久馬次、政治局員に徳田、春日、金、志賀、宮本、書記局員に徳田、黒木、紺野、竹中恒三郎、山辺を選出し、書記長には徳田が就任した。

モスクワでは、中国共産党第七回大会（一九四五年四月）で野坂が行った演説「民主的日本の建設」に基づき、日本の政治的民主化を目指す「民主勢力」の一翼に共産党が加わるとともに、その際

18　野坂参三の帰国とそれを出迎える人びと
中央が野坂、向かって左端が志賀義雄。

天皇制の廃止問題には拘泥しないことを確認して、野坂を日本に送り出した（和田一九九六）。その途上の平壌でアメリカ占領下の南朝鮮のコミュニストを代表する朴憲永とも面会し、金日成に見送られて三八度線を越境した野坂は、アメリカ軍の厳しい取り調べを受けつつ一九四六年一月一〇日に釜山を出発、そして一二日に福岡に入港したのである（和田一九九六）。野坂にとって実に一六年ぶりの日本帰還だった。国民大会によって迎えられた野坂は、「愛される共産党」をキャッチフレーズに、占領下での民主主義革命の「完成」と社会主義革命の実現を目指す占領下平和革命論を打ち出して、一九四六年二月二四―二六日に開催された日本共産党第五回大会では、これを党の方針として決定した。

朝鮮人・華僑のコミュニストと日本共産党

日本共産党の再建を人的にも資金的にも支えたのは朝鮮人と華僑のコミュニストだった。解放後の朝鮮人運動においては左派の影響力が圧倒的に強く、多くの人びとが一九四五年一〇月一五日に日比谷公会堂で創立大会を開催した左派の民族的大衆団体・在日本朝鮮人連盟（朝連）に結集した。一一月八日の共産党第一回全国協議会では、第四回大会で中央委員となる金天海が、「朝鮮人部報告」を行い、次のように述べたという（尹二〇一三）。

> 今までのところ、党員獲得と朝鮮人の大衆団体の方面に活動をいたしました。自分から進んで党に入りたいという希望者がたくさんおります。ところが朝鮮は今まで日本の帝国主義の支配下にあったが今度独立をし、特殊的な事情がありますので、朝鮮人部ではなく、党の日本支部を設けたいという一部の意見もありましたが、それは原則に反することでもあるし、よくないというので、やはり日本共産党の中に朝鮮人部を設けてやった方が、日常利益を守る上にも、原則の上からも日本の党の中に朝鮮人部を設ける方が正しいということになっております（傍点引用者）。

傍点部分に明らかなように、戦後の日本共産党においては、戦前以来の「一国一党の原則」（＝属地主義の原則）が踏襲され、朝鮮人をはじめとする外国人のコミュニストは、日本共産党の指導下で活動することになった。第四回大会で採択された党規約には中央委員会直属の専門部署として朝鮮人部（日本共産党朝鮮人部）の設置が明記され、部長に金天海、副部長に金斗鎔が任命された。金斗鎔は、日本共産党理論誌『前衛』創刊号（一九四六年二月一日）に、論説「日本における朝鮮人問題」を寄せ、「朝鮮人コミュニストが朝鮮民族の利益だけを追求するのは民族主義的偏向」「排外主義的偏向」であると批判し、朝鮮人党員が日本共産党の指導下で日本の変革のために活動するのは当然のことであるとしていた。一九四六年八月に発せられたいわゆる「八月方針」は、さらに歩を進めて、朝連内の党員フラクションを通じて大衆団体である朝連の活動を共産党の方針に従属させようとするもので、以降朝連の政治的活動のかなりの部分は共産党の方針に同調するかたちで展開されていく。

朝鮮人組織化の最大の受益者は、再建された日本共産党だった。敗戦後にコミュニストの拠点となる人民社を率いた松本健二は、彼自身が一九二〇年代から朝鮮人コミュニストの南浩栄と親しかったこともあって、その内幕を次のように率直に記す。

> 朝鮮人の諸運動は、その独自の要求のほかに日本の左翼運動に参加し、大きな貢献をした。直接的に日本共産党を支持する立場で大衆動員をしたし、資金の面で協力した点も少なくない。当時経済局長だった南浩栄は私に、「選挙の度に相当の額をだした。全国に組織があって、それぞれカンパしたので額はよくわからないが、選挙の都度、当時の金で三〇〇万円は下らなかったろう。そういうときは徳球と亀山幸三財政部長がきた」と語っていた。
>
> （松本健二『戦後日本革命の内幕』、一九七三年）

共産党は選挙でも朝鮮人の力量に依存していた。一九四五年一二月の衆議院議員選挙法改正で旧植民地出身者の参政権は停止されるが、総選挙での得票増を目指した党中央委員会は、一九四七年三月に「朝鮮人党員はもちろんのこと、朝鮮人大衆を選挙に対して積極的に協力、参加せしめるよう大いに働きかけなくてはならない」と朝連内の党員フラクションに指令を発している。これに応じて朝鮮人は多額の選挙資金を拠出したうえ、選挙ポスター貼りや応援演説などにも動員された。

華僑のコミュニストも、共産党の活動を物心両面で支えた。一九三八年に釈放され日本で暮らしていたかつての「台湾共産党」員・楊春松は（一一七頁参照）、敗戦とともに日本共産党で活動を再開した。楊は一九四五年末に満洲に入って中国共産党と接触して「在日中国人が留学生を含めて数万人いるが、今後いかにすべきか」と指示を仰ぎ、「共産主義運動はインターナショナルである。したがって君たちは日本共産党の指導に従ってやればよい」と回答されたという（郭二〇一四）。これ以降、留学生や在留中国人の入党が続き、一九四八年六月には日本共産党華僑・留学生細胞が結成された。その結成会議の模様を参加者の回想から紹介しておこう（郭二〇一四）。

> 崔君に案内されたのは成城学園前の静かな高級住宅街に建つ瀟洒な洋館であった。集まったのは一二、三人か。主なメンバーは、崔士彦、陳文貴、呂永和（早稲田露文科、河南省）、林傑栄（東大卒、台湾）、頼鑾嬌（女、台湾、かつて謝雪紅の秘書役、天津局の日本科で許淑英と名乗る）、黄英国（京大、広東、国民党駐日代表団勤務）、范琦（北京）、于長久（京大、大連）。もう一、二人いたようだが。この場所を提供してくれたのは、台湾人華僑の林清文氏で、ここは後にも徳田球一、野坂参三、楊春松、謝南光らの大物クラスがたまに集まって、謀議をこらす場所ともなったようである。

まず、大先輩格の楊春松氏が、皆に岩本巌日共統制委員会委員を紹介した。そして「今日集まったのはすでに日本共産党に加入しているか、今日入党申込書を書いてもらう同志である。今中国革命はすばらしい勢いで進んでおり、われわれ中国人党員も新しい局面の新たな任務に直面している。中共中央と日共中央の合意によって、在日中国人党員は、今後、日共中央統制委員会の指導の下で、華僑・留学生に対する啓蒙、組織工作を展開し、日本の民主勢力とも連帯の活動を行うこととなった」と趣旨を述べた。ついで岩本同志から、「諸君の党籍は今の所属からこの非合法組織に移る。このことについては中央から各細胞に通知が行く。この組織は秘密組織だが、活動は合法的に展開する」と説明があった。

こうして誕生した華僑・留学生細胞は、台湾での二・二八事件（一八二頁参照）の真相を訴えるビラを横浜の中華料理屋や居住区に撒いた（郭二〇一四）。東京での細胞結成に先立って、留学生が多い京都でも、関西統制委員会の直属として、陳国賢、陳文俊、陶棣士、陶坊資、王万濤らにより秘密細胞が発足しており、まもなく大阪や神戸の華僑や留学生も組織に加わった（郭二〇一四）。一年後には、東京・関西の華僑・留学生細胞は五〇名をこえたという。さらに華僑・留学生細胞の外郭団体として一九四八年一〇月に留日華僑民主促進会が創設され、その機関紙『華僑民報』（一九四九年七月創刊）は、中国共産党の主張を日本国内に伝えるメディアとして機能していくことになる。

プランゲ文庫が語る「共産党」イメージ

戦争協力の過去を抱える知識人、あるいは皇国少年として育ち敗戦とともに価値観の転換を迫られた若い世代の人びとは、「非転向」のまま「獄中一八年」を生き延びた徳田らに高い政治的・道徳的権威を認めるとともに、戦時中の非合理的な精神主義を克服する科学的な社会認識の方法としてのマルクス主義とその実践への傾倒を深めていたから、敗戦後の共産党は、多くの知識人や若者を強く惹きつけた。また、戦前の非合法共産党が帯びていた暗いイメージも、戦後は「愛される共産党」のキャッチフレーズのもと大衆化が図られたために、少しずつ変わっていった。当時の人びとの共産党イメージの一端を紹介しておこう。

> 浦和市の酒井さんは明治六年一〇月二〇日生まれ、当年七二歳だが、去る三月二七日共産党に入党した。これは共産党の真実の正しい姿が日常の生活を通じて遂に七二歳の老婆にまで理解されるようになったことを物語るもので、支配階級のデマに依り、ともすれば誤解されがちな共産党も今回の各種の選挙演説その他によって国民大衆の間に真の理解が深まって来た事を示している。入党に際し酒井さんは——私は三〇年近くの長い間日蓮宗に頼って来ましたが、宗教では、まだわからない事が多く、共産党がすべてを解決してくれるように思われるので、自分で確かめてみたいと思います。七二にもなって何も出来ませんが、あとから来る孫や子にすすめるためにも先ず自分が入党しました。

（日本共産党与野細胞『われらの町』一八号、一九四七年五月一五日）

演説やデモを行うという、現在にもつながる共産党のイメージも、この時期に形作られている。

問　党に入ると、誰でも皆演説をやったり、役場へおしかけていったりしなければならないのでしょうか。

答　人によっては、話が下手だったり、まわりの状況が不利でできなかったりするものもあります。そんな人にまでも、ムリに演説しろ、役場へおしかけろというようなことはいいません。けれど話は下手なよりも上手な方がよいし、交渉もうまくなった方がいいから、なるべくそういう機会をつくるようにはしなければなりません。しかし、それはあくまでも本人の自発的意志を尊重します。

問　入っても、演説もやらず、交渉もしない、何もやらないなら、入らないのと同じではありませんか。

答　党の活動は、決して演説だの交渉だのストライキだのにかぎったわけではありません。党のいろいろな会議の決定をのみこんだ上で、たとえばダンスをやったり、のどじまんにでたり、或は何もせずにこつこつ仕事だけ一生けんめいやっているだけでもいいのです。党員という立場で、科学技術の研究だけにうちこんでいる学者もずい分あります。それでいいのです。

（日本共産党茂木細胞『茂木の旗』一一号、一九四八年三月二一日）

このような人びとの生の声は、共産党の最小組織単位である細胞が発行した細胞新聞に残されている。占領下で共産党が発行した機関紙誌・細胞新聞は、アメリカ・メリーランド大学図書館所蔵ゴードン・W・プランゲ文庫（プランゲ文庫）に九一八タイトル残されている。GHQの民間検閲支隊（CCD）による検閲のために共産党が提出した機関紙誌・細胞新聞を、占領集結後にメリーランド大学に移管したためだ。『アカハタ』などの中央機関紙誌、地方機関の機関紙誌に加え、共産党の基礎組織である細胞が発行した新聞がまとまって保存されている場は、プランゲ文庫をおいてほかにない。

戦後再建後の共産党の組織構成を確認しておくと、一九四八年一二月の時点では、党の中央委員会を頂点に、地方機関として地方委員会・府県委員会・地区委員会・細胞群委員会があり、その下に細胞があった。細胞は、職場を組織単位とする経営細胞、地域を組織単位とする居住細胞、学校を組織単位とする学校細胞に大別され、当時は結核による長期療養者の生活の場となっていた結核療養所を組織単位とする療養所細胞があったことにも注意しておきたい。

CCDによる日本共産党機関紙誌の検閲がはじまったのは、一九四五年九月である。事後検閲に移行する一九四七年六月までにCCDに提出されていた機関紙誌は九一八タイトルのうちおよそ五％に過ぎず、提出されているものも一号限りという例がほとんどであることから、当初は、組織的に検閲への対応を行っていたわけではないようだ。ＣＣＤの側も、軍国主義的主張を監視することが当面の課題であったため、共産党への注視も緩やかであった。とはいえ、ＧＨＱは一九四六年六月に「連合国占領軍の占領目的に有害な行為に対する処罰等に関する勅令」（勅令第三一一号）を公布して、ＧＨＱの枠組のなかで運動を展開すべきことを共産党に暗示した。勅令第三一一号およびその後継の政令第三二五号（後述）は、占領が終結するまで共産党を中心とする左派勢力への弾圧の法的根拠となっていく。

一九四七年に入ってヨーロッパでの東西対立が深刻化するなか、共産党の側は世界情勢の転換を深刻には受けとめていなかったのか、積極的にＣＣＤに機関紙・細胞新聞を提出している。一九四七年六月四日付で中央委員会書記局より地方・地区委員会に宛てて発せられた通達では、ＣＣＤからの通達に基づき機関紙・細胞新聞を事後検閲のためＣＣＤに郵送で提出するよう求めていた。九一八タイトルの九五％弱がこれ以降に提出されたものであることからも、多くの地方機関・細胞はこの通達に従ったようだ。

各機関・細胞はその所在地を管轄するＣＣＤ分局に機関紙・細胞新聞を提出している。ＣＣＤの管轄地域は三つにわかれており、北海道・東北・関東地方を管轄する第一区は東京に、中部・近畿・四国地方を管轄する第二区は大阪に、中国・九州地方を管轄する第三区は福岡に分局をおいた。なかでも東京を抱える第一区に提出された機関紙・細胞新聞の分量は圧倒的であるが、党中央の指令に反してＣＣＤへの提出を行わなかった地方機関・細胞も少なからずあったようである。

ＣＣＤは検閲を通じて共産党の動きを監視していく。朝鮮半島で分断国家が成立した一九四八年の末からは『アカハタ』の検閲箇所が急増しており、一九四九年一月の第二四回総選挙で共産党が三五議席を獲得すると、ＧＨＱは共産党系メディアへの弾圧に本腰をあげる。一九四九年八月一日には共産党本部の強制捜査を実施、九月には機関紙誌の発行部数の掌握を完了し、これ以降ＣＣＤは機関紙誌の収集を中止している。

この検閲と部数掌握は、朝鮮戦争の勃発直前にはじまった共産党への弾圧の武器となった。一九五〇年六月七日、ＧＨＱは『アカハタ』編集委員を公職追放に処し、朝鮮戦争開戦翌日の二六日には『アカハタ』の刊行停止命令を発して、『アカハタ』後継紙・類似紙とされた左派メディアにも同様の処分を下していくが、その際にＣＣＤの成果が最大限に利用されたことはいうまでもない。

「党史」の成立とカリスマ徳田

戦後共産党のイメージを形成したもうひとつのメディアが、「党史」である。一九三一年の日本共産党公判闘争での市川正一の「党史」陳述をまとめた「日本共産党アジ・プロ部」版党史（一四八頁参照）をもとにした市川正一述『日本共産党闘争小史』（桐生暁書房、のち国民文庫）が版を重ね、党内外で読まれたのだ。第6章で紹介したように、徳田の予審訊問調書に端を発する「物語」であった市川の「党史」陳述を原型とした『日本共産党闘争小史』は、結果として徳田の無謬性を戦前にまで遡るかたちで担保したうえ、徳田と志賀が「共同通信社のお誘い」で語りおろした『獄中一八年』

表1　プランゲ文庫所蔵　日本共産党機関紙・細胞新聞地域別分布

民事検閲局管轄			機関紙	細胞新聞					他
	都道府県名	小計		小計	経営	居住	学校	療養所	
第一区（東京）	**北海道**	**76**	**19**	**57**	**32**	**21**	**1**	**3**	
	青森	3	1	2	1	1			
	秋田	5	3	2		2			
	山形	2	1	1	1				
	岩手	3	1	2	1	1			
	宮城	3	2	1	1				
	福島	8	5	2		2			1
	群馬	17	2	15	1	12	2		
	栃木	3		3	1	2			
	茨城	5	2	3	2	1			
	千葉	8	1	7	3	3	1		
	埼玉	9	3	6	2	4			
	東京	**315**	**31**	**284**	**141**	**93**	**33**	**17**	
	神奈川	15	4	11	5	4		2	
	山梨	7	3	4	2	2			
	長野	28	13	15	3	11		1	
	新潟	20	4	16	4	11		1	
	静岡	23	7	16	5	10	1		
	第一区小計	**550**	102	447	205	180	38	24	1
第二区（大阪）	愛知	8	5	3	3				
	三重	10	5	5	4	1			
	岐阜	4	2	2	1		1		
	富山	1	1	0					
	石川	5	3	2			2		
	福井	2	2	0					
	滋賀	1	1	0					
	奈良	2	0	2			2		
	京都	10	1	9	4	1	4		
	大阪	**47**	**14**	**32**	**17**	**9**	**4**	**2**	**1**
	兵庫	14	7	7	5	2			
	岡山	12	4	8	2	6			
	鳥取	8	2	6	1	5			
	香川	4	3	1	1				
	徳島	2	0	2		2			
	高知	1	0	1	1				
	愛媛	9	2	7	3	2		2	
	第二区小計	**140**	52	87	42	28	13	4	1
第三区（福岡）	**広島**	**47**	**10**	**37**	**16**	**15**	**4**	**2**	
	山口	29	5	24	17	5	1	1	
	島根	9	3	6	4	2			
	福岡	**57**	**19**	**38**	**25**	**10**	**3**		
	佐賀	6	1	5	1	3		1	
	長崎	3	1	2	2				
	大分	14	4	10	5	4	1		
	熊本	17	2	15	10	4		1	
	宮崎	3	2	1	1				
	鹿児島	4	2	2		2			
	第三区小計	**189**	49	140	81	45	9	5	0
刊行地不明		39	0	30	24	6			9
総計		**918**	**203**	**704**	352	259	60	33	**11**

（一九四七年二月）も版を重ねたことで、カリスマ徳田が党の象徴として党内外に認知されていったのである。

一九四七年からは七月一五日を「党創立記念日」として大々的に祝いはじめた共産党で、徳田への一般の党員からの「個人崇拝」は、「党史」への関心と重なり合って高まるばかりだった。党創立記念日を記念した徳田の広島視察の模様を、党機関紙は次のように報じた。

> 二十七年前の本日、わが日本共産党は徳田書記長らを中心として日本プロレタリアートの前衛的革命党として生まれたのである。……わが党が創立以来二十有七年の間常に全人民の利益を代表して天皇制軍閥、官憲の迫害に抗して戦い続けて来た唯一、無二の革命党であり、純潔の党であることは本日来広した徳田書記長の足跡より見ても再言を要しない。徳田書記長の足跡こそは、即ちわが党の歴史であり、それはとりも直さず人民の党の真の姿であるからだ。
>
> （「主張　党創立二十七周年を迎えて」『ひろしま民報』一〇号、一九四九年七月一六日）

広島で戦後に入党した歌人の深川宗俊は、この徳田の来広を記念して次の作品を捧げてもいる（深川宗俊「徳田書記長を迎え（一九四九年七月一五日）」『ひろしま民報』一一号、一九四九年七月二一日）。

七月の風　ひかる街々に／湧き上がる歌声「憎しみのるつぼ」／赤旗は　真紅の焔と燃ゆる／五、三〇　橋本金二の虐殺／六、一五　忘れるなかれ日鋼の弾圧を／棍棒は血ぬられ　赤旗は引き裂かれる／あいつぐ　暴圧の歴史／ああ　されど　踏み虐げられし地上に／今たくましく伸びゆく人民の怒りをみよ／憤る　人民の怨嗟の声を聞け／その怒り　その叫びは／いつか　働く者のスクラムとなってゆく／百　千　万歳百万／その戦列に　つねに／微笑みながら進んでゆく人がいる／おお　その人こそ徳田書記長だ／党二十七年の　血の歴史／獄中十八年の闘いにもめげず／身体一杯にみなぎる不屈の闘志／しかして　明るいその眼／ザク　ザク　ザク　ザク／かくて闘いのスクラムは／北は北海道　南は九州の果てまでつづくであろう／一切の障害を断ち切りつつ／どこまでつづくその戦列よ／その戦列の中から／書記長の声が　はっきりと聞こえてくる／「われらをかく育みし　母なる大衆と結合せよ」／「マルクス・レーニン主義の教訓をただちに実行にうつせ」／ああ　どこまでつづくその戦列／澄み切った日本の　空は明るい

かくのごとくスターリンのようなカリスマとして「崇拝」された徳田は、この時期九月革命説を掲げて吉田内閣の打倒を謳っていた。コミンフォルム（二一一頁参照）による日本共産党批判の矢が放たれ、徳田がふたたび国際共産主義運動の枠内に引き戻されるさまについては、次章で見ていくことになる。

【補注】日本共産党広島県委員会の機関紙である『ひろしま民報』の刊行部数は約七五〇〇—八〇〇〇部であった。

第9章　中国革命と「極東コミンフォルム」

拡大する党勢、積み重なる軋轢

さて、ここで時間を敗戦直後にまで巻き戻そう。一九四五年一一月に日本社会党が結党大会を持ち、一二月に共産党が第四回大会によって再建された直後から、社会党と共産党の共闘が目指されていたことは、共産党の合法政党としての議会進出のあり方を考えるうえで示唆に富む。

社共共闘を最初に提唱したのは、第一次日本共産党の初代総務幹事・山川均である。一九二〇年代半ばに単一無産政党論（八二頁参照）を掲げた山川は、『労農』同人を経て第一次人民戦線事件で検挙され、敗戦後に社会党の結党に参加していた。一九四六年一月以降、民主主義実現のために「広汎な民主主義的分子の結集」を訴えた山川に対し、二月二四―二五日に第五回大会を開催して野坂参三が提唱する占領下平和革命論を党の方針として決定した共産党も同調し、三月に民主人民連盟が結成される。しかし直後の第二二回総選挙（一九四六年四月）で社会党が九三議席を獲得した一方、共産党は五議席に終わると、社会党内の左右対立（左派は合法無産政党左派の日本無産党出身者が多かったのに対し、右派は合法無産政党右派の社会大衆党出身者が多かった）も影響してこの構想は暗礁に乗り上げる。

一方で、一九四六年は労働運動高揚の年でもあった。八月には右派で社会党と関係の深い日本労働組合総同盟（総同盟、八五万人）と、左派で共産党と関係の深い全日本産業別労働組合会議（産別会議、一六三万人）が、それぞれ戦前以来の流れを引き継ぎつつ発足した。産別会議は、労働者による自主管理を旗印とする生産管理闘争を遂行するとともに、国鉄・海員の解雇に反対するゼネスト計画を掲げて解雇取り消しを実現させると、一〇月闘争を指導して大幅な賃上げを勝ち取った。この成功に自信をつけた共産党は、「民主人民政府」の樹立を掲げ、一九四七年二月一日に産別会議の主導で大規模なゼネストを実施しようとした。しかしこの二・一ストは、労働運動における共産党の影響力の抑制に舵を切りつつあったＧＨＱの介入により直前で中止される。そのうえ第二三回総選挙（一九四七年四月）では、社会党が一四三議席を獲得したのに対して共産党は四議席に終わる。

五月に片山哲を首班とする日本社会党・民主党・国民協同党連立内閣が誕生すると、民主人民連盟構想などで共産党と近い関係にあった高津正道ら社会党左派は共産党との絶縁声明を発するなど社共の対立は決定的となり、民主人民連盟は解散に至る。七月一五日に共産党が「党創立二五周年記念大会」をはじめて開催して「一九二二年七月一五日」の党創立記念日以来の日本共産党の歩みを顕彰したことは、戦前にまで遡って社会党との差異化をはかるためでもあっただろう。

しかし、合法政党として議会進出を目指してもなかなか選挙に勝てない事実に、共産党の側のダ

19　1949年6月頃の党本部での会議の模様
後ろの壁には「党費納入高表」が貼り出され「党費完納」と「党のボリシェヴィキ化」というスローガンが見える。

メージは大きかった。選挙後の総括で、西沢隆二は「こんどの選挙を通じて、党員ははじめて選挙というものがやはり闘いであることを納得しはじめた」と語っているが（河西二〇一九）、非合法時代が長く選挙運動の経験を持ち得なかったうえ、労働運動の現場でのストライキの実行に重きを置いてきたことは、共産党の議会政党化の困難を予測させた。

　しかも、選挙で勝てないという現実が突きつけた共産党への大衆的支持基盤の弱さを克服できないまま、共産党は地域人民闘争に基づきより強硬な運動を進めようとした。労働者・農民・地域住民の共闘による権力奪取を掲げる地域人民闘争方針は、一九四七年一二月に開催された日本共産党第六回大会で正式に決定されたが、この強硬姿勢に疑問を抱いた細谷松太らが、共産党を離れる例が続く（一九四八年二月、産別民主化同盟設立など）。さらに独自の社共共闘を構想した共産党は、伊藤律の主導により農民層への働きかけを強めていくとともに、片山内閣の総辞職直後の一九四八年二月には、第六回大会で決定された日本共産党行動綱領に掲げた「ポツダム宣言の厳正実施」と「日本の完全な独立」に即して、宮本顕治が民主民族戦線を提唱し、その具体化となる民主主義擁護同盟（民擁同）の結成準備に取りかかっていく（一九四九年七月結成）。「日本のあらゆる階層と手をたずさえてすすむ共同の大戦線」である民主民族戦線は、「選挙に際しても大きな威力を発揮」するものと期待されており（河西二〇一九）、第六回大会で党員数一〇万人を誇るまでになった共産党の選挙での勝利も見据えていた。

【補注】加藤哲郎は、民主人民連盟・民主民族戦線の構想の起源は、ともにコミンテルン第七回大会（一九三五年）で決議された「反ファシズム統一戦線・人民戦線」に求められると指摘している（加藤二〇二〇）。

一九四八年二月の片山内閣の総辞職に続いて成立した芦田連立内閣では、首相の芦田均をはじめ社会党出身の副総理・西尾末広らが昭電疑獄事件により起訴された（一九四八年一〇月総辞職）。両内閣で政権を担った社会党に「小ブル政党」との批判が強まると、共産党は民主民族戦線の拡大を目指して社共合同の実現に舵を切り、これを地域人民闘争の一環に位置づけることで「下からの」合同を実現しようとした。一九四八年一一月二八日、青森県で前社会党代議士の大沢久明が社会党からの脱党と共産党への入党を発表し、以降香川県、長野県などでも社会党員の共産党への入党が続く（河西二〇一九）。加えて、知識人の共産党への入党も続き、一九四九年四月に刊行された『私はなぜ共産党に入ったか』には、出隆、岩間正男、土橋一吉、大沢、河原崎長十郎、兼岩伝一、内田巖、深沢義

表２　共産党が総選挙で獲得した得票数と議席数（1946 － 58 年）

選挙別	得票数（得票率）	議席数
第 22 回（1946.4.10）	2,135,757（3.8%）	5
第 23 回（1947.4.25）	1,002,903（3.7%）	4
第 24 回（1949.1.23）	2,984,780（9.8%）	35
第 25 回（1952.10.1）	895,765（2.5%）	0
第 26 回（1953.4.19）	655,990（1.9%）	1
第 27 回（1955.2.27）	733,121（2.0%）	2
第 28 回（1958.5.22）	1,012,035（2.5%）	1

守ら一九四八―四九年にかけての入党者が談話を寄せている。

　選挙に苦しんできた共産党は、一九四九年一月の第二四回総選挙で三五議席を獲得して大躍進を実現した。この成果を共産党の大衆的支持基盤の拡大であり、革命気運の高揚の証しであると誤解した共産党は、「民自党吉田内閣を、九月までには倒さねばならない」とするいわゆる九月革命説（「第一五回拡大中央委員会の報告と結語」『アカハタ』一九四九年六月二二日）を掲げて攻勢を強めていく。

国際共産主義運動との距離

　実際には野坂を通じてソ連共産党との連絡を保っていた共産党であったが、ソ連からの自立イメージを前面に押し出すことで、大衆の支持を拡大していこうとした。当時の雰囲気をうかがい知ることのできる想定問答を紹介しておこう。

　問　日本共産党はソビエト人から金をもらっているという話を聞きましたが。

　答　そんなことはできません。第一、日本は外国軍隊の占領下で、外国とは交通ができませんし、ロシヤの金をもってきても日本で通用するわけはないではありませんか。

問　野坂参三氏が延安から帰ってくるとき、日本の札をトラックに一杯もってきたといいますが。

答　野坂さんは京城で身体検査をうけ何ももってきていないことがわかっています。これは引揚者の方ならよくわかるはずです。なお、こんなこともききました。音のしない飛行機が夜中に代々木の共産党本部の上にとんできて、金をいれたパラシュートをおとしてゆくということも――とにかくいろいろなデマがとんでいますよ。

問　それでも、共産党は金をもっていて、いま本部で使っている自動車も、中はスバラシクいい車だが外をハンマーでたたいてデコボコにみせかけているということではありませんか。

答　あれは東京の支持者の方から寄附でもらった古自動車で、そんなことはありません。何とかかんとか難クセをつけて党を悪くいいたがるのでしょうが、じっさいはけっしてラクではありません。

（日本共産党茂木細胞『茂木の旗』一二号、一九四八年三月二九日）

戦後の再出発にあたって、代々木の共産党本部の敷地は岩田英一が寄贈し、多額の寄付を行った山田勝次郎夫妻をはじめ有名無名の人びとが共産党を金銭的に支えた。しかしそれでも、ソ連共産党からの資金が野坂を介して共産党に流入し党財政を一定程度支えたことは疑いない（和田一九九六）。

20　日本共産党市民対策部『共産党からの手紙――ソ連帰還者諸君へ』(1949年5月)

共産党がソ連に期待したものは資金だけではない。一九四五年八月八日の対日宣戦布告により「満洲国」そして千島・南樺太に侵攻したソ連軍によりソ連領内に連行され強制労働に従事させられたシベリア抑留者への政治教育にも大きな期待をかけていた。一九四八年五月から一二月までに帰国した抑留者（当時は帰還者と呼んだ）の総数は一七万人に及び、シベリアで政治教育を受け共産党に親和性が高くなっていると考えられた彼らを共産党に入党させることで、党勢の急速な拡大を実現できると考えたからだ。日本共産党市民対策部が発行した『共産党からの手紙――ソ連帰還者諸君へ』（一九四九年五月）には、各地方の共産党委員会の住所が記され、舞鶴港から集団で帰還列車に乗り込んだ帰還者には、「仮入党申込書」に必要事項を記入し、これを代表者が車内で取りまとめて各県委員会あるいは党本部に届けるよう呼びかけている。一九四八年四月には共産党支持の帰還者がソ連帰還者生活擁護同盟を組織し、これはのちに日本帰還者同盟へと発展した。広島の画家・四國五郎は、抑留からの帰国後に共産党に入党し、詩人・峠三吉らとともに平和運動に献身している。

四國のように帰国後に共産党を支持したシベリア抑留体験者も少なくなかったのは事実であるが、そのことを強調しすぎるのは不適切であろう。そのことを強調しすぎると、「ソ連帰り」は「アカ」だとされた当時の社会的偏見を再生産することになりかねない。過酷な環境で強制労働をさせられ、多くの仲間を失い、生命の危機にさらされながら帰国した人びとがソ連に対して批判的であったのはむしろ当然のことである。日本共産党は、帰国した人びとのそのような経験に寄り添うよりもむしろ、収容所内での思想教育の「成果」を引き継ぐかたちで党員を獲得しようと努めたのであった。

共産党のソ連からの自立、すなわち徳田球一が目指していた国際共産主義運動からの自立を強調するなかで、伊藤は、一九四七年一二月に、かつてのコミンテルンとの関係は「おとぎ話」であるとまで語っているのだが（下斗米二〇一一）、しかし、ヨーロッパでの冷戦の進行により再びコミュニストの国際的な結集が図られる。一九四七年九月、ヨーロッパではソ連共産党の主導により共産党・労働者党情報局（コミンフォルム）が成立し、第二次世界大戦後に政権を掌握した東ヨーロッパの共産党・労働者党に加え、フランス、イタリアの共産党が結集した。これに呼応するように東アジアでも東方コミンフォルムと称されるような地域の共産党・労働党の結集が目論まれるが、その初期の段階で日本共産党は参加を拒絶していた（下斗米二〇一一）。この構想が形を変えて現実化するには、中国共産党の国共内戦での勝利を待たねばならなかった。

朝鮮半島情勢と朝鮮人コミュニストの選択

一九四五年八月のソ連対日参戦により、朝鮮半島北部はソ連軍が占領し、南部は米軍が占領した（九月一一日、米軍軍政開始）。南部では植民地時代の社会主義者が活動を再開し、かつて朝鮮共産党の創設に加わりのちクートヴェに学んだ朴憲永や、上海の大韓民国臨時政府の要人として一九二〇年代の国際共産主義運動を支えた呂運亨ら国内派の指導者により、一九四六年一一月に南朝鮮労働党が誕生した。これに先立ち北部では、八月にソ連軍の後押しのもと北朝鮮労働党が誕生していたが、その構成は、①戦争中延安にいた中国系（延安派）、②中央アジアからやってきたソ連系（ソ連派）、そして③満洲での抗日パルチザン経験を持つ金日成ら満洲系（満洲派）にわかれ（下斗米二〇〇四）、すべて解放とともに国外から朝鮮へと戻ってきた者ばかりだった。日本共産党の再建が、徳田ら「獄中一八年」組と中国帰りの野坂の「野合」であった以上に、北朝鮮労働党の「野合」は際立っており、ソ連の強力なリーダーシップなしに党運営は立ちゆかなかった。

ヨーロッパでの冷戦が東アジアにも波及しはじめた一九四七年七月、朝鮮半島での臨時政府樹立を目指していた米ソ共同委員会（一九四五年一二月の米英ソによるモスクワ三国外相会議で朝鮮に臨時政府を樹立して五年間信託統治を行うと決定した際、そのための協議機関として設置された）が事実上決裂した。アメリカの提訴を受けた国連は、朝鮮での臨時政府樹立のための選挙を行うとしたが、朝鮮半島北部への国連の立ち入りをソ連が拒否したため、朝鮮半島南部のみで選挙が実施されることになる。一九四八年五月一〇日に予定された南朝鮮単独選挙に対しては、朝鮮半島の南北分断を固定化するものとして南部でも強い反発がおき、南朝鮮労働党は実力行使によって選挙を撤回させようとする。とくに最南端の済州島では、左派の武装蜂起を右派が過剰鎮圧して、無関係の民衆を含めて三万人もの人びとが命を落とす四・三事件が起きる。四・三事件を逃れた人びとのなかには命がけで日本に脱出し、敗戦後も日本に残っていた朝鮮人とともに朝鮮戦争下の抵抗を担う者も出てくる。

南朝鮮単独選挙の結果選出された議会は、憲法を制定して李承晩を大統領に選出し、一九四八年八月一五日、大韓民国の樹立を宣言する。一方、北部では南朝鮮単独選挙の直前にスターリンの決断により朝鮮半島北部での国家樹立を決めており、スターリンは来たるべき新国家の指導者に旧ソ連軍人金日成を指名した。指導者に据えられた金日成は、ソ連製の憲法を採択し、九月九日に朝鮮民主主義人民共和国の樹立を宣言する。この国名もまた、ロシア語からの直訳だった。そして一九四九年七月には、北朝鮮労働党と南朝鮮労働党が合同して朝鮮労働党が成立する。南からの「越北」者や日本からの帰国者も含む朝鮮労働党では、延安派、ソ連派、満洲派に加え南朝鮮労働党派（国内派）の四派が指導権を巡り対立していく。

朝鮮半島情勢が深刻化しつつあった一九四八年一月六日、アメリカ陸軍長官ケネス・ロイヤルは、日本を「全体主義の防壁に」するという趣旨の演説を行った。日本の非軍事化・民主化を推進してきたこれまでの占領政策を大きく転換して、日本を経済復興させて米ソ対立の最前線で共産主義の「防波堤」たらしめようとする占領政策転換の第一歩だった。この転換は、朝鮮半島情勢と連動するかたちでまずは左派の朝鮮人運動に対する弾圧として立ち現れた。前述したように、解放後の朝鮮人運動においては在日本朝鮮人連盟（朝連）に結集した左派が圧倒的に優勢であり、その運動の核をなしたのは民族教育を行う朝鮮人学校の運営であったが、朝鮮人学校を左派の運動の大衆的基盤であると見た占領軍・日本政府は、各地の朝鮮人学校に対して閉鎖命令を出すことにより左派の運動を押さえ込もうとしたのである。この抑圧とそれに対する抵抗が最も激しいかたちで現出したのは神戸と大阪で（阪神教育闘争）、神戸では四月二四日に占領下唯一の非常事態宣言が発せられており、大阪では四月二六日に府庁前の混乱のなかで一六歳の朝鮮人少年が日本人警官に射殺されている。

このような事態に際会しても、共産党の中央が積極的に朝鮮人の運動を支援するということはなかった。左派朝鮮人運動への弾圧が共産党にも波及することを恐れたのである。それぞれの闘争の現場で朝鮮人と共闘した日本人党員は、神戸で逮捕され軍事裁判で有罪判決を受けた堀川一知（一七六頁参照）をはじめ少なくなかったが（兵庫県での逮捕者一七三二名のうち七四名は日本人である）、共産党が組織として朝鮮人の運動を支援することはなかった。

こうして朝鮮人への抑圧が強まるなか、一九四九年に入ると、朝連に加盟している朝鮮人が共産党に集団入党する事例が相次いだ。四月二五日の阪神教育事件一周年記念全国大会では、一日で三五八人が入党したといい、朝連幹部はこの現状を、日本政府の朝鮮人抑圧に対する「組織的答弁」であると語ったという。日本人党員のほとんどが経営細胞に組織されて地域との結びつきが希薄であったのに対し、朝鮮人党員のほとんどは居住細胞に属して地域との強い結びつきを保っていた。ＧＨＱの報告には、「一九四九年六月現在在日朝鮮人五九万七七九七名の中、北朝鮮を支持する朝連系が三八万八二五一名（約六五％）である一方、韓国を支持する民団系が六万二七二九名（一〇・五％）」であったとあり（朴二〇一二）、「朝連系」朝鮮人の共産党への入党は、以降の共産党の活動をさまざまな面で支えていく。

米軍軍政下沖縄・奄美のコミュニスト

戦前の沖縄では、政府の沖縄差別政策に抗する若者が社会主義思想を受容し、「ソテツ地獄」と呼ばれる慢性的不況のもと、職を求めて、あるいは高等教育を受けるために内地へ渡った。そのような若者の幾人かが、第一次日本共産党・第二次日本共産党の活動に積極的に身を投じていく。徳田もそのひとりである。進学先の東京で日本社会主義同盟に加入し、一九二三年春頃に第一次日本共産党に入党した井之口政雄は、関東大震災が勃発すると関西へ移り、沖縄出身の労働者松本三益と協力して沖縄出身労働者を結集し、赤琉会を組織した。以降、松本が大阪と沖縄を往来して沖縄の運動を支え、一九二八年二月の第一六回総選挙には、第二次日本共産党の井之口が労働農民党候補として沖縄から立候補しており、その選挙運動の際には那覇に細胞も組織された（安仁屋一九八三）。しかし、四月には沖縄の運動の中核にあった労働農民党那覇支部と沖縄青年同盟（一九二四年結成）が解散を命じられ（ただし沖縄は三・一五事件での検挙から除外されていた）、一〇月には井之口が検挙され下獄するなどして、コミュニストの活動は、これ以降敗戦までほとんど不可能となった。

一九四五年四月、沖縄島に上陸して軍政をはじめた米軍によって、沖縄は日本統治から切り離された。沖縄人としての矜持を抱き続けていた徳田は、釈放直後から自身の個人的ルートで沖縄との接触をはじめ、第一次日本共産党の党員であり堺利彦の秘書を務めた在沖縄の仲宗根源和に宛てて、志賀義雄との連名で書簡を送っていたという（森二〇一〇）。さらに徳田は、一九四六年二月の日本共産党第五回大会で、自身の提唱により「沖縄民族の独立を祝うメッセージ」を採択して、沖縄人を日本の被抑圧少数民族であると規定するとともに、その独立は日本での議会主義的変革の実現と世界革命の成功によってのみ実現すると掲げることになる。この採択直前には、「二・二宣言」により北緯三〇度以南の南西諸島が日本から分離されて米軍軍政下で「琉球」として統合されることになり、奄美群島（鹿児島県）も軍政下に組み込まれている。その結果、軍政下の沖縄・奄美では、日本共産党の綱領・規約に準じた独自の党が結党されることになり、一九四七年四月に奄美共産党が非合法組織として創立大会を持ち、一九四七年七月に那覇で誕生した沖縄人民党も、徳田ら在東京の沖縄出身コミュニストとの連絡を保つことになった。ただし、奄美共産党はもちろん沖縄人民党も、日本共産党からの公的な指導関係はなく、奄美共産党の中核を担う中村安太郎ら戦前からのコミュニストの個人的ネットワークで東京の党中央とのつながりを持ったことに注意を促したい。

　国共内戦で中国共産党が反攻に転じた一九四八年四月、ヘイドン軍政府長官が共産主義への防壁としての琉球の役割を強調して以降、活発な活動を続けてきた奄美共産党は弾圧され（赤旗事件、一九四八年八月）、逮捕された中村は軍事裁判で重労働一年の判決を受ける。しかも奄美での軍政は、一九四九年四月に配給食糧三倍値上げ指令が突如発せられるなど住民生活を混乱に陥れたため、軍政への反発は全島にひろがり、食と職を求める人びとの沖縄島への移住も続く。この移住は、後述するように沖縄での非合法共産党の創設を準備していくことになる。奄美に残った人びとは、非合法の奄美共産党を支えていくが、一九五〇年三月に党役員らが逮捕されると（奄美共産党事件）、奄美共産党を日本共産党の下部組織へと編入するよう求めていくとともに、一九五〇年八月には合法政党である奄美大島社会民主党を結成して、奄美における日本復帰運動を主導していくことになる。

　国共内戦の結果、島伝いの台湾に国民党軍が撤退してきたように（一九四九年一二月、南京から台北に国民政府の首都が移転）、東アジア冷戦の激化を最も身近とする沖縄で恒常的な米軍基地の建設が進んでいることをコミンフォルム批判が問題視したために、これ以降の共産党中央は沖縄問題に向き合おうとしていく（二二五頁参照）。一九五〇年六月に朝鮮戦争が勃発すると、沖縄の米軍基地は国連軍（米軍）の出撃拠点のひとつとなり、沖縄・奄美のコミュニストの動きも新たな段階に入っていくことになる。

団体等規正令による抑圧

　第二四回総選挙（一九四九年一月）での予想外の大勝に気をよくした共産党にとって、権力への合法的な対抗をし得る最後の機会となったのが、一九四九年四月の団体等規正令の公布・施行だった。団体の構成員の住所・氏名を法務庁に届け出よとするこの悪法に、共産党中央は何の疑問を抱くこともなく党員名簿の届け出を奨励した。この情報はのちのレッド・パージの際に党員割り出しに利用されることになる。しかも、団体等規正令に基づき法務庁に届け出られた共産党細胞の数は、一九四九年一〇月の時点で約一〇〇〇であったのが、一一月には約三五〇〇、一九五〇年四月には約六八〇〇と、激増していた。それでもすべての細胞がすべての党員を届け出たわけではない。法政大学細胞では、歴史学者の石母田正と文学研究者の小田切秀雄だけを党員として届け出たという（小田切一九八八）。左派の知識人として著名な彼らが共産党員であることは周知の事実であったからその旨届け出た一方、無名の党員については誰が党員であるかの情報を秘匿することにより、結果的にのちの弾圧から多くの党員を守ったのであった。

　こうしてほとんど警戒されることなく成立した団体等規正令は、まずは左派の朝鮮人に向けられた。朝鮮民主主義人民共和国建国一周年の前日の一九四九年九月八日、日本政府は団体等規正令により朝連や在日本朝鮮民主青年同盟（民青）を強制解散させ、左派朝鮮人団体の壊滅を狙ったのだ。解散の対象とされた組織数は、朝連が中央総本部一、府県本部四八、支部六二〇、分会一二一四の計一八八三、民青が中央総本部一、府県本部四八、支部四五八、分会三〇六の計八一一となっており、金天海ら朝連・民青の幹部二八名は公職追放されたうえ、朝連・民青の所有財産はすべて日本政府により没収された（朴二〇一二）。その没収財産は現在に至るまで返還されていない。朝連強制解散の光景を、中野重治は『甲乙丙丁』（一九七〇年）で次のように描き出す。

　あのときは、日本の武装警察隊が建物を完全に包囲した。それからなかへはいって行った。ビル

> ディングそのもの、なかの家具、電話、戸棚、机、腰かけ全部、備品という備品全部、資料、帳簿、書類全部、鉛筆からインキ壺まで、雑巾バケツからめいめいのかばん、弁当まで、最後に靴まで脱がされて、言葉どおりいっさいがおさえられてあの日没収された。いあわせた朝鮮人は、一人残らず、男も女も、上下着ただけで、靴なしの跣でたたきだされたのだった。

新人会以来の中野の盟友であり、満鉄調査部事件で検挙され、敗戦後は大連で活動したのち帰国してきたばかりの石堂清倫は、共産党本部細胞の会議で「党の存亡をかけても」朝連を助けるべきではないのかと発言したといい、「個々の党員は国際主義的任務を信じていたのに、それが組織体となると民族主義になる」という限界を実感していた（石堂一九九一）。たしかに共産党は、朝連強制解散への抗議声明を発しはしたものの、阪神教育闘争のときと同様に、党として朝鮮人の運動を支援することはなかった。

実際、九月八日当日に中央委員会が各地方・府県委員会に発した指令では、「官憲の挑発を避けつつ」「合法的に反撃する」として、「中小商工業」の多い朝鮮人を日本側団体に組織するには共産党傘下の民主商工会が最適であるとしたうえで、そのためにも「今後の民族的差別を一切なくす」よう指示していた。党内で朝鮮人への民族差別があることを暗に認めた中央委員会は、九月二五日に発した指令では次のように朝鮮人の処遇を指示している（日野編一九五〇。太字は原文のまま）。

（2）非公然の活動について

（イ）朝連所属員にして特殊活動を行ってきた者は今後は統制委員会においてこれを管轄する。

（ロ）失業者同盟は今後ますます勢力を増大するであろう。これに対する対策は政府も容易に持ちえぬところであるから革命は失業者ならびにこれに準ずる者の暴動の形態をもって発火するであろう。

この暴動の宣伝煽動に際しての準備として各地方委員会ごとに朝鮮人青年を中心とする特殊工作隊を設置すること。また連盟解散により困窮状態にある者の中から優秀な青年を党オルグとして採用せよ。

一九四九年一二月、共産党は民族対策部（民対、旧朝鮮人部を改組した少数民族部が前身）を組織して、朝鮮人党員の再編に乗り出す。その背景には、ここにいま引いた指示に見られるような、朝鮮人党員を「特殊工作隊」として利用しようとするような発想が働いていたといえよう。

なお、共産党中央委員の公職追放が指令された直後、朝鮮戦争が勃発する直前の一九五〇年六月一五日には、朝連にかわる朝鮮人の大衆団体の結成が目指されることになり、一九五一年一月の在日朝鮮統一民主戦線（民戦）の結成へとつながっていった。

「劉少奇テーゼ」からコミンフォルム批判へ

国共内戦が続く中国では、当初劣勢だった共産党が反攻に転じていた。一九四八年秋以降は人民解放軍が連勝を収めていき、国共内戦での共産党勝利が確実となった一九四九年一月、ソ連副首相のミコヤンが北京の中国共産党中央委員会を訪問する。この訪問で最も重要な議題となったのが、中国での革命政権の樹立を前提として、そのなかでソ連共産党と中国共産党、そしてアジア各国の共産党・労働党の関係をどう整序するかであった。毛沢東は、ミコヤンに対して「中国共産党は、インドシナ、タイ、フィリピン、インドネシア、さらにはインドや朝鮮などの共産党と関係を有しているが、インドシナと朝鮮とのつながりは深いものの、日本共産党とはどのような関係もない」と語ったという（下斗米二〇一一）。

この毛沢東の認識には、一九二七年の四・一二クーデターで中国共産党員が国外に脱出して本格化した華僑・華人ネットワークによる東南アジアでの共産党創設や、満洲での朝鮮人・中国人の共闘の経験が大いに踏まえられている反面、上海を中心とした日本共産党との接触にふれていないことからは、山岳地帯でのゲリラ戦を担い都市のコミュニストとは一線を画してきた毛沢東の立場性がうかがえる。このような立場をとった毛沢東に対して、ミコヤンが「日本、中国、朝鮮の三つの共産党」により創設される「東アジア共産党ビューロー」の中心に中国共産党が立つ構想を伝えたことには（下斗米二〇一一）、一九二〇年代初頭の創設間もないコミンテルンの東アジアでの活動経験が反映されているようにも見える。ただし、かつての経験は、帝国日本への対抗として日本・中国・朝鮮三国のコミュニストの連帯を基礎づけようとするものであったのに対して、この構想は、東アジアで拡大する「アメリカ帝国主義」のプレゼンスへの共同的対抗を基礎づけようとするものであった。

ともあれ、この訪問以降、中国共産党とソ連共産党そして朝鮮労働党の関係は深まった。中国共産党の側の窓口となった満洲の中国共産党東北局の勢力も拡大し、高崗（中国共産党東北局のリーダー、一八三頁参照）は一九四九年六月の劉少奇ら中国代表団のモスクワ訪問にも同行するに至る。クートヴェ出身の劉少奇とスターリンの会談は、「対米関係など戦略問題をソ連共産党が担当し、アジアの共産党への指導、解放運動の舵とりは中国共産党に任せる」ことを決めた（下斗米二〇〇四）。一九四九年一〇月の新中国（中華人民共和国）の成立に先立つ時点で、冷戦構造下の国際共産主義運動におけるソ連共産党と中国共産党の役割分担は、すでに秘密裏に決まっていたのだ。

こうして「東アジアの革命運動の事実上の司令塔としての役割」を担うことになった中国共産党が、中国こそがアジアの革命運動の中心であると世界に宣言する場となったのが、新中国成立直後の一一月に北京で開催された世界労連アジア諸国・大洋州労働組合会議だった。そこで劉少奇は、「植民地・半植民地」の「民族解放闘争」は「農村においては武装闘争を行い、敵の支配する都市や地方においては、合法・非合法の大衆闘争を行い、これと武装闘争とを互いに絡み合わせ」るという方針、いわゆる「劉少奇テーゼ」を発表する。中国共産党の経験を背景として持ち、武装闘争に傾斜したこのような方針は、日本共産党の占領下平和革命論と両立しうるものではなかった。すでにこの時期、在東京のソ連大使館に呼び出された野坂と徳田は、「党の戦略と戦術」について批判されたともいわれている（下斗米二〇一一、不破一九九四）。

一二月に毛沢東がソ連を訪問してソ連要人との会談を重ねていたなかの一九五〇年一月、コミンフォルム機関誌『恒久平和と人民民主主義のために』（一九五〇年一月六日付）に前ぶれもなく掲載された「日本の情勢について」は、日本共産党を名指しで厳しく批判した。コミンフォルム批判と呼ばれるその批判の内容は、野坂の占領下平和革命論をマルクス・レーニン主義の原則に反すると厳しく批判して、日本共産党がアメリカ帝国主義と対決することを迫るものであり、アメリカ占領軍を解放軍と規定してきた徳田もまた批判の対象となっていた。二月には中ソ友好同盟相互援助条約が締結されて中ソの同盟関係が確立し、すでに一月一七日の中国共産党機関紙『人民日報』紙上では中国共産党がコミンフォルム批判を支持していたように、この時期以降、中国共産党とソ連共産党による日本共産党への「指導」が本格化していく。

「五〇年分裂」のはじまり

コミンフォルム批判は、ソ連共産党との関係を否定してきた日本共産党の公式見解が嘘であったことを世に知らしめたうえに、日本共産党の内部に生じていた人的対立をより深刻化させた。すでに一九四九年六月、日本製鋼所広島製作所での人員整理に抗議する労働争議（日鋼広島争議）の際、占領軍が直接争議の鎮圧に乗り出すのを目の当たりにした人びとは、占領下平和革命論の限界を痛感して徳田ら党幹部への不信感を抱きはじめていたし（杉本二〇一四）、党中央の政治局（一九四九年時点でのメンバーは徳田、野坂、伊藤、志田重男、長谷川浩、紺野与次郎、宮本、志賀、金天海）のなかでも、徳田への批判が渦巻いていた。とりわけ志賀は、伊藤が主導してきた社共合同に批判的であったし（河西二〇一九）、新中国の成立に大いに刺激を受けた中西功（一一三頁参照）は、「三二年テーゼ」に基づく徳田らの二段階革命説に対して日本独自の社会主義革命路線を提起している（中西意見書）。コミンフォルム批判直後の一月一〇日、中西は共産党を除名されるが、中西意見書をきっかけに党内の人的な対立関係が可視化されつつあった。

　占領下平和革命論や九月革命説のような誤りを日本共産党は「すでに克服している」とする徳田・野坂ら多数派幹部は一月一一日に「「日本の情勢について」に関する所感」（いわゆる「所感」）を発表して、この批判自体を批判したのに対し、コミンフォルムからの批判を是とする志賀・宮本ら少数派幹部は国際批判を受け入れて「所感」に反対することになる。後述するように紆余曲折を経たのちに「自主独立」を掲げることになる宮本も、この時点では、コミンフォルムは「同志スターリンに指導され、マルクス、レーニン、スターリン主義で完全に武装されているソ同盟共産党」を中心とする世界プロレタリアートの新しい結合である、とまで語って、国際的批判を積極的に受け入れていた（和田一九九六）。

　まもなく中国共産党が「所感」への批判を明らかにしたことで（「日本人民解放の道」『人民日報』一九五〇年一月一七日）、多数派幹部は「所感」を撤回してコミンフォルムからの批判を受け入れることになる。三月にはアピール「民族の独立のために全人民諸君に訴う」を発して、アメリカ帝国主義により植民地化された日本という現状認識のもと、アメリカ帝国主義への対抗と民族独立のための民主民族戦線の結成を訴えて、徳田ら多数派はその立場の急旋回を鮮明にした。

前述したように、日本共産党は、朝鮮半島における分断国家の成立（一九四八年八―九月）や団体等規正令による朝連強制解散（一九四九年九月）を経てもなお、冷戦構造下の東アジアにおける国際情勢の危機的状況を十分に認識できていなかった。コミンフォルムによる占領下平和革命論への批判とは、来るべき局地的熱戦にそなえて臨戦態勢に移行することを求める指令にほかならないが、このような批判に直面して、日本共産党においては、コミンフォルム批判の指摘する沖縄の米軍基地化の問題が、にわかに浮上してくることになる。コミンフォルム批判後、日本共産党が沖縄での基地建設に反対する調査活動を開始したことにより、党中央機関紙『アカハタ』には二月から三月にかけて沖縄関係の記事が頻出することになる。また三月には、井之口ら共産党国会議員団が記者会見を開いて、沖縄での基地建設工事に日本の業者や日本人の労働者が従事しているのは軍需産業の復活などを禁止したポツダム宣言の精神に違反していると指摘している（森二〇一〇）。日本共産党も、冷戦構造下の東アジアにおける対立の最前線に目を向けざるをえなくなったのである。

しかし、そのような情勢の変化とは無関係に、多数派幹部と少数派幹部の対立は深刻化し、多数派幹部による少数派幹部の追い落としがはじまった。この多数派＝主流派（所感派）と少数派＝国際諸派（国際派は一枚岩ではなかった）の対立こそ、日本共産党の「五〇年分裂」と呼ばれる事態のはじまりであり、主流派幹部が実権を握る党中央の指令により、国際派の拠点と目された全学連（全日本学生自治会総連合）書記局・東大細胞・早大細胞などが解散させられ、党内の亀裂は修復不可能な

21　六・六追放当日の党本部前
「戦争反対」のスローガンの中央に鳩があしらわれている。（『時事世界』1950年8月号）

レベルに達した。野田弥三郎は「日本共産党国際主義者団」を、一九五〇年に復党したばかりの福本和夫は「統一協議会」をそれぞれ率いて主流派と対立した。

ＧＨＱにとって共産党の急進化は、共産党とソ連共産党・中国共産党との不可分な関係を明確に裏打ちする証拠にほかならなかった。一九五〇年五月三日にマッカーサーは共産党非合法化声明を発し、これに反発した共産党系の大衆団体は、五月三〇日に皇居前広場（人民広場）で開いた抗議集会で逮捕者を出すことになる。六月四日の第二回参議院選挙で共産党は全国区で一三三万票、地方区で一六四万票を獲得して、改選二議席を確保した（非改選二議席も保持した）。しかし直後の六月六日、マッカーサーは共産党中央委員二四名の公職追放（レッド・パージ）を指令し、翌七日には『アカハタ』編集部の一七名も公職追放された。このとき、追放された徳田は、独断で主流派幹部による臨時中央指導部を任命して合法活動に当たらせながら、自らは地下に潜行して臨時中央指導部を背後から指導するという二重の指導体制を構築して、国際派を排除した党運営を強行していく。

主流派がこのような組織防衛を行ったのは、朝鮮戦争の勃発が間近と予測されていたためだった。

資料特集
劉少奇の二論文

華僑民報

アジアにおける民族解放運動と勞働階級の任務
世界勞連副會長劉少奇の演説

植民・半植民地の闘い

世界の半分が植民地

中國は武装闘争で勝利
これ以外の樂な道はない

統一戦線で勞農提携

解放軍が出來た所以

武装闘争と都市勞働者との任務

アジア勞組會議

黨内に於ける各種の誤つた思想意識の來源

共産黨員の修養を論ず
（延安マルクス・レーニン大學において）劉少奇

これは劉少奇の一九三九年八月七日延安マルクス・レーニン學院における講演「黨員の思想意識の修養」中の二節である。全文は曾て「解放」誌第八十二、八十三、八十四期合録に發表された

中共は豊富な革命闘争の經驗と傳統を持つている

黨内にも暗黒面がある
そのボロは絶對かくせぬ

中には入黨してみてがつかりする人もある

スターリンが指摘した政黨内部の矛盾

何故こんな現象が起つたのだろうか

離婚啓事

22 『華僑民報』最終号

留日華僑民主促進会機関紙『華僑民報』45号（1950年9月25日）。本号刊行後に『華僑民報』は『アカハタ』類似紙として発行禁止となった。一面には1949年11月の世界労連アジア諸国・大洋州労働組合会議での劉少奇の演説（「劉少奇テーゼ」、222頁参照）が掲載されている。

六月二五日に北朝鮮軍の南進により朝鮮戦争がはじまると、マッカーサーは、「韓国軍から発砲」「朝鮮共和国軍　各所で韓国軍の侵入撃退」と報じた『アカハタ』に三〇日間の発行停止を指令し、七月一八日には、『アカハタ』およびその後継紙ならびに類似紙の無期限発行停止を再度指令した。以降一九五一年五月一五日までの一年弱の間に、中央紙一三紙、地方紙一七〇九紙が発行停止になっている。左派の朝鮮人・華僑が発行していた『解放新聞』『華僑民報』も、このとき発行停止になっている。

七月一五日には徳田ほか九名の幹部に逮捕状が発せられ、続く七月下旬、新聞・通信・放送関係四七社計六九四名の追放にはじまったレッド・パージは、八月末の電気関係一〇社計二一三七名の追放へと続き、共産党系のナショナル・センター全労連（全国労働組合連絡協議会、一九四七―五〇年）は八月三〇日、団体等規正令による解散命令を受けた。政府は九月一日に官公庁でのレッド・パージ実施に関する閣議決定を行い、一一月までに民間三四二社計九五二四名、公務員一一七七名のあわせて一万名以上が職場を逐われた。経営細胞に党組織の中核を置いていた共産党に及んだ打撃はいうまでもなく大きかった。以降の共産党は、レッド・パージによる失職者の多くを吸収した自由労働者、一九四九年以降の集団入党により居住細胞で増加していた朝鮮人、そして全学連の学生に支持を求めていくほかなくなった。

第10章　朝鮮戦争下日本のコミュニスト

「雨の降る品川駅」ふたたび――朝鮮戦争「反戦」運動

六月二五日の朝鮮戦争勃発直後、『アカハタ』刊行停止と押収という弾圧のもと、日本各地で共産党員・左派の朝鮮人による朝鮮戦争への「反戦」運動が展開された（川島二〇〇〇）。「アメリカ帝国主義者とその手先李承晩一派」による「内乱挑発を目的とする……（三八度線付近での）挑発的侵攻」を批判する「朴憲永の声明書」（朝鮮民主主義人民共和国外務省編纂『朝鮮における内戦誘発者の正体を暴露する諸文書・資料』祖国防衛全国委員会、一九五一年）を撒いたこの「反戦」運動は（杉本二〇一四）、北朝鮮を擁護する立場からアメリカの介入に反対するという意図でなされた。コミンテルン第六回大会（一九二八年）で採択された「帝国主義戦争に反対する闘争と共産主義者の任務」に即するなら、朝鮮戦争は民族統一のための民族解放戦争にほかならないのであり、これに介入しようとするアメリカ帝国主義こそが敵であるのだという認識のもと、全国で朝鮮人・日本人のコミュニストが「声明書」を撒き、朝鮮戦争へのアメリカの介入に反対する「反戦」運動を展開したのだ。このような朝鮮戦争勃発直後の「反戦」運動の担い手の多くがコミンフォルム批判に同調した国際派の人びとであったことは、主流派と国際派の対立関係をより尖鋭化させた。

しかもこの「反戦」運動は、アメリカの占領政策を批判する勅令第三一一号違反事件として厳しい弾圧を受けた。とくに検挙者が多かったのが広島である。七月一日、県下一斉に「朴憲永の声明書」を撒いて七〇名以上の日本人・朝鮮人が検挙された。税務署員として働きながら共産党に入党し、広島で詩人の峠三吉が主宰するサークル・われらの詩の会で詩作をはじめた増岡敏和は、この事件で指名手配された朝鮮人の同志「李章各」に、自作の詩「その炎はどこで燃えるか——朝鮮問題声明書配付事件に関し指名手配中の若き闘士、日本名眞城宏二君のために」を捧げた。『われらの詩』八号（一九五〇年八月、三人社より復刻版が刊行されている）に載せられたその作品を引いておこう。

李章各よ
君は去った
君はいない

今日は雨がふっている
けっして感傷的ではない

君は今何処で斗いの炎を
じっと伏せているだろうか

日本語でしかしゃべれなかった君
私たちの中でいつも弟のように温和しかった君
だが敵には憎しみをつぶてのように投げた君

東か　西か
北か　南か
君の上に雨がふっているだろうか

しかし　みたまえ行手の中国山脈は静かに横たわっている
このおちつき！
地肌をたたいてその底の鉱脈を探れ

この町から君が去って四日
君に便りを寄せるすべはないが

私はこの雨の中に
日本語流で人民抗争歌をおくる
ノードンヂャワ　ノーミンデルン　トウルポワーラ
ウロンチヤゲ　トリヨウヌン……

風の便りにかこの歌声がひびこうとも
背ごしにききながら
君はその健脚をたたいて前進せよ！

見事なまでに「雨の降る品川駅」を模倣してプロレタリア国際主義に基づく連帯の熱い思いを歌い上げたこの作品には、かつて「雨の降る品川駅」への返歌「雨傘さす横浜埠頭」を書いた林和（一二五頁参照）が作詞した「人民抗争歌」が登場している（ただしここで増岡が引用しているのは「人民抗争歌」ではなく「解放の歌（해방의 노래）」の歌詞である。また、一番の歌詞と二番の歌詞が混同されている。山根一九九〇参照）。解放後の南朝鮮で作られ愛唱されたこの歌が日本でも知られたのは、朝鮮人コミュニストの国境をこえた活動のネットワークがあってのことだったろう。林和自身も一九四七年に南朝鮮から北朝鮮へと越北していた。

朝鮮戦争勃発直後のこのような「反戦」運動の担い手の多くが左派の朝鮮人であったことからもわ

かるように、朝鮮戦争の勃発に際していち早く組織的対応を実現したのは朝鮮人の共産党員だった。六月二八日、日本共産党民族対策部は祖国防衛委員会の結成を決定し（和田一九九六）、朝鮮人の共産党員はそのもとで、日本での武器生産や武器輸送の阻止、朝鮮人の韓国への強制送還の阻止などの闘争に取り組んでいった。日本人党員が「五〇年分裂」のため混乱に陥っているなか、相対的な自立性を持っていち早く朝鮮戦争に対応したのは、朝鮮人党員だったのである。

　朝鮮人の共産党員にとって、このような闘争に取り組むことは、とりわけ大きな危険をともなった。なぜなら、勅令第三一一号（のち政令第三二五号）違反を理由に逮捕されて軍事裁判にかけられ有罪判決を受ける可能性があっただけでなく、韓国に強制送還される可能性もあったからである。一九五〇年一〇月に設置された出入国管理庁は、一二月に長崎県大村の旧海軍用地に大村入国者収容所を設けて、主として韓国からの密航者（そのうちのかなりの部分は、解放後に朝鮮に戻ったが政治的・経済的混乱などによりまた日本に戻ってきた人びとであった）の強制送還にあたっていたが、朝鮮人の逮捕者もここに送られていた。朝鮮戦争の勃発から一九五一年一一月一日の出入国管理令の施行までに、二〇〇〇人以上の朝鮮人が韓国に強制送還されている。

　ここで左派朝鮮人大衆団体の動きについて記しておくと、朝連強制解散後すぐにはじまった再建の動きは、一九五一年一月九日の在日朝鮮統一民主戦線（民戦）の結成に結実することになる。民戦は、当初は李康勲のような民族主義者をも包含するかたちで出発したが、共産党民族対策部の影響を強く受けて、祖国の防衛と統一を求めてアメリカ帝国主義とその傀儡（吉田政権）に反対する運動を展開するとともに、民族教育権擁護、生活権擁護、強制送還反対などの運動を展開した。後述するように、国際共産主義運動の「一国一党の原則」が民族的大衆団体たる民戦にまで持ち込まれたことにより（二四〇頁参照）、民戦の内部には激しい軋轢が生じ、朝鮮戦争休戦後の情勢変化のなかで、民戦は朝鮮総連（在日朝鮮人総連合会）へと路線転換していくことになる。

主流派と国際「諸派」

朝鮮戦争の勃発に際して取り組まれた「反戦」運動をめぐって、主流派と国際派の対立は激化した。当初主流派は、朝鮮の内戦には関与しないという立場から消極的態度を取ったのに対し、国際派は、朝鮮戦争を北朝鮮による「解放」戦争と受けとめ、その「解放」戦争へのアメリカの介入に反対する「反戦」運動＝反米闘争として積極的に取り組んだからだ。しかも、この占領下での反米「反戦」運動は多くの逮捕者を出すなど大きな犠牲をともなったため、これを占領軍に対する無用な「挑発」行為とみなす主流派は、国際派への批判を強めていった。末端党員の立場から内訌を深める共産党を批判的に描いた「書かれざる一章」（『新日本文学』一九五〇年七月号）でデビューした作家の井上光晴は、米軍基地が位置する佐世保での国際派による反米「反戦」運動に材を取った小説「病める部分」（『新日本文学』一九五一年八月号）で、主流派と国際派の対立を次のように露悪的に描く。

国際派の野島の弟は上原宅での会議にでた直後、臨時指導部に寝返り、あげくのはてに彼は「よう国際派、お前早くビラを撒いてつかまれ」と往来で出逢った若い学生の同志を嘲笑した。

昨日まで同志であったはずの仲間から蔑まれる日々――。井上が「たとえ悲しくとも、たとえ悲しくとも」と国際派の主人公に独白させたように、それでもコミュニストとして上部の指示に従う限り、この亀裂も相互不信も深まるばかりだった。

この状況に批判的に介入してきたのが中国共産党である。「中日戦争勃発一三周年」の七月七日付『人民日報』の社説で、朝鮮へのアメリカ帝国主義の武力干渉に対抗するため共産党の「団結」による民族統一戦線の形成を呼びかけるというかたちで、分裂の回避を勧告してきたのだ（七・七論評）。この社説は『華僑民報』三五号（一九五〇年七月一七日発行）に転載され日本国内に伝わるが、共産党の分裂を押しとどめる効果はなく、臨時中央指導部による相次ぐ除名処分に抵抗する国際派は、八月末に全国統一委員会を結成して組織的結集をはかった。その直後の九月三日付『人民日報』に掲載された社説「今こそ日本人民は団結し、敵にあたる時である」は、主流派主導のもとで党の分裂を回避するよう呼びかけたものであり（九・三論評）、この衝撃により発足したばかりの全国統一委員会は空中分解する。しかも、九・三論評を転載した『華僑民報』（四三号、一九五〇年九月一一日）も、『アカハタ』類似紙と見なされて九月二八日に停刊命令を受け、九月二五日に発行された四五号（二二七頁参照）を最後に事実上廃刊となる。

九・三論評により自らの正統性が国際的に支持されたと考えた主流派＝臨時中央指導部は、国際派への圧迫をより強めていく。国際派の内部でも、分裂前の中央委員会の権限のもとでの統一を目指そうとする宮本顕治の路線を支持するグループと、運動の現場から統一を目指そうとする春日庄次郎の路線を支持するグループとに分岐が生じる。国際派と称されるその内実は一枚岩ではなかった。

こうして九・三論評に沿ったかたちでの統一が実現できないまま一九五一年を迎えるのだが、ここで団体等規正令による共産党員届け出が、主流派・国際派両派の正統性争いに利用されたことを紹介しておこう。一九五一年四月の統一地方選挙では、除名された国際派もまた、「共産党」を名乗って候補者を立てており、臨時中央指導部から除名された彼らは、自身を「共産党員」であるとする法的根拠を団体等規正令による登録に求めたのだ。都道府県知事選挙のレベルで国際派が擁立した候補者は、出隆（東京）・山田六左衛門（大阪）・宇佐見通貞（兵庫）・豊田秀雄（岡山）・久保田敏（広島）・星野力（福岡）の六名であり、国際派の勢力が強い地ばかりで擁立がなされていた。主流派もこれに黙ってはおらず、兵庫県では宇佐見に加え、地方選に立候補した国際派の候補者を神戸地検に告訴するという泥仕合にまで発展している。

北京―日本と四全協

中国共産党は、分裂回避の勧告に示された「友党」としての介入にとどまらず、日本共産党の方針決定に相当な影響を及ぼした。その背景には、一九五〇年一〇月二五日に中国共産党が中国人民志願軍として朝鮮戦争に参戦したために、朝鮮戦争が事実上の米中戦争となったことがあった。一〇月から一一月にかけて中国に密航した徳田球一や野坂参三ら主流派幹部は日本共産党北京機関を組織して国内の臨時中央指導部への指導をはじめようとしていたうえ、中国人民志願軍の参戦を目にして軍事路線への傾斜を急速に強めていく。

まずは徳田や野坂の中国密航の経緯を確認しておくと、一九四九年一二月、徳田が東亜同文書院出身の安斎庫治を「連帯と革命祝賀」のため中国に派遣したことがそもそものはじまりであり、追って一九五〇年六月に映画監督の宮島義勇が北京入りして周恩来と会見し、その場で事実上の「亡命政権」の設置が決まった（下斗米二〇一一）。六月六日の公職追放後地下潜行していた徳田は、自動車で関西に移動し、一〇月に大阪から楊春松ら華僑・留学生細胞の支援のもと乗船して中国へ渡った（郭二〇一四）。徳田に同行した華僑の日本共産党員が神戸の資産家子息であったように（郭二〇一四）、以降中国への密航には神戸港に入港する船舶も利用されている。

北京で李初梨、趙安博ら野坂の延安時代の同志（一七八頁参照）に迎えられた徳田らは、中国共産党の援助により成立した北京機関に落ち着いたものの、まずは厳しい自己批判を迫られる（下斗米二〇一一）。徳田は、自身の「理論水準の低さ」を自己批判するとともに、一九二〇年代半ばに一世を風靡した福本主義（八三頁参照）がいまだ自身を含む旧世代の党員に残存していると指摘した。一方、野坂の自己批判は、自身の思想的立場が福本和夫と対立した山川均に重なるとする「デマ」を否定したうえで、徳田支持を明確にするものだった。ふたりの自己批判が、日本共産党とコミンテルンとの関係が最も深く、そして最もこじれた一九二〇年代半ばに遡るかたちでなされていることからは、結局のところ、戦後の国際共産主義運動において日本共産党が占めていた位置も一九二〇年代のそれとそれほど変わっていなかったことがうかがわれるだろう。「九・三論評」でいち早く国際派を離脱した志賀義雄は新人会出身だったし、国際「諸派」を構成する春日もクートヴェへの留学経験を持っていた。そういう意味では、戦前のコミンテルンと日本共産党の関係から最も距離があったのは、戦後の指導者のなかでは、一九三一年五月に入党し、一九三三年一二月に検挙された宮本ただひとりだった。

自己批判を経た野坂は、一九五〇年一一月に共産党の非合法機関紙『平和と独立』に無署名論文「共産主義者と愛国者の任務——力には力をもって闘え」を寄せて、中国革命をモデルとした「武装した人民の闘争」を提起した。ここに、これまで占領下平和革命論を批判されてきた主流派が軍事路線に転換し、国際批判に応えたはずの国際「諸派」が情勢の変化に取り残されていくという事態が生じていく。国際「諸派」のうち（早々に主流派に合流した）志賀を除くグループは一九五一年二月に全国統一会議を結成して再結集をはかるが、同月に主流派が単独で開催した第四回全国協議会（四全協）では、軍事路線が承認されるとともに、国際「諸派」を「分派」と規定する「分派主義者にかんする決議」が採択された。そして八月一〇日にはコミンフォルム機関紙『恒久平和と人民民主主義のために』にこの決議を支持する論評が掲載されてスターリンの主流派支持が明白になり、以後、国際「諸派」の主流派への合流が進んでいく。この時期の党員数について、対日理事会の推計値では、主流派支持が五万九〇〇〇名、国際派支持が二五〇〇〇—三〇〇〇〇名とされている（下斗米二〇一一）。

ところで、四全協決定（一九五一年二月二三—二七日）の「第一　一般闘争方針」の「三　わが党当面の闘争任務と諸課題」には、G項として、「在日少数民族との連繋の強化」が含まれている。この方針を具体化したのが、同年三月一五日付の関東地方委員会『党報』第七号に掲載された「当面の少数民族の対策案」であるが、そこには、「少数民族に対する当面の政策」として、

1　朝鮮から一切の干渉軍を追出し、朝鮮人自身による完全な統一と独立
2　台湾から侵略軍を追出し、ヤルタ協定による中国への返還
3　沖縄から一切の軍隊を撤退させ、その帰属は、沖縄人の自由意志にまかせる

などとあり、さらに、少数民族指導の戦略戦術、組織問題については、

少数民族は日本革命の同盟軍であり、主力部隊との同盟関係を一層密にするよう指導すること。（中略）そのために少数民族に向っては、日本の革命を成し遂げなければ自身の問題は解決しないことを執ように宣伝啓もうすること（後略）（傍点引用者）

とある。沖縄が「少数民族」に含まれていることについてはあらためて言及するが、ここでとくに注

意したいのは、引用文の傍点部分である。「日本の革命の同盟軍」とされる「少数民族」のコミュニストに対しては、「日本の革命を成し遂げなければ、自身の問題は解決しないこと」が「執ように宣伝啓もう」されたために、逆に彼らが自らの民族的課題を掲げようとすると、執拗に「民族主義的偏向」といった批判を浴びせられることになったのだ。たとえば、朝鮮人コミュニストにとっては、「反吉田（茂政権）」と同じくらい、あるいはそれ以上に、「反李承晩（政権）」は重要な課題であったが、後者を掲げることは民族主義的偏向であるとされた。当時は「一国一党の原則」が組織原理となっていたということを差し引いて考えても、日本共産党は「少数民族」の民族的課題を過小評価したまま彼らを日本革命に動員しようとしたと批判されても仕方のない面があるといえよう。実際、前述の「当面の政策」のなかで、「少数民族問題を地域人民闘争の重要な一環として常に重視し指導することが大切である」として「少数民族」を「闘わせ」ようとしたことは、のちの火炎瓶闘争における朝鮮人党員や民族的大衆団体の動員につながる。「一国一党の原則」のもとで日本共産党と「少数民族」との間に蓄積されたこのような軋轢が、一九五四年から五五年にかけての劇的な路線転換の伏線となるのであるが、この点については次章で後述する。

朝鮮戦争と「五一年綱領」

一九五一年四月からは、日本共産党の新綱領の起草がモスクワではじまった。ソ連共産党と中国共産党の話し合いののち、北京機関から到着した徳田、野坂、西沢隆二、袴田里見が構成する日本共産党代表団も討議に合流する（下斗米二〇一一）。クートヴェ出身の袴田はただひとりの国際「諸派」だった。日本共産党代表団の誰一人として新綱領の起草には介入できないまま、中国共産党とソ連共産党が準備した新綱領を日本共産党代表団に承認させたのは、スターリンの国際的権威の力だった（新綱領の草案起草問題を含めて、詳細は下斗米二〇一一）。袴田はスターリンの面前で自己批判を行って主流派に屈服し、そして新綱領を渋々受け入れた徳田は、ソ連共産党に資金援助を要求した（下斗米二〇一一）。

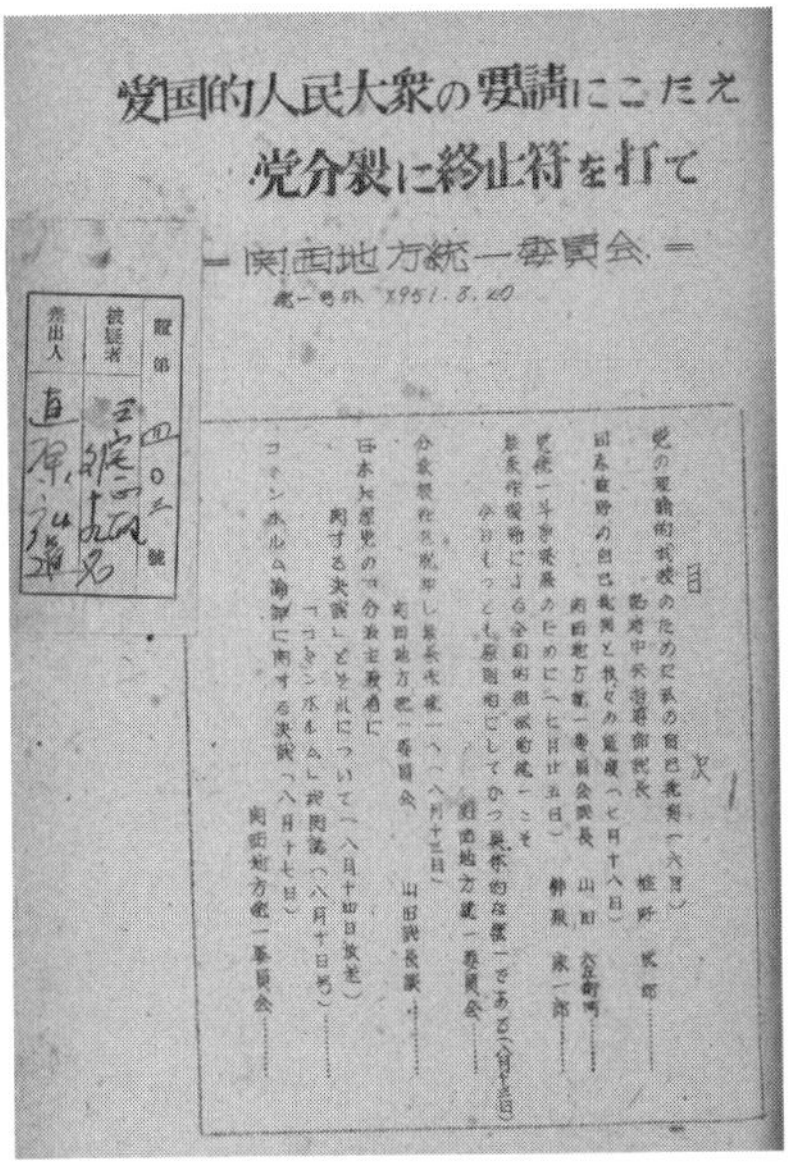

愛国的人民大衆の要請にこたえ
党分裂に終止符を打て
―関西地方統一委員会―
統一号外 1951.8.20

23　国際派の復党
関西地方統一委員会「愛国的人民大衆の要請にこたえ党分裂に終止符を打て」（『統一』号外、1951年8月20日）。国際派組織はこのようなかたちで8月14日のモスクワ放送の内容を伝えた。これは神戸の国際派・直原弘道が獄中へ差し入れたものである。

前述したように、八月一〇日には、『恒久平和と人民民主主義のために』に、四全協の「分派主義者にかんする決議」を支持し国際「諸派」に主流派への無条件統一を求めるスターリンの論評が掲載され、八月一四日にはモスクワ放送がその内容を伝えていた。モスクワから北京経由で新綱領＝「五一年綱領」が日本に伝えられたのはこの直後であり、このことは国際「諸派」の自己批判と主流派への「復帰」をより強く促すこととなった。当時東大生協細胞に属した歴史家の犬丸義一は、「分派はしません。新綱領を支持します」との自己批判を著して復帰したのだと筆者に語ったが、対立の激しかった広島や神戸・大阪などでは両派の軋轢からなかなか復帰が実現しなかった例もある。

「五一年綱領」は、占領下の日本をアメリカによって植民地化されていると捉え、したがって今必要なのは民族解放民主革命であるとしたうえで、その革命は平和的手段によっては達成されないとして軍事路線を打ち出すものだった。現時点から振り返ると、「三二年テーゼ」が満洲事変を背景としてスターリンから与えられた反軍活動の指令であったのと同じように（一五三頁参照）、「五一年綱領」も朝鮮戦争を背景としてスターリンから与えられた後方攪乱の指令であったと捉えることができる。しかし、当時の当事者にそのような文脈を考えるだけの余裕はなく、党を信じ革命を信じて、我が身を棄てて軍事路線遂行の「駒」となっていった。ソ連共産党から日本共産党に対して、一九五一年に一〇万ドルの資金援助が実施されたのは、「五一年綱領」路線の実行を促すためでもあった（和田一九九六）。

日本の講和問題を話しあうサンフランシスコ講和会議開幕前日の九月三日には、勅令第三一一号を改正した占領目的阻害行為処罰令（政令第三二五号）により、国内の共産党幹部に逮捕状が発行され、公職追放された。独立回復を前に合法局面での活動範囲が封じられた一九五一年一〇月、主流派の主導で開催された日本共産党第五回全国協議会（五全協）では、「五一年綱領」を党の新綱領として採択し、中国革命をモデルとした軍事路線を掲げた。「五一年綱領」は一一月二三日付の『恒久平和と人民民主主義のために』に全文発表され、一二月一日には北京放送で流されるというかたちで、国際的「支持」も明らかにされる。そして、ソ連共産党・中国共産党に直結する日本共産党北京機関の指導下に置かれた国内の党は、朝鮮戦争の兵站基地としての日本において反米実力闘争を担うことで、事実上朝鮮戦争の後方攪乱の任務を背負うことになったのである。

軍事路線の罪

スターリンは、一九五二年一月一日、「外国の占領」のもとにある日本国民に「平和維持のための闘争」を呼びかける新年メッセージを共同通信社の依頼により発表して、「五一年綱領」に基づく軍事路線の早急な実行を暗に促した。日本国内では、二月一日に「中核自衛隊の組織と戦術」（いわゆる「軍事テーゼ」）が公表されて（『球根栽培法』一九五二年二月＝『内外評論』第三六号。当時の共産党の非合法機関誌『内外評論』は厳しい監視を受けたため、タイトルを偽装して発行する例が多かった。巻末の「戦後日本共産党中央機関紙誌一覧」参照）、都市部では中核自衛隊（非公然の軍事組織、通称「Ｙ」）による武装闘争＝火炎瓶闘争がはじまり、農村には中国革命に倣って革命根拠地を建設するために山村工作隊が送り込まれていった。中核自衛隊・山村工作隊には多くの学生党員が学業を放棄して身を投じ、この経験がのちの日本共産党第六回全国協議会（六全協、二六七頁参照）後の学生党員の離反を招く遠因ともなる。

24　吹田事件で怪我を負い逮捕される男性
（『時事世界』1952年8月号）

四月二八日のサンフランシスコ講和条約の発効による占領の終結により、占領下で制定された団体等規正令と占領目的阻害行為処罰令というふたつの共産党への弾圧法規が効力を失ったと考えられたことは、反米闘争の一環としての火炎瓶闘争を後押しする要因となった。独立回復により朝鮮戦争勃発以来の「半非合法」状態を脱し、五月一日に『アカハタ』も復刊した共産党は、団体等規正令にかわる取締法規として構想された破壊活動防止法への反対運動と並行して、火炎瓶闘争への傾斜を深めていく。その組織構造は、公然活動を担当する「表」機関と、軍事路線に基づく非公然活動を指導しながら党活動全般の実権を掌握する「裏」機関（「Y」を指導するいわゆる「ビューロー」）が並存する二重体制となっていた。このとき、主流派と国際「諸派」の対立が激しかった地域では、国際「諸派」からの復帰組を十分な情報を与えないまま「表」に据え、主流派が「裏」で実権を握り軍事路線を取り仕切るというケースが多かったようだ。

講和条約の発効とともに、「裏」が主導する火炎瓶闘争は激化し、メーデー事件（五月一日、皇居外苑で発生したデモ隊と警察の衝突事件で、死亡者を出した）・吹田事件（六月二五日、朝鮮戦争の軍事輸送を担う国鉄の吹田操車場にデモ隊がなだれ込んだ事件）・大須事件（七月七日、名古屋での中ソ訪問議員歓迎報告集会後にデモ隊と警察が衝突した事件で、死亡者を出した）の三大事件により頂点に達するが、火炎瓶闘争の担い手のかなりの部分は、自由労働者や学生、そして朝鮮人だった。

ここで、一九五二年七月一五日の「党創立三〇周年記念日」を記念して開催されたページェント（野外劇）「平和の誓い」の台本（人民文学大阪友の会『星』四号、一九五二年七月一五日）から、火炎瓶闘争の担い手の声を紹介しておきたい。

まずは、演劇、音楽、舞踊を織り込んだ全一〇景の舞台構成を見ておこう。

第一景　プロローグ
1　オーケストラ演奏　2　輪舞　3　黄河大合唱　4　解説
第二景　大塩一揆
5　大塩一揆
第三景　君死に給うことなかれ
6　明治維新　7　日清戦争　8　日露戦争
第四景　米騒動
9　米騒動
第五景　旗は進む

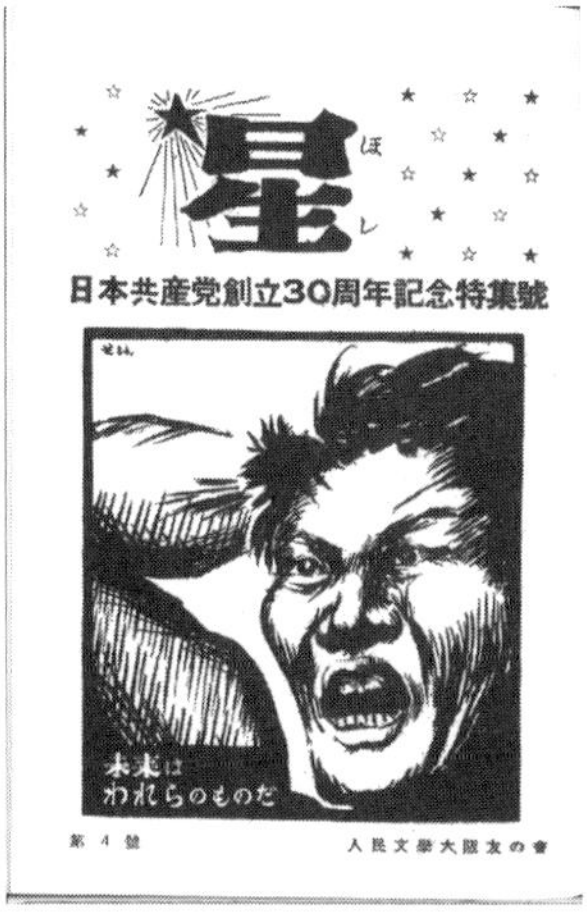

25　人民文学大阪友の会『星』4号（1952年7月15日）（『山河』復刻版、別巻1、三人社、2015年所収）

10　第一回メーデー　11　共産党創立　12　治安維持法制定
第六景　きけわだつみの声
13　第二次大戦　14　朕の放送
第七景　平和のよろこび
15　〝世界をつなげ花の輪に〟　16　〝輝く朝鮮〟　17　〝木曽節〟
18　〝建設〟　19　徳田出獄
第八景　朝鮮の嵐
20　群衆の闘い
第九景　北摂の炎
21　シュプレヒコール
第一〇景　エピローグ

支配者への抵抗の原点に幕末の大阪で起きた大塩平八郎の乱（一八三七年）を置き、帝国主義的拡大のもと抑圧を強める国家／資本家への抵抗として日本共産党が創設された歴史的必然を説明するこの台本のクライマックスは、敗戦／解放後の「よろこび」が、「朝鮮の嵐」により一転して、吹田事件の現場ともなった「北摂」で民衆の怒りの「炎」が燃えさかる第九景にある。

第八景で描かれる戦地朝鮮の光景は、「急降下」する「黒鬼飛行機」がばらまく「細菌弾」に「苦しむ人々」の姿や、「機銃をもって」現れ一斉射撃を行う「アメリカ兵」に立ち向かう「群衆」と「パルチザン遊撃隊」の勇姿に象徴される。「アメ兵」を処刑した群衆が人民抗争歌を合唱するなか、舞台は第九景に移り、クライマックスのシュプレヒコールがはじまっていく。

　遠ざかる汽車の音を背景にはじまるシュプレヒコールは、吹田事件の経験を速報的に歌いあげる。一九五二年六月二四日、米軍伊丹エアベース（現・大阪国際空港）を見おろす丘の上にある大阪大学北校グラウンド（現・大阪大学豊中キャンパス）で、朝鮮戦争開戦二周年を記念する集会が開催された。ここに集まった人びとは、集会が終わったあと、伊丹エアベースや近くの米軍住宅への襲撃を心配する警察の裏をかき、二手に分かれてアメリカ軍の軍事輸送を担う国鉄の要衝・吹田操車場に向かい、翌二五日早朝吹田操車場になだれ込んだ。これが吹田事件である。警官隊との衝突の結果、日本人・朝鮮人二五〇名以上が逮捕されている。「アメ公の軍用列車」「爆弾列車」を止めようと夜を徹して吹田操車場へと向かった人びとが、夜明けとともに吹田操車場になだれ込むラストシーンを引用しよう。

（女）
六月二四日全大阪がねしずまる真夜中／ああ　あの星のきれいなこと
ああ　なっている／民族の怒りの音／私も　女ながらも　私も／
身に　いきどおりに　もえたたせ／デモの流れに加わりました

（百姓）
水田の苗は夜風にそよぎ／蛙の声は一瞬ぴたりとやむ
寝しずまった部落に／犬が遠吠えしている
おお　この夜　俺達はどうして／ねていられよう！
君たちをどうしてだまって見送れよう
さあ兄弟！／俺達は君達をむかえる／両手をひろげて／ここ豊津駅で／おお
（A）
兄弟達よ／夜は明けた／武器は敵からうばえ／目指すは軍用列車！
フランスの少女におくれをとるな！／この朝やけの空に
大地をゆする俺達の行進の歌／インターうたえ／前へ進め
（全）
いざ！／さあ、インターを！／いざ！

当時、反米「反戦」の実力闘争に身を投じた人びとのあいだでは、西に向かう軍用列車を一時間遅らせることができたら一〇〇〇人の朝鮮人の命を救うことができると信じられていた。また、出典は定かではないが、フランスでレジスタンスの少女が鉄路に身を横たえて軍用列車を止めたという逸話が、日本のコミュニストのなかでひろく共有されていた。「目指すは軍用列車！　フランスの少女におくれをとるな！」という部分も、その逸話の共有を前提とする表現である。吹田事件は突出した事例であるが、この時期には、そのような思いを抱いた活動家たちによって、反米「反戦」の実力闘争が活発に展開された。

火炎瓶の投擲を含むような実力闘争の終わりは突然やってきた。七月四日付『恒久平和と人民民主主義のために』に掲載された徳田の「日本共産党創立三〇周年にさいして」は、「労働者や農民の現実の要求を考慮に入れずたんに指導者の希望だけでデモやストライキを強行」していると国内指導部を批判して、事実上火炎瓶闘争を全否定したのだ。七月二一日には破壊活動防止法が施行され（公安調査庁も同日設置された）、火炎瓶闘争は急速に収束に向かった。

しかし、火炎瓶闘争を強行した代償はあまりにも大きかった。メーデー事件・吹田事件・大須事件で起訴された者は四〇〇名以上――そのなかには朝鮮人も多くいた――にのぼり、彼

日報 No183 8/27 聚楽亭

MP・警官 基地撤去 水害救援街頭カンパを弾圧

26　聚楽亭『日報』No.183（［1953年］8月27日）
地下組織が発行した「薄紙」文書のひとつで、これは京都で発行されたもの。左下の「A紙」とは『平和と独立のために』を指す。

らはその後の人生を長い裁判闘争に費やさざるをえなかったし（西村二〇〇三）、各地で火炎瓶闘争を実行した多くの人びとも同様の苦難を味わった。このように、火炎瓶闘争は多くの中堅・末端党員の犠牲を出すだけに終わったうえ、火炎瓶闘争の強行に反感を抱いた多くの有権者が共産党に見切りをつける結果を招いた。合法面での活動に再度本腰を入れるべく取り組んだ一〇月の第二五回総選挙で、共産党は、前回獲得の三五議席に対し、議席ゼロという壊滅的敗北を喫したのだった。

朝鮮戦争下沖縄・奄美のコミュニスト

朝鮮戦争が勃発して共産党が「半非合法」化されると、沖縄・奄美に対する指導は共産党民族対策部が行うこととされたが（一九五〇年九月）、民族対策部は在日朝鮮統一民主戦線（民戦、一九五一年一月結成大会）の指導に集中しており、実際に沖縄・奄美の指導に乗り出すことはなかった。一九五四年一一月に共産党内に形成された琉球グループの活動が正式に組織化されるまで、このような状況が続くのだが（森二〇一〇）、民族対策部の下に沖縄・奄美が置かれたこと自体が、一九四六年二月に徳田が発した「沖縄民族の独立を祝うメッセージ」にはじまる沖縄人への少数民族規定がなお続いていたことを示している。

【補注】「ソテツ地獄」により一九二〇年代以降本土へ移住してきた沖縄出身者や奄美出身者と、一九二〇年代半ばから日本に移住してきた朝鮮人は、その集住地が重なり合うなどしていたことから、両者の連携による運動の展開はあり得たかもしれない。最近私が訪ねた大阪府堺市の沖縄出身者と朝鮮人が混住する小集住地では、一九六〇年代半ばでも沖縄出身のコミュニストと朝鮮人の協力関係が、一定程度あったと聞いた。しかし、このような例は、沖縄出身者や奄美出身者と朝鮮人の移住者が集中した大阪・神戸周辺に限られるであろう。

日本共産党四全協（一九五一年二月二三—二七日）での決定を具体化した「当面の少数民族対策案」でも、「沖縄から一切の軍隊を撤退させ、その帰属は、沖縄人の自由意志にまかせる」とされたように（二三九頁参照）、少数民族規定は自明の前提となっていた。このような状況を一転させたのが、一九五一年八月一〇日のスターリンによる四全協決議の支持と、九月上旬に開催を控えたサンフランシスコ講和会議である。八月一〇日以降、主流派の共産党臨時中央指導部は、奄美大島での日本復帰運動を「対米独立闘争」として評価し、さらには沖縄・奄美を「古代からの日本の領土である」としたうえで、その日本復帰運動を「民族解放の闘い」であると位置づけたのである（森二〇一〇）。そして、一九五一年一〇月の日本共産党五全協（二四三頁参照）では、特別決議「沖縄、奄美大島、小笠原諸島の同胞に訴える」を採択して（『平和と独立』一九五一年一〇月二七日号）、これらの地域を日本固有の領土であるとしてその日本復帰を訴え、事実上少数民族規定を放棄することになる。

講和条約発効後の一九五二年四月、奄美・沖縄・宮古・八重山の四群島を統一した琉球政府が発足すると、沖縄と奄美の政治活動の空間は重なり合いを見せる。同じ頃、奄美大島社会民主党と沖縄人民党の合同により琉球人民党が発足して、奄美大島社会民主党は琉球人民党大島地方委員会へと改組される。しかしこの当時、非合法の奄美共産党に対応する非合法組織は沖縄には存在していなかった。このような状況下で、沖縄に非合法共産党を創り出したのは林義巳ら奄美共産党沖縄細胞による労働運動を基盤とした強い働きかけであった。当時の沖縄の労働者一〇万人のうち七割が基地関係の仕事に従事するなかで、労働運動の組織化は容易ではなかったが、一九五二年六月五日、戦後の沖縄で初の大規模な労働争議となる日本道路会社ストライキがはじまった。そして二六日の未明に争議に勝利すると、その道すがら林と琉球人民党の指導者の瀬長亀次郎は、非合法沖縄共産党の結成に踏み出したのである（森・鳥山二〇一三）。朝鮮戦争開戦二周年を迎える二五日前後、本土では二四日夜からデモ隊が吹田操車場に向かい（二四七頁参照）、沖縄では非合法沖縄共産党の誕生を見たのであった。

一九五三年八月、朝鮮戦争の休戦協定が結ばれ、東アジアが平和共存路線へと向かうなか、非合法の奄美共産党と沖縄共産党は、新たな国境線によって分断された。奄美共産党の影響力がこれ以上、沖縄へ浸透することを恐れたアメリカは、基地のない奄美を切り捨て、沖縄の軍事基地の安定的な確保を目指した。一九五三年一二月二五日、奄美が日本に返還されると、奄美共産党の解散と日本共産党奄美地区委員会への移行、そして沖縄人民党の党名の復活と非合法組織としての日本共産党沖縄県委員会の確立が決定した（森二〇一〇）。このとき、一九四九年に東京大学に入学して沖縄の日本復帰運動に取り組み、共産党に入党していた国場幸太郎も卒業と同時に帰郷し、沖縄人民党／日本共産党沖縄県委員会の実務を支えていくことになる（森・鳥山二〇一三）。

　反共主義が強まる軍政下の沖縄では、一九五四年七月に瀬長亀次郎ら沖縄人民党員への大弾圧（人民党事件）が行われ、瀬長は獄につながれた。これ以降、沖縄人民党／日本共産党沖縄県委員会は困難ななかでも活動を続け、一九五六年六月に伊江島・伊佐浜の土地闘争を「島ぐるみ闘争」へとひらく礎の役割を担った（森二〇一〇）。国場らの土地闘争への献身は、ひろく大衆的支持を集め、この年一二月の那覇市長選で出獄してきた瀬長を当選させる力となった。この結果に左派勢力の根絶は困難であると判断したアメリカは、保守勢力の育成による左派勢力の封じ込めへと方針を転換した。したがって、非合法組織を維持する意味はなくなり、公然化してその存在を主張する段階へと進む。国場の言葉によるなら、「米軍政府が人民党を非合法化することは最早不可能な情勢になった」とき、「沖縄の非合法共産党は結成に当って自らに課した基本的任務をよく果たし終えた」のだった（森二〇一〇）。

　その後も長く沖縄人民党の「顔」として生きた瀬長は、一九七〇年一一月の沖縄初の国政参加選挙（衆議院選挙）で沖縄人民党公認候補として当選を果たした。沖縄人民党は、沖縄の日本復帰が実現したのちの一九七三年一〇月三一日、第一八回党大会で日本共産党への組織的合流を決議して、ここに合法組織としての日本共産党沖縄県委員会が誕生したのだった。

日本共産党北京機関／北京学校

徳田をはじめ主流派幹部十数名が集結した日本共産党北京機関が本格的に機能しはじめたのは、一九五二年春からのことである。北京市西郊の中国共産党対外連絡部（中連部）招待所に隣接する四棟の二階建て洋館が、北京機関だった。北京機関では、神戸華僑出身の日本共産党員羅明が中連部職員として通訳を務めており（下斗米二〇一一）、羅明は一九六〇年代まで北京の「日本共産党代表」として活動した。一九五六年以降、羅明の妻や六歳くらいの長男、そして母も北京で暮らしはじめたといい（川越二〇一五）、一九二〇年代半ば生まれと思われる羅明は、徳田の密航を助けた神戸の資産家子息と同一人物であるかもしれない。

五月一日には、日本向けのラジオ放送として自由日本放送がはじまる。自由日本放送の実務を担ったのは、留用者と日本からの密航者（人民艦隊組）で、その比率は七対三程度だった（国谷二〇一九）。一九五二年秋に北京機関に入った川越敏孝は、中国戦線で敗戦を迎え、東北民主聯軍（一八一頁参照）と行動を共にするなかで日本共産党に入党して自由日本放送に加わった。日本での非合法時代を経験していない川越のような新入党員も北京機関の実務を支えており、自由な行動が許されなかった人民艦隊組に比べると川越らは外部との接触もできた。日本からのＮＨＫニュースを受信して原稿に書き起こす業務やアナウンスは留用者が行い、ＮＨＫや読売新聞をレッド・パージされた者が多かった人民艦隊組が編集や調査を担当していた。自由日本放送に対する日本国内からの反応は期待外れで、国内ではリーフレット『自由日本放送シリーズ』を刊行して、放送内容をかいつまんで紹介する努力もしている。

北京機関の運営には国際的な資金ネットワークの支えがあった。コミンフォルム批判の直後から、ソ連共産党が主導するかたちで国際共産主義運動への資金援助機構の設立が目指されており、一九五〇年八月に国際労働組合左翼労働団体支援基金が発足する（名越一九九四）。一九五二年に入ると、北京機関が基金に資金援助を求め、これに応じて支出された三〇万ドルは自由日本放送の運営などに費消された。平和共存路線への転換が目指された一九五四年の時点でも基金から二五万ドルが北京機関に渡っている。一九五五年一月にも、前年の二五万ドルは日本の党中央に送ったとして北京機関は新たに三〇万ドルの援助を基金に求めるが、この要求は二五万ドルに減らされ中国共産党を介して北京機関に渡った（和田一九九六）。二五万ドルは当時の九〇〇〇万円に相当する金額であり、国家公務員一種の初任給が八七〇〇円、共産党理論誌『前衛』の定価が六〇円（送料八円）であったことを踏まえると、莫大な資金援助があったことがわかる

北京機関は、徳田の発案により幹部養成のための学校も持った。高倉輝が校長を務める北京学校、正式名称は中国人民大学第二分校、あるいは馬列（マルクス・レーニン）学院である（下斗米二〇一一）。北京学校は軍事訓練を行う機関も擁した。一九五二年秋以降、日本国内からおよそ一五〇〇人の党員が北京学校に送り込まれ、その一部は軍事訓練を受けた。一九五三年春に北京に密航した犬丸は、一五〇〇人のうち日本国内から密航してきた者は一〇〇人程度であり（犬丸ともう一名を除き、全員が主流派機関から派遣されてきていた）、大多数は鶴崗炭鉱からやってきた留用者や井上林など

の中国残留日本人であったと筆者に語った。

とくに共産党に入党する留用者が多かった鶴崗炭鉱では、大塚有章のもと組織された東北建設突撃隊（一八三頁参照）がサークル誌『ツルオカ』（一九五一―五三年、全八号と推測、三人社より復刻版が刊行されている）を発行するなど文化運動にも熱心に取り組んでいた。その誌面からは、「抗米援朝戦争」としての朝鮮戦争の位置づけが明確に浮かび上がる。

『ツルオカ』に刻まれた朝鮮戦争の戦況も、北京学校の運営に影響していた。一九五二年秋に北京学校に送り込まれた主流派の一男性は、軍事訓練を受けながら「このまま朝鮮の戦線に送られ戦死する」と感じていたのだと筆者に語った。この男性は日本国内で中核自衛隊に属していたとき北京に送り込まれており、この限りで、日本共産党は朝鮮戦争の後方攪乱にとどまらず、中国の「抗米援朝」戦争の担い手になる可能性もあったのだ。しかし、一九五三年七月に朝鮮戦争の休戦協定が結ばれると、早くも北京学校の将来像は揺らぎはじめる。

先取りして述べておくと、一九五五年七月の日本共産党第六回全国協議会以降も、北京機関・北京学校は存続する。自由日本放送が一九五五年一二月に放送を終えると、その要員の大半は北京学校に移された。そして、一九五六年以降は、北京学校は、一九五二年の白鳥事件（北海道での警察官射殺事件）の関係者といった、かつての軍事路線の担い手など、「統一」した日本共産党にとって都合の悪い存在を送り込み秘匿する場となっていく（下斗米二〇一一）。しかし、一九五七年三月には北京学校も閉鎖され、学生のほとんどは一九五八年八月に白山丸で帰国した。出入国管理令の施行後に密航で中国に向かった彼らは、中国では政治亡命者として遇されたが、日本に戻るとその場で出入国管理令違反容疑により逮捕され、その後も裁判闘争を続けた。帰国後に歴史家への道を歩む犬丸もそのひとりだった。北京学校の閉鎖後、約一〇人がモスクワに送られソ連共産党中央の党学校で教育を受けた。一九五九年に帰国してきた彼らは、日本共産党の幹部党員としての道を歩んでいくことになるが、そのような例を除くと、ほとんどの北京学校の生き残りの行方は、歴史のなかに埋もれている。

第11章　東アジア国際共産主義運動の「五五年体制」

スターリンの死と朝鮮戦争休戦協定

一九五三年三月五日、スターリンが没した。享年七四歳であった。朝鮮戦争の遂行に拘泥し続けたスターリンの死により戦争の早期終結が予見され、日本では軍需産業の株価が大暴落した。築地本願寺では、スターリン追悼国民集会が催され、法要まで行われた。

スターリンの死後、膠着していた朝鮮戦争の停戦会談が動き出し、同年七月には朝鮮半島で休戦が実現する。これは日本共産党にとっても大きな情勢の変化であったが、だからといって「五一年綱領」の路線がすぐさま放棄されたわけではなかったし、公然／非公然の指導部が並存する二重の組織構造も解消されたわけではなかった。火炎瓶闘争は終わったとはいえ、中国革命に範を取って農村に革命根拠地を築こうとする山村工作隊の活動はその後も継続された。たとえば、一九五三年の初夏に西日本で水害が発生した際には、その「救援」のために学生や労働者からなる山村工作隊が被災地に送り込まれている。そのようにして農村に送り込まれた山村工作隊が、党からの補給も農民からの支持も得られないまま孤立したことはいうまでもない。一九五三年二月、常東農民組合出身の農民運動家・山口武秀は、共産党除名に際して「農民闘争＝土地闘争＝山村工作隊活動という方式」が「いわゆる武装実力闘争なるものを生み出す基礎となっている」と、軍事路線の強要への批判を発表している（小山一九六六）。

都市部では中核自衛隊による地下活動も続いていたが、それは児戯に類するものであったといってよい。学生をはじめとする若い活動家が、公然面の運動から引き抜かれて中核自衛隊や山村工作隊などの非公然活動に送り込まれ、その後の人生に大きな影響を受けた例は無数にあった。そのような混乱のなかで党活動自体が停滞していき、末端の活動家は一日にコッペパン一個の暮らしを余儀なくされるなど、苦しい生活に追い込まれながら粛々と党生活を続けていた。

一九五三年四月の第二六回総選挙での得票はついに六〇万票台に落ち込み、かろうじて川上貫一が議席を獲得した。一九五一年一月、衆議院本会議で占領軍批判演説を行って議員を除名された川上の復活には、地元大阪の朝鮮人による選挙運動も一役買っていた。

しかし大衆的支持を失った共産党の方針は、二転三転を繰り返すばかりだった。五月には重光首班内閣構想（自由党内反吉田系と左右社会党が推進した改進党総裁の重光葵を担いで吉田茂を退陣させようとする構想）に乗りかかろうとし、重光の首相指名が失敗に終わると、今度は「反米・反吉田・反再軍備」の「三反」を掲げた「三反統一政府の樹立」をスローガンとして打ち出した。ところが一一月には、統一「政府」ではなく「戦線」であったと自己批判し、スローガンを修正するという有様だった。そしてこの方針の混迷の裏で、党内では党員を分断し疲弊させる粛清がはじまっていた。

朝鮮戦争のスケープゴート——東アジア共産党・労働党の粛清①

粛清の裏には、スターリンの死と朝鮮戦争休戦協定の締結に伴う東アジア国際共産主義運動の秩序の揺らぎがあり、日本だけではなく北朝鮮でも中国でも、苛烈な粛清がはじまっていた。

最初の粛清は、三年にわたる朝鮮戦争の休戦協定（一九五三年七月）が結ばれたのちの北朝鮮で起きた。朝鮮「解放」戦争が事実上の失敗に終わった直後の一九五三年八月、副首相の朴憲永をはじめ一三人の南朝鮮労働党出身者を「アメリカ帝国主義のスパイ」としてクーデターを企てた容疑で逮捕したと発表した北朝鮮当局は、四日間の裁判により林和ら一〇名に死刑を宣告したのだ。林和の処刑後、あれほど愛唱された「人民抗争歌」（二二二頁参照）は、手のひらを返したように歌われなくなる。首謀者とされた朴憲永の裁判は一九五五年まで引き延ばされ、一二月に死刑判決を出された彼はほどなく処刑された。こうして、北朝鮮建国グループのひとつであった国内派の有力な人びとは、朝鮮戦争失敗の責任を負わされるかたちで、粛清され歴史の闇に葬られた。並行して、同じく北朝鮮建国グループのひとつであったソ連派の許嘉誼も命を落としている（下斗米二〇〇四）。

ソ連軍の支援のもとで勢力を拡大し、中国共産党東北局を率いて北京の毛沢東とは一線を画してきた高崗は、朝鮮戦争期には金日成への連絡回路として、そして中国人民志願軍への物資輸送の回路として毛沢東に利用された（下斗米二〇〇四）。しかし、休戦協定が結ばれ、さらに高崗の後ろ盾であったスターリンが死去すると、一九五四年二月には毛沢東の意向を受けた周恩来により、反党活動の容疑をかけられ失脚に追い込まれた。高崗の自殺ののち、中国共産党は、東北部を「独立王国たらしめようとした」として、彼の党籍を剥奪している（下斗米二〇〇四）。かつて毛沢東の長征中に陝西の革命根拠地を守り抜き、国共内戦下の満洲で絶大な権力を誇った高崗の死により、中国共産党史は毛沢東が築いた根拠地延安を中心とする「神話」に塗り替えられ、かつてのコミンテルン／ソ連共産党との密接な関係を否定していくことになる。そしてそれは、中ソ対立への序章でもあった。

林和粛清のニュースがもたらされた頃の日本では、非公然指導部の実権を掌握した志田重男のグループ（志田派）が主導するかたちで、第一次総点検運動という名の苛烈な粛清がはじまっていた。一九五二年末、北京では徳田球一の病状悪化に伴い徳田直系の伊藤律を軟禁しており、一九五三年一〇月一四日の徳田の死とともに「スパイ」として査問された伊藤は、頑として容疑を認めないまま一九七九年まで中国で獄中に留め置かれる。北京での伊藤の粛清と連動しつつ、志田派は国内での伊藤派の粛清を実行したのだ。

コミンテルンとの関係を「おとぎ話」とした伊藤は、国際共産主義運動からの自立を目指した徳田の路線に忠実だった。その伊藤は、火炎瓶闘争の無残な失敗に象徴される朝鮮戦争の後方撹乱の失敗――それはスターリンと中国共産党から与えられた「五一年綱領」の失敗でもあった――の責任を押しつけられるかたちで、粛清されたのである。その間、徳田の死は一般には伏せられていた。このとき北京にいた犬丸義一が、「今から思えば、高倉輝がばたばたしていたときが、徳田の死だった」と筆者に語ったことがあるが、北京でも徳田の死は一部の幹部以外には伏せられていた。

続く一二月にはじまった第二次総点検運動は、「党の防衛」のために党内の腐敗分子やスパイの摘発を奨励した。事実上志田派による党の一元的支配の確立のために強行されたこの運動で、わずか半年の間に一二〇〇名以上が処分され（小山一九六六）、党内の人間関係はずたずたに切り裂かれた。とくに国際「諸派」からの復帰組に対しては厳しい査問が行われ、一九五四年六月からは、神山茂夫とそのグループ（神山派）に対する批判キャンペーンがはじまった。九月末に神山派の除名が公表されると、神山派からは自殺者（中央労働学院の川島優）も出た。関西では、国際「諸派」のなかでも復党を許されていなかった西川彦義らのグループが「別党コース」をとって労働者解放同盟を組織した。こうして志田派による一元的な権力掌握が完成しようとするとき、国際共産主義運動の構造変動が日本共産党を襲った。それは朝鮮戦争の休戦後も「五一年綱領」を清算できていなかった日本共産党を根底から揺るがせることになる。

華僑・朝鮮人コミュニストの組織的分離——日本共産党の「国民化」①

ソ連では、スターリンの後継者たちは、資本主義国との平和共存路線に大きく舵を切り、アメリカもこれに同調した。アメリカが独占していた核を、ソ連も保有するに至ったことが大きかった（一九四九年九月ソ連原爆実験成功、一九五三年八月ソ連水爆実験成功）。冷戦下での核開発競争による核拡散が現実となるなかで、米ソは核の均衡のもとでふたつの異なる体制が共存する道を選択したのである。

朝鮮戦争休戦協定に続き、一九二〇年にフランス共産党に入党して以来国際共産主義運動のもと民族解放を目指してきたホー・チ・ミンの率いるベトナム民主共和国と旧宗主国フランスとの間で闘われてきたインドシナ戦争も、一九五四年七月にジュネーヴ休戦協定が結ばれて休戦に至った。朝鮮半島が北緯三八度線で南北に分断されたように、ベトナムは北緯一七度線を境に、北を社会主義体制のベトナム民主共和国が、南をフランスにかわってアメリカが支援するベトナム共和国が支配するかたちになり、このことがのちのベトナム戦争の伏線となっていく。

米ソの平和共存路線への転換と並行して起こったのが、中国やインドのような第三世界の大国の第三勢力としての浮上である。一九五四年六月、チベット問題で対立していた中国とインドは、関係改善のため周恩来とネルーの会談を実現し、「平和五原則」を提唱した。平和五原則は、①領土・主権の相互尊重、②相互不可侵、③相互内政不干渉、④平等互恵、⑤平和共存、からなる。この平和五原則は、翌年のアジア・アフリカ会議で採択される平和一〇原則の基礎となったという点でも重要であるが、別の文脈では、中国の平和共存路線への転換と東アジアにおける国際共産主義運動の新たな枠組を示したという点でも重要であった。この新たな枠組は、二重の意味で朝鮮戦争期以来の日本共産党の方針と齟齬をきたすことになった。そもそも、朝鮮戦争下の日本で後方撹乱を担うことを前提とする軍事方針は平和共存路線とは両立しえなかったし、「一国一党の原則」に基づいて日本共産党が朝鮮人や華僑のコミュニストを指導することも内政不干渉原則とは両立しえなかったからである。

一九五四年一〇月、北京を訪問したソ連共産党書記長・フルシチョフは毛沢東と協議の末に東アジアでの平和共存路線への転換について合意し、これ以降ソ連は日本との国交回復交渉に向かっていく。そしてこのような東アジア国際秩序の重大な方針転換を日本にいるコミュニストたち――日本人、朝鮮人、華僑のコミュニストたち――に伝達する機会となったのが、一九五四年一〇月の中国紅十字会会長李徳全を代表とする中国紅十字会代表団の来日であった。この代表団の最も重要な課題は中国残留日本人の帰国問題について話し合うことであったが、当時華僑事務委員会副主任であった副団長の廖承志は、一九二八年以来の訪日（九五頁参照）となったこの機会に、この方針転換を日本在住のコミュニストに伝達する役割を担っていた。

廖承志が東京在住華僑主催の歓迎夕食会および神戸在住華僑主催の歓迎大会で行ったあいさつは、北京の指導する東アジア国際共産主義運動の基調が平和共存に転換したことを伝達するとともに、それと連動して、運動の組織原理をコミンテルン時代以来の「一国一党の原則」から転換するよう指示することを意図していた。「平和五原則」には「平和共存」とともに「相互内政不干渉」が含まれているように、平和共存と内政不干渉は相関的であったから、外国人コミュニストが居住国の党に入党してその指導下でその国の革命運動に献身することを原則とする「一国一党の原則」は改められねばならなかった。このとき、廖承志は、日本共産党華僑・留学生細胞に解散するよう通達したという。

この廖承志のあいさつは、華僑系夕刊紙『国際新聞』（一一月一四日付）に掲載されたのち、『世界』一九五五年二月号に転載された。『世界』編集部が廖承志のあいさつを転載した理由を「在日朝鮮人にとっても大きな示唆を含んでいる」と記しているように、この方針転換は、朝鮮人の日本共産党員にも決定的な影響を及ぼした。すでに一九五四年七月、朴憲永にかわる北朝鮮外相・南日は、「在日朝鮮人は朝鮮民主主義人民共和国の在外公民である」という趣旨の声明（いわゆる南日声明）を発して、事実上朝鮮人共産党員に日本共産党の指導から離脱するよう促していたが、これ以後朝鮮人共産党員の日本共産党からの離脱が進み、一九五五年五月二四日の在日朝鮮統一民主戦線（民戦）解散の翌日、在日本朝鮮人総連合会（朝鮮総連）が結成されて、日本共産党を離脱した朝鮮人コミュニストは、朝鮮民主主義人民共和国を支持する在日朝鮮人の人びとともに、朝鮮総連へと結集するに至った。そして七月一五日、日本共産党民族対策部は解散し、一九二〇年代にはじまった「一国一党の原則」に基づく党のあり方は終焉を迎えたのである。

【補注】一九五五年一〇月、社会党を中心とする日本国会議員団の二度にわたる訪朝が実現し、一一月には社会党・共産党が協力する大衆団体として日朝協会が創設された。高津正道はこの訪朝団にも参加し、日朝協会の理事にも名を連ねた。「一国一党の原則」の終焉とともに、共産党に加えて社会党も北朝鮮とのルートを構築していったことがわかる。

革命政党から議会政党へ——日本共産党第六回全国協議会

東アジアでの米ソの、そして中国の平和共存路線への転換は、内政不干渉原則に基づく日本共産党からの外国人コミュニストの組織的分離にとどまらず、なお軍事路線を維持していた日本共産党に、軍事路線の放擲と議会主義政党への復帰を強く迫ることとなった。それは、日ソ国交回復を目指すソ連の国益ともかなっていた。

すでに一九五四年四月から六月にかけての時点で、野坂参三ら日本共産党の代表は北京からモスクワに派遣され、ソ連共産党・中国共産党との討議の末、両党の「勧告」のもとで、一九五五年七月の日本共産党第六回全国協議会（六全協）での決議の草案を執筆した（下斗米二〇一一）。共産党が軍事路線を明文化した「五一年綱領」も、軍事路線の清算を目指した決議の草案も、どちらもモスクワで作られたことは、当時の日本共産党の国際的立場を象徴しているだろう。先取りして述べておくと、ここで大枠が決まった六全協決議の内容は、六全協後の一九五五年八月一五日から九月一二日まで、一一回にわたって自由日本放送で流される。

一九五五年一月一日、日本共産党は「党の統一とすべての民主勢力との団結」（一・一方針）を『アカハタ』に公表して、軍事路線を自己批判するとともに、平和路線への転換を打ち出した。以降、地下指導部の「表」への復帰、そして国際「諸派」の指導部への復帰が進むなか、一九五五年二月の総選挙では、宮本顕治が東京から共産党候補として立候補し、共産党の方針転換を印象づけたし、鳩山内閣による憲法改正発議を阻止するために今でいう「野党共闘」を実行して、左右社会党や労働者農民党（一九四八—五七年、社会党の最左派が結党した）が議席を獲得できそうな選挙区では、共産党は立候補を取り下げるという柔軟な対応をとった。当初九九名だった共産党の立候補者は六〇名まで減り、左派社会党が八九議席、右派社会党が六七議席、労働者農民党が四議席、そして共産党も二議席を獲得して（志賀義雄、川上）、憲法改正発議は幻に終わった。

　総選挙である程度の存在感を主張できた共産党は、社会党の統一、自由党と民主党の合同による自由民主党の誕生により成立した「五五年体制」の枠内で議会政党として存立していくことになり、日本国憲法の枠内で活動する立場を選択していく。議会主義による国政政党という道を選択するかぎり、外国人コミュニストとの組織的分離は不可欠であった。一九五六年四月、朝鮮労働党第三回大会に出席した袴田里見らは、朝鮮労働党との協議の結果、「かつて日本共産党員として活動を行ってきた朝鮮人党員」に対して、「今後日本共産党は彼らに党員資格を与えないこと」「また日本共産党の党員証をもって朝鮮労働党に自動的に移籍、ないし入党させるものではないこと」を確認した（下斗米二〇一一）。日本共産党を離脱した朝鮮人コミュニストが自動的に朝鮮労働党に転籍できたわけではないという点は重要で、日本共産党を離脱した朝鮮人コミュニストは、朝鮮総連の主導する左派在日朝鮮人運動のなかで、新たな原理に基づく選別にさらされることになり、運動の主導権を誰が握るかという問題とも絡んで、激しいコンフリクトが起きることになった。

　こうして共産党は、一九五五年七月二七日、六全協の開催を迎える。全国三万八〇〇〇人の党員の代表一〇〇名が結集した六全協は、「五〇年分裂」にはじまる共産党の分裂を「克服」するために、幹部が分裂の責任を認め、なお復帰していない全国の旧党員に、新指導部への復帰を呼びかけた（小山一九六六）。一九五三年一〇月の北京での客死後も秘匿されてきた徳田の死も公表され、その遺骨

27　北京での徳田球一の葬儀
前列には王稼祥・李初梨の花輪が、後列には日本共産党北京機関細胞、中共中央連絡部、中国共産党中央委員会の花輪が並ぶ。

28　六全協の模様
中央の徳田の写真の向かって左には、片山潜の写真も掲げられている。中央に座るのは宮本顕治。

は北京から日本に帰ることになった。北京で幽閉されている伊藤の除名も発表されたように、六全協は、徳田と伊藤にここまでの党の「誤り」をすべて背負わせたうえで、旧主流派を継承して国内で権勢をふるった志田派と、旧国際「諸派」のうちいち早く復帰した宮本派が、野合により党運営の実権を掌握する場となった。

八月一〇日、日比谷公会堂で開かれた徳田の追悼式では、社会党を代表して、高津正道が弔辞を読んだ。

本日、ここに、日本共産党故徳田球一書記長の告別式が執り行われるに際し、日本社会党を代表して、不肖高津正道、つつしみて一言哀悼の辞を申し上げます。

私は徳田君が、山川均先輩の主宰する水曜会に所属して運動をしていた大正九年、日本共産党の創立された同十年以来、数年間運動を共にした者であり、終戦の年たる昭和二十年十月十日午前十時、彼が府中刑務所から出獄する時には、出迎えに行って、彼の独房の前の板の間まで入り――刑務所の役人は当時それを許しました――そこで十八年ぶりの握手をかわしたのです。爾来、彼の国会時代は勿論ですが、党は別でも時として私宅を訪ねもし、訪ねられもする間柄でした。

（高津正道「潜行中のある断面」『回想の徳田球一』、一九五五年）

「たとい政党を異にし、主義を異にするものといえども」徳田の指導力を評価した高津は、第一次日本共産党の時代に徳田とは必ずしも親しくはなく、高津ら暁民会グループは徳田との対立により党から事実上放逐されてもいた（黒川二〇一四『帝国に抗する社会運動』）。それでも非合法時代をともに生き抜き戦後を迎えたふたりは、革命家としての共感を抱き合っていたのだろう。主義主張のみで

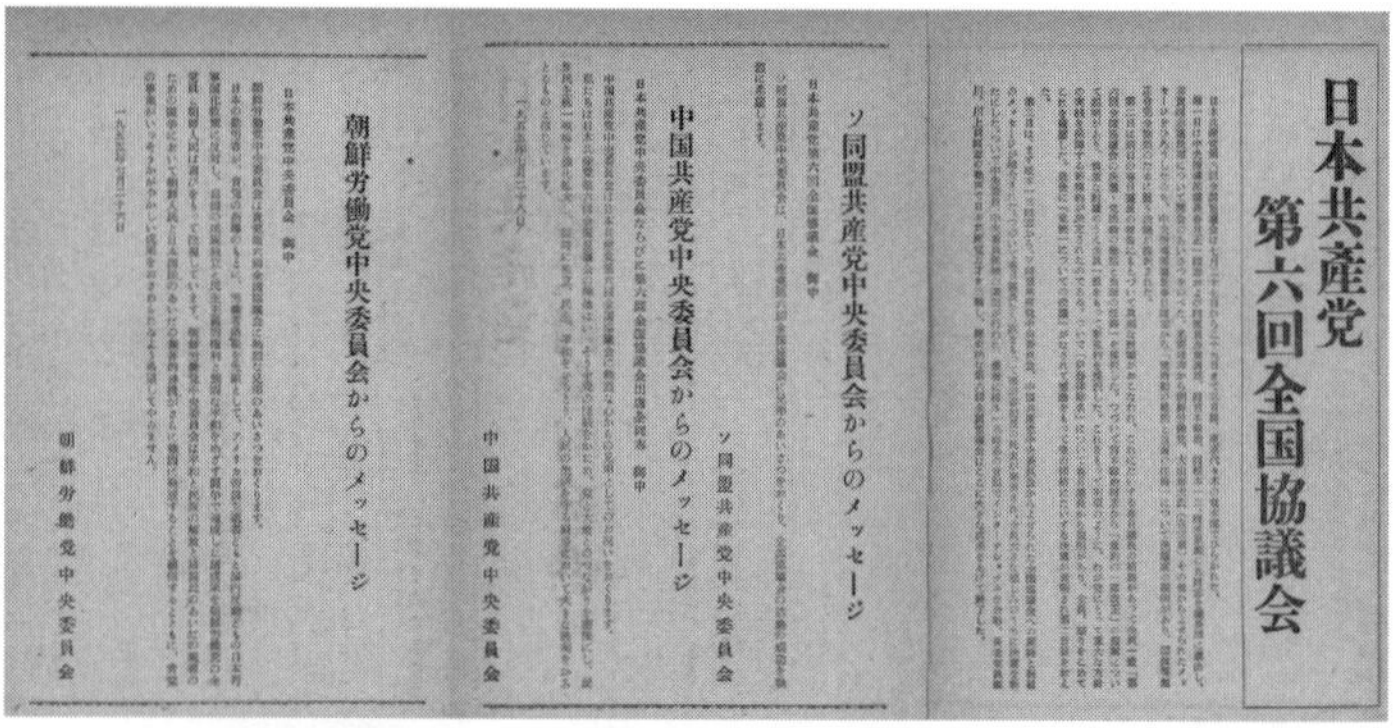
日本共産党 第六回全国協議会

ソ同盟共産党中央委員会からのメッセージ

ソ同盟共産党中央委員会

中国共産党中央委員会からのメッセージ

中国共産党中央委員会

朝鮮労働党中央委員会からのメッセージ

朝鮮労働党中央委員会

29　六全協開催報告

日本共産党中央機関誌『前衛』108号（1955年9月）に掲載された六全協終了の告知。ソ同盟（ソ連）共産党中央委員会と中国共産党中央委員会、朝鮮労働党中央委員会からのメッセージが掲載されていることに注意したい。

人間関係を評価することはできないのだ。

　話を六全協に戻すと、「五一年綱領」は正しかったが、しかし軍事路線に象徴される「極左冒険主義」は間違っていたという六全協決議の論理は、中核自衛隊や山村工作隊に動員された党員――とりわけ学生党員――にとっては自らの活動を全否定されたことに等しく、絶望のあまり自死を選んだ者すらいた。しかし、総点検運動などによる党の逼塞に不満を抱いていた党員にとっては、六全協決議による党の自己批判は、党の再生につながる第一歩として受けとめられるものでもあった。

　とはいえ、保身に走る幹部への一般党員の怨嗟の念は強く、六全協後の九月から一〇月にかけて、志田・宮本・志賀ら幹部一行は各地方の活動家会議に出席して、中堅・末端党員の肉声に直面する（小山一九六六）。国際「諸派」のなかでも春日派が多く、反中央の気風が強かった関西での活動家会議には、「派閥」「官僚主義」「リンチ」「ひきまわし」への説明を求める党員の声に圧倒される幹部の姿、そして一九五〇年当時の「三分の一」から「五分の一」にまで減った党員が困難をおして活動に献身する姿があった。『アカハタ』や『前衛』の誌面にも、どん底から再出発をはかろうとする中堅・末端党員の声があふれ、はじめて党内に自由な言論の「解放空間」が誕生しようとしていた。

幻の『日本革命運動史』

この言論の「解放空間」を象徴するのが、六全協の直後から井之口政雄、渡部義通、山辺健太郎ら戦前からの運動経験を持つ古参党員が集団で執筆にあたり、一九五五年末までに脱稿した『日本革命運動史』である。一九四七年、「党創立二五周年」を記念して設置された党史資料委員会は、一九四八年中に第一次日本共産党の党員でありのちに党を離れた橋浦時雄、浦田武雄、高瀬清、高津から聞き取りを行い、山辺と酒井定吉が全国を駆け回って非合法時代の機関紙誌の収集などに当たっていたものの、「五〇年分裂」により活動がほぼ停止していた。その党史資料委員会の委員でもあった渡部が、六全協を受けて「日本共産主義運動全体にわたる全歴史的総括」の「絶好の機会」であると党中央に進言して実現したのが、『日本革命運動史』の執筆だった（渡部一九七四）。その際、渡部は、井之口と春日庄次郎を執筆陣に加えれば「どんなことでもいえる、どんなことでも書ける」と考えたが（渡部一九七四）、カリエスの治療中だった春日の参加は実現しなかった。

筆者の手元にある山辺旧蔵の稿本（山辺の没後は犬丸が引き継いでいた）から、四〇〇字八〇五枚

30　『日本革命運動史』（1955年11月脱稿）
執筆に携わった山辺健太郎旧蔵のものを、犬丸義一が保管していた。

にもわたる『日本革命運動史』の目次を示しておこう。

Ⅰ　明治初期のブルジョア民主主義闘争

一、明治維新と新たな矛盾の展開

二、自由民権運動と農民闘争

Ⅱ　労働者階級の台頭・社会主義運動の発生

三、労働者階級の独自的闘争の発足と社会主義者の活動

四、日露戦争と反戦＝平和闘争

五、戦後の労働者・農民闘争の高潮、天皇制に対する闘い

六、反動期の労働者、農民運動および社会主義運動

Ⅲ　第一次帝国主義戦争と労働者農民

運動の革命的昂揚
七、第一次世界戦争と日本帝国主義の強奪戦争、基本矛盾の拡大
八、ロシア大革命と日本の勤労大衆
九、米騒動と三一闘争、五四運動
一〇、プロレタリア前衛党の胎動
Ⅳ　革命的プロレタリア党建設のための闘い
一一、極東共産主義者団体・革命団体第一回会議
一二、日本共産党の創立とプロレタリア
一三、「大衆の中へ」「政治的闘争へ」
一四、労働者・農民の革命化に対する弾圧、解党主義の発生、解党反対＝党再建の闘争
一五、社会民主主義党派に対する闘争
一六、日本共産党の再建と党ボルシェヴィキ化の課題
一七、マルクス・レーニン主義への復帰
一八、党のボルシェヴィキ的再組織の進展
Ⅴ　反革命的干渉と侵略戦争準備期における闘争
一九、天皇制の狂暴な襲撃、党と革命的プロレタリアートの反撃
二〇、一揆主義的極左冒険主義の台頭

Ⅵ　反革命的強盗戦争の開始（一九三一―三五）「中国の完全独立のための闘争」「帝国主義戦争を内乱へ」

二一、満洲を占領、上海事件と中日プロレタリアートの任務

二二、三二年テーゼ

二三、スパイ、挑発者、裏切幹部の党破壊工作にたいする闘争

二四、党全国的組織の壊滅

二五、コミンテルン第七回大会と人民戦線

二六、国内および中国戦線における日本の共産主義者、兵士の反戦運動――日本帝国主義打倒のための中国人民と日本人民の共同闘争

二七、第二次世界戦争の発展と反共枢軸国に対する国際民主勢力の闘争――日本帝国主義の敗北

ここで注目したいのは、戦争と革命そして民族運動との連関を意識しつつ、東アジアそして世界の革命運動とつながる存在としての日本共産党の歴史的意義を叙述しようという意図が全体を貫いていることである。これが非合法時代から世界の革命運動の一環として日本共産党を支えてきた古参党員の経験に即した実感にほかならなかった。

しかし、この『日本革命運動史』は日の目を見ないまま葬られ、一九五七年夏には党史資料委員会

の活動も突然打ち切られる。後述する党章草案をめぐって党内が紛糾したこの時期に、歴史を顧みる作業が放擲されたことには、党中央を掌握しつつあった宮本の意向も影響していたかもしれない。のちに党内反対派を放逐した宮本は、党史に強いこだわりを抱き、初の公式党史『日本共産党の四〇年』（一九六二年）を刊行し、続いて『日本共産党の四五年』（一九六七年）を刊行する。そして宮本の強いイニシアチブのもと編纂され内容を一新した『日本共産党の五〇年』（一九七二年）は、後述するように、闇に埋もれた『日本革命運動史』とは正反対の歴史を描き出していくことになる。

スターリン批判・ハンガリー事件――東アジア共産党・労働党の粛清②

一九五六年二月、ソ連共産党はスターリンの死後はじめてとなる第二〇回大会を開催した。その一日目は、数時間にも及んだフルシチョフの中央委員会報告にはじまり、①個人崇拝の批判、②ふたつの体制の平和共存、③社会主義への道の多様性の承認、④農業改革、工業の適正再配置、行政改革を主軸とする第六次五ヵ年計画を提起した。平和共存路線のもと資本主義から社会主義への「平和的移行」が可能であるとしたこの大会は、共産党に一元化されてきた左翼の分岐を促し、新左翼＝ニューレフトの誕生を準備する。

のちに「スターリン批判」として全世界に衝撃を与えたフルシチョフ「秘密報告」は、大会最終日となった二月二五日夜に行われた。実際のところ、「秘密報告」の内容は、ソ連共産党にとっての各国共産党・労働者党の重要性に鑑みて、各国の大会参加代表に事前に通達されており、その第一位には中国共産党が、その後にフランス共産党、チェコスロバキア共産党、朝鮮労働党、ベトナム共産党などが続いていた（下斗米二〇一一）。日本共産党の代表は袴田だったが、袴田に「秘密報告」の内容が事前に知らされることはなかった。ソ連共産党にとって日本共産党の重要性とは、その程度のものでしかなかったのだ。

一番に内容を知った中国共産党は、スターリン批判に対して否定的だった。スターリンへの「個人崇拝」を否定することは、中国共産党にとって毛沢東への「個人崇拝」を否定することと同義だったからだ。中国は、一九五六年五月以降「百花斉放百家争鳴」キャンペーンにより国内での自由な発言を呼びかけたが、しかし毛沢東の想像をこえて共産党への批判がひろがったため、自身の権威失墜を恐れた毛沢東は、党批判を行った知識人の粛清に転じる。一九五七年六月にはじまった反右派闘争では、「右派」分子とされた知識人五五万人余りが、再教育施設に送られたり失職したりするなどし、これ以降知識人の自由な言論が許されないまま、一九六六年には中国全土が文化大革命の渦に飲み込まれていく。

北朝鮮の金日成も、スターリン批判の影響を強く受けた。スターリンの後ろ盾で指導者となった満洲派の金日成は、朝鮮戦争の休戦直後に国内派を粛清していたが（二六〇頁参照）、なおソ連派、延安派との対立は続いていた。すでに一九五五年はじめには、ソ連共産党が朝鮮労働党の金日成「個人崇拝」を批判しており、この批判に反発した金日成は一九五五年一二月にソ連式でも中国式でもない「ウリ（我々）式」の革命の実現を掲げて（チュチェ演説）、民族主義を前面に打ち出していた。

「ウリ式」を掲げる限り、党内でのソ連派・延安派との対立の激化は避けられず、ソ連派・延安派はスターリン批判を契機に、一九五六年六月に金日成の「個人崇拝」を批判して金日成の追放をはかった（八月宗派事件）。しかしクーデターは失敗し、逆に金日成によってソ連派・延安派は完膚なきまでに粛清された。中国・ソ連の介入によっても北朝鮮での粛清はやまず、逆に朝鮮労働党内部では、中国・ソ連と関係を持つ党員の粛清が強化されて、金日成ら満洲派が党を完全掌握するに至る（下斗米二〇〇四）。延安派の粛清に不快感を示した中国は、一九五八年二月に朝鮮駐留軍の年内の完全撤退を通告し、これ以降の北朝鮮は独力で韓国・アメリカと対峙するほかなくなるなかで、千里馬運動を提起して急速な経済発展を実現しようとしていく。

31　志田失踪を伝える『真相』102号（1956年9月）。大阪産業労働資料館蔵。

このように東アジアの共産党・労働党において（粛清を含む）党内秩序の変動の契機となったスターリン批判は、ソ連の東欧衛星国には、より尖鋭的な影響を及ぼした。一九五六年一〇月、ハンガリーでスターリン批判を機に大規模な民主化運動が起きたのだ（ハンガリー事件、小島二〇〇三）。ソ連軍はハンガリーに侵攻して軍事力によりこれを圧殺したのち、同国に親ソ政権を樹立した。この一連の事件により、「社会主義の祖国」としてソ連を支持してきた西側の知識人の多くは反ソ連に転じたが、日本共産党・中国共産党をはじめとする各国共産党・労働者党はソ連の介入を支持する。

ハンガリー事件後の日本共産党に対しては、スターリン批判以降あちこちから噴出しはじめていた不満がさらに募った。その不満とは、党幹部を事実上免罪した六全協決議が末端の党員にとっては納得し得るものでなかった不満と、六全協後に党内の競争相手を次々に放逐して（主流派幹部であった志田と椎野悦朗はともに一九五六年に除名されている）、党内権力を掌握しつつあった宮本の一元的「指導」に対する不満だった。

旧左翼と新左翼の分岐

国内的には六全協により党中央への不信感が募るとともに、国際的にはスターリン批判、ハンガリー事件などにより国際共産主義運動の歴史的正統性／正当性が揺らぐことになった一九五六年以降、日本共産党＝旧左翼に対抗する新たな思想・運動＝新左翼が登場してくる。革命的共産主義者同盟、共産主義者同盟、そして構造改革派という三つの流れである。前二者は平和共存路線を米ソの野合として批判しつつ「世界革命」を志向する立場をとっている点、後二者は共産党内に源流を持つ点に、注意しておきたい。

最初に組織として成立したのは、一九二〇年代にスターリンと対立して追放されたトロツキー（八五頁参照）の思想に影響を受けた人びとが組織した革命的共産主義者同盟（革共同、一九五七年一二月結成）である。ハンガリー事件を圧殺したソ連の体制を批判した彼らは、それまで社会主義の祖国とされてきたソ連自体も打倒目標とする全く新たな共産主義革命を実現するのだとして、「反帝［国主義］・反スタ［ーリン主義］）・世界革命」を掲げて登場してきた。太田竜（栗原登一）、黒田寛一、西京司らが結集した初期革共同は、トロツキズムと反スターリン主義の内部対立により間もなく分裂し、以降離合集散を繰り返すが、彼らによるスターリン批判の論理は、後の運動に影響を与えていった。

　次に組織化が進んだのは、全日本学生自治会総連合（全学連）に属する学生党員が結集した共産主義者同盟（共産同・ブント、一九五八年一二月結成）である。一九四八年に結成された全学連は、「五〇年分裂」においては国際「諸派」のうち宮本派を支持し、国際「諸派」が屈服したのちは、軍事路線のもと中核自衛隊や山村工作隊に組織されて命がけで活動に献身する学生党員を多数輩出した。だからこそ、六全協で党中央が軍事路線を「誤り」であったと切り捨てたことに学生党員の多くは激しいショックを受け、「六全協ノイローゼ」とも呼ばれる虚脱状態に陥ったのだった。このショックから立ち直りを図った全学連の学生党員は、大衆闘争に積極的に参加し、砂川闘争（一九五六―五七年）・警職法反対闘争（一九五八年）の成功経験を経て共産党と訣別して、新組織の結成に至る。

　最後に共産党と訣別したのが、構造改革派である。スターリン批判による国際共産主義運動の平和共存路線への転換を受けて、一九五六年一二月に開催されたイタリア共産党第八回大会でトリアッテイが発表した「社会主義へのイタリアの道」の影響を受けた人びとが結集した構造改革派は、綱領（党章）をめぐる熾烈な党内抗争の末に共産党と訣別した。このグループは日本共産党第八回大会前後に共産党を離れて、一九六一年一〇月に社会主義革新運動準備会を結成し（一九六三年九月、社会主義革新運動に改称）、さらにここから春日、山田六左衛門、原全五らは一九六二年五月に統一社会主義同盟を結成することになる。

「前衛党神話」の崩壊

構造改革派の訣別のきっかけとなったこの綱領（党章）問題と、これに並行して「国民」的規模で展開した安保闘争の経験は、旧左翼＝共産党が戦後社会で持った「前衛党神話」の崩壊につながった。まずは綱領問題の経緯について整理しておこう。

ソ連共産党第二〇回大会で提起された平和共存路線に呼応した日本共産党は、軍事路線を掲げた「五一年綱領」にかわる新たな綱領の起草に着手し、一九五七年九月に「日本共産党党章草案」を発表する。この「党章草案」は、「現在、日本を基本的に支配しているのは、アメリカ帝国主義とそれと従属的に同盟している日本の独占資本であり、我が国は高度な資本主義国でありながら、半ば占領された事実上の従属国となっている」としたうえで、来たるべき日本革命は「アメリカ帝国主義と日本の独占資本を中心とする勢力の反民族的、反人民的な支配体制を立て直し、人民の民主主義国家体制を確立する革命」であると規定している。つまり、来たるべき革命として民族の完全な独立と人民的な民主主義の確立を内容とする人民民主主義革命を想定したうえで、その発展として社会主義革命を想定する、いわゆる二段階革命論の立場がとられていたのであるが、この「対米従属」という現状規定と二段階革命論に対して、中西功や春日、安東仁兵衛らは、占領終結後の日本はすでに自立した帝国主義の段階にあり、日本の国家権力を掌握する独占資本を打倒する社会主義革命こそが来たるべき日本革命であると批判する一段階革命論の立場をとった。

こうして巻き起こった従属か自立かをめぐる党内論争は、一九五六年に旧主流派の志田・椎野を相次いで罷免して以降顕著となった宮本による官僚的党運営への批判、そして旧主流派にすべての責任を押しつけるかたちでの「五〇年分裂」の総括（一九五七年一一月五日「五〇年問題について」発表）への批判と重なり合い、激しい党内抗争にひろがっていく。一九五八年七月にはじまった日本共産党第七回大会は、この党章草案の採択を目指したが、春日をはじめ東京都委員会など代議員の三分の一が党章草案に反対して、採択は持ちこしとなる。しかし大会で決まった党人事は、宮本を頂点とする官僚主義の台頭を予感させた。一九五七年六月に北京機関から帰国してきた袴田が幹部会に加わり、宮本―袴田という非合法時代最後の中央委員ふたりが権力の表舞台に揃ったのだ。

第七回大会以降、党内少数派＝一段階革命論者に対する宮本派の圧力は、言論の場にまで及ぶことになる。理論派の知識人が結集する党内少数派は、「社会主義へのイタリアの道」を受けて、日本においても議会主義に拠りながら穏健なかたちで社会主義への移行を目指す「構造改革」を掲げ、雑誌『現代の理論』（一九五九年五月創刊）を拠点として党外の知識人らとの相互討論を行おうとした。

『現代の理論』には、井汲卓一、長洲一二、佐藤昇、田口富久治のほか、上田耕一郎・不破哲三兄弟など気鋭の論者が原稿を寄せたが、これを党中央批判と見なした党内多数派は、出版元の大月書店に圧力をかけ、五号で廃刊に追い込む（安東一九九五）。この人びとの一部は、『講座現代のイデオロギー』の編集・執筆に移行し、一九六一年から翌年にかけて三一書房より全六巻の刊行にこぎ着けた。

一九五九年後半から激化した六〇年安保闘争のなかで、共産党の権威は急速に失墜した。議会主義を掲げる共産党は、ブントの直接行動を「トロツキスト」による「挑発行動」と批判し続けた。一九六〇年六月一五日に全学連主流派（ブント系）のデモ隊が国会に突入し警官隊と衝突して樺美智子が命を落とした際も、共産党は警察と全学連主流派の双方を批判する立場をとった。それに対してブントは、旧左翼＝共産党の穏健なデモを「お焼香デモ」と揶揄することで応じた。かくして、日本共産党＝唯一の前衛党という神話は崩壊していったのである。

このような状況のなかで、一九六〇年に最初の除名・離党の嵐が起きた。一九六〇年一月、拠点細胞のひとつである三菱長崎造船所細胞が離党して長崎造船社会主義研究会を結成。四月、東京の港地区党会議がブントに合流を決定。七月、福岡の大正炭鉱細胞が詩人谷川雁を先頭に集団脱党。九月、愛知県渥美細胞が集団脱党。一〇月、谷川雁、武井昭夫、吉本隆明、関根弘、藤田省三、鶴見俊輔ら党内外の知識人がアピール「さしあたってこれだけは」を発表して、共産党の安保闘争への対応を批判。このアピールには一二九名が賛意を表した。武井と関根は一九六一年四月、権利停止処分を受け、続いて武井らを支持した大西巨人ら新日本文学会の党員グループも規律違反で処分された。

32　第 8 回大会の代議員たち
日本共産党第 8 回大会は東京・世田谷区民会館で開催された。

次いで第二の除名・離党の嵐は、一九六一年三月以降、党章草案を受け継ぎ二段階革命論を掲げた「日本共産党綱領草案」の採択のため予定された日本共産党第八回大会の開催が準備される過程で起きた。綱領草案反対の言論を封じようとする党中央を批判する若手党員は、大阪中電細胞の脱党・処分（一九六一年五月）をはじめとして各地で党を離れ、構造改革派が多い大阪・東京などでは党大会に参加する代議員の選出をめぐる紛糾も起きた。そして第八回大会直前の七月七日、構造改革派を支持して綱領草案に反対する春日が党幹部の立場をなげうって離党届を提出し、山田、西川、亀山幸三、内藤知周、内野壮児、原ら現職の中央委員による指導部批判（このとき指導部を批判した中央委員は、まもなく全員が離党した）などが続いたが、七月二五日の第八回大会開幕の時点での構造改革派の政治的敗北は明らかだった。一九五八年の帰国後、神奈川県委員会に属し、県委員長の中西とともに綱領草案反対から賛成に転じた犬丸は、『アカハタ』の縮刷版刊行が一九六一年一月からはじまっていることに筆者の注意を促し、「一月にはすでに決着がついていた」と筆者に語ったことを付記しておこう。

在日朝鮮人の帰国運動

一九五五年五月に結成された朝鮮総連は、二ヵ月後の七月には在日朝鮮人帰国希望者東京大会を開催したように、当初から「祖国志向」が強かった（高崎・朴二〇〇五）。一九五八年八月、川崎市中留耕地の総連分会は、北朝鮮の金日成首相に「生活の見通しも立たないので帰国するしかない」として帰国を希望する書簡を送り、これに応じた金日成は、九月八日に「共和国政府は在日同胞が帰国して新しい生活ができるようにすべての条件を保障する」との演説を行った。以降、在日朝鮮人の帰国希望者は急増して、一二月末には七万五〇〇〇人が帰国を希望したという（高崎・朴二〇〇五）。また、一一月には超党派による在日朝鮮人帰国協力会が発足し、社会党・共産党系の大衆団体である日朝協会などを担い手とする帰国運動の支援運動も高揚していくことになる。

　このような状況に共産党はどのように対応したのだろうか。在日朝鮮人帰国協力会の発足直後、共産党は帰国事業支持を決議し、在日朝鮮人帰国協力会の顧問に書記長の宮本を送った。一九五九年二月に岸内閣が帰国を認める閣議了承事項を決定すると、宮本を団長とする共産党訪朝団は月末に訪朝して、「在日朝鮮公民」の「切実な願望」である北朝鮮への帰国を支持している（高崎・朴二〇〇五）。四月には共産党の寺尾五郎が『三八度線の北』を刊行して、北朝鮮への肯定的イメージをひろめ、帰国を考える人びとに強い影響を及ぼした。

赤十字国際委員会の関与のもと日朝両政府の交渉は進み、紆余曲折の末の一一月四日、朝鮮総連は北朝鮮への帰国を求める人びとの登録を開始する。そして一二月一〇日、品川駅から第一次帰国列車が出発するのであるが、六〇〇〇人の見送り客のなかには中野重治もいた。中野はその感慨を次のようにしたためている。

> ちょうど三十年前、私は「雨の降る品川駅」という小さな詩を書いた。詩としていくらか甘いものだったが、詩に書こうとした事柄は甘くないものだった。あれを書いたとき、それから三十年して、こうして送り送られるようになることが空想としてでも私の頭にあったろうか。それはなかった。それはほんとうになかった。そのことがここにある……
>
> （中野重治「木綿でまいたギター」『朝鮮総聯』八九号、一九六〇年一二月二一日）

中野の属する共産党は、「苦楽をともにしてたたかってきた」在日朝鮮人との「連帯の歴史」をたたえて帰国者を送り出した（吉原次郎「日朝両人民のゆるぎない友情――在日朝鮮公民の帰国実現にさいして」『前衛』一九六〇年三月号）。「苦楽をともにしてたたかってきた」「連帯の歴史」とは、本書で詳らかにしてきた一九二〇年代にはじまる戦争と革命の東アジアに翻弄された日本人・朝鮮人コミュニストの共闘の歴史であり、朝鮮人の彼ら／彼女らを「祖国」へと送り出して、その歴史は完全に幕を閉じたのだった。

そして私たちは、「これは第一列車だ。まだまだ後がある」「無事に、無事に……」と願った中野の思いが無惨に裏切られた歴史を知っている。実際、一九六〇年四月以降は、韓国での四・一九学生革命による李承晩政権の打倒が実現するなど、韓国の政治情勢の変化にも期待が高まっていたこともあって、帰国を取りやめる人びとが急増し、一九六一年に入るとさらに帰国者は急減していく（高崎・朴二〇〇五）。一九六二年には朝鮮総連の幹部を務めた経験を持つ関貴星が『楽園の夢破れて』によって「地上の楽園」ともてはやされた北朝鮮の現実を日本社会に突きつけることにもなる。

おそらく中野は知っていたのだろう。「地上の楽園」などどこにもなかったことを。中野が帰国事業についてふれた最後の文章は、一九六〇年一二月の「牡丹峰劇場からの声」（『朝鮮総聯』一三八号）であり、「「日韓会談」のことなぞは書く」ものの「どうにも手をつけられなくなるまでは、朝鮮人帰国の問題などは書かない」日本の新聞の報道姿勢に対する批判であった。そして、一九六四年二月には、「朝鮮人が自分の国へ行くことができず、行って帰ってくることができ」ない現実を「奴隷的拘束」と表現した小文「そんな馬鹿なことが」（傍点引用者）の朝鮮文学芸術家同盟機関誌『朝鮮文藝』への掲載が、取りやめとなっている。

「雨の降る品川駅」を想起した中野の感慨は裏切られ、そして中野もこの直後の九月に共産党を除名される。ふたたび「雨の降る品川駅」が中野の胸中に去来する脈絡は、本書の最後に解き明かされるだろう。

ソ連派・中国派の排除――日本共産党の「国民化」②

一九六〇年代の日本共産党は、国際的対立をきっかけとして党の分裂を繰り返していく。その対立の焦点となったのが、核開発と核保有の問題である。共産党は、大衆運動である原水爆禁止運動（被爆国日本での平和運動は、事実上核の「軍事利用」に反対する原水爆禁止運動として展開された）に介入を深め、議会主義のもとで原水爆禁止運動のヘゲモニーを握って大衆的基盤を固めようとした。そのため、原水爆禁止日本協議会（原水協）は共産党とその批判者の対立の場となっていく。

平和共存路線のもとでも米英ソの核開発は進み、さらに一九六〇年にはフランスが原爆実験に成功するなど、核保有の拡散がはじまっていった。そのなかで中国も核保有を目指し、同盟国ソ連に協力を求めたがソ連は応じなかった。むしろソ連は、一九五八年三月には「核実験の一方的停止」を発表してアメリカにも同調を求め、翌年にはフルシチョフがアメリカを訪問するなど平和攻勢をかけるが、一九六〇年五月にソ連上空を飛行したアメリカのU2型偵察機がソ連に撃墜されると、平和共存路線は暗礁に乗り上げる。一九六一年八月に「ベルリンの壁」が構築されはじめた直後、ソ連は核実験を突然再開して、わずか二ヵ月の間に五九回もの核実験を行う（対抗してアメリカも核実験を再開した）。さらにソ連は、キューバ革命（一九五九年一月）により社会主義体制が誕生したキューバに核ミサイル基地を建設し、これに対抗してアメリカはキューバの海上封鎖に踏み切る（キューバ危機）。全面核戦争の一歩手前までいったキューバ危機の教訓もあって、一九六三年八月、米ソは部分的核実験禁止条約に調印して、大気中での核実験を停止した（ただし地下での核実験はその後も続いた）。

しかし、米ソが主導したこの条約は、中国やフランスには、アメリカ・イギリス・ソ連による核の独占と映った。とりわけ、アメリカ帝国主義を「張り子の虎」と批判してきた中国は、ソ連のアメリカに対する融和的な姿勢に強く反発するとともに、ソ連が中国の核開発に協力しなかったこともあって、中ソ関係は悪化するに至る。革命路線の面でも核開発の面でもソ連と袂を分かった中国は、独自に核開発を進め、一九六四年一〇月に原爆実験を成功させて、核兵器保有国となった。

この核をめぐる複雑な国際関係は、日本における原水爆禁止運動にも、日本共産党にも、大きな影響をもたらした。一九五四年以後高揚した原水爆禁止運動の中心的な担い手であった原水協においては、共産党と社会党・総評が、強い影響力を持っていた。一九六一年八月に開催された第七回原水爆禁止世界大会では、最初に核実験を再開した国は「人類の敵」であると決議されており、この決議に従うなら、その直後に核実験を再開したソ連こそが「人類の敵」であるということになるはずだった。しかしながら、当時の共産党は政治的にソ連の立場を支持していたため、核実験を再開したソ連を擁護する立場をとった。当時中央委員だった袴田は、次のようにソ連の核実験再開を擁護したという（和田二〇一四）。

実験をするということも重大だが、さし迫った危険は放射能の雨でなく、アメリカ帝国主義によって原水爆戦争が引き起こされようとしていることである。こうした時に、ソ連の実験再開反対の声だけあげることは、結局アメリカ帝国主義の尻馬に乗ることである。アメリカ帝国主義と日本反動のたくらむ核兵器使用による侵略戦争防止の闘いこそが根本問題である。

このように共産党が自らの政治的立場性を優先してソ連の核実験再開を擁護したため、原水爆禁止運動においては、それまでもくすぶっていた共産党系と社会党・総評系との対立が抜き差しならなくなっていった。ソ連とアメリカの核実験競争がヒートアップした一九六二年の第八回原水爆禁止世界大会では、社会党・総評系から「いかなる国」の核実験にも反対する旨の声明が発せられ、一九六三年の第九回原水爆禁止世界大会では共産党の引き回しに反発した社会党・総評系が独自集会を開くに至って、原水爆禁止運動の分裂は決定的となった。

その後、共産党系と社会党・総評系の溝は、部分的核実験禁止条約の評価をめぐってさらに深まることになる。中ソ対立を背景としてその時点では中国支持となっていた共産党は、部分的核実験禁止条約に反対する立場を取り、条約を支持する立場の社会党・総評系は、原水協を脱退して、原水爆禁止日本国民会議（原水禁）を組織し、一九六五年以後は、原水爆禁止世界大会も、それぞれ別に開催されるようになった。

核の問題、それと絡まりあった中ソ対立の問題は、以上のように、日本共産党に強い影響を与え、共産党の自己中心的な振る舞いは原水爆禁止運動を分裂に追い込んだが、そのなかで共産党がソ連支持から中国支持へと転じていった要因のひとつには、中ソからの資金援助額の懸隔があった。六全協後の一九五五年から六二年までの原水協への資金援助は、中国共産党からが約六七〇〇万円、ソ連共産党からが七一八万円となっており（小山一九六六）、中国共産党が魅力的なのは明確だった。しかも、北京学校の解散後に中国から帰国してきた「白山丸グループ」（二五六頁参照）も党内での影響力を強めていた。その結果、中ソ対立下の日本共産党は、中国を支持してソ連を「修正主義」と批判するとともに、第三世界の武装した解放闘争を支持する立場をとった。国内では軍事路線を徹底的に否定して議会主義を取りつつ、国際的には軍事路線を支持するという歪んだ状況が生じたのだ。

このような共産党の立場からすると、部分的核実験禁止条約は、米ソの「談合」にほかならない。部分的核実験禁止条約の批准に反対した共産党は、一九六四年五月、党決定に背いて国会で批准支持票を投じた志賀と鈴木市蔵を除名する。この除名処分には文化人党員から批判が起き、出隆、国分一太郎、佐多稲子、野間宏、丸木位里、丸木俊、宮島義勇、渡部ら一二名が「要望書」を出して党中央をたしなめるが、この人びとも返す刀で除名されていく。こうして中ソ対立でソ連を支持した人びとが党を放逐された。このとき除名された中野と神山は、志賀とともに新たに日本共産党（日本のこえ）を結成し、以降ソ連を支持する除名者の多くを吸収していくことになる。一九五一年東京大学入学とともに共産党に入党して、山村工作隊も経験した吉川勇一（のち「ベトナムに平和を！」市民連合（ベ平連）事務局長）は、東大退学後は共産党系の日本平和委員会の常任としてキャリアを積み、原水爆禁止運動を支えたが、吉川もソ連を支持して共産党を除名されている。

一九六四年一〇月一五日、平和共存路線を推進してきたフルシチョフが失脚した。その翌日には中国が原爆実験に成功したことで、中国共産党を支持した自らの「正しさ」が裏打ちされたと捉えた共産党は、一一月の第九回大会で「自主独立」を定式化してソ連共産党との断絶を印象づけた。しかし共産党と中国共産党の関係にも裂け目が生じていく。そのきっかけが、一九六五年のインドネシア九・三〇事件である。毛沢東の武装闘争路線の影響を受けたインドネシア共産党が軍部のクーデターによる激烈な「赤狩り」に遭い、四〇―五〇万人の共産党員・シンパが殺害されたこの事件を機に、インドネシア共産党を模範と考えてきた共産党は毛沢東路線の暴力革命主義に及び腰になっていく。そしてインドネシアで共産党が非合法化された一九六六年三月、訪中した共産党代表団と中国共産党との協議は決裂し、以降共産党は中国共産党を「覇権主義」と批判して、長い断絶の時代に入る。安斎庫治、西沢隆二、大塚有章、寺尾ら中国経験の豊富な人びとが結集していた中国派も、こうして共産党から放逐されることになったのである。

【補注】安藤彦太郎・寺尾五郎・宮田節子・吉岡吉典『日・朝・中三国人民連帯の歴史と理論』（日本朝鮮研究所、一九六四年六月）は、「日韓会談粉砕の運動と日中国交回復の運動とが、一つのものとして押《ママ》しすすめられよう」としているなかで、「日朝友好運動の歴史的背景」を明らかにするために刊行された。同書では、本書で詳らかにしてきたような日本人コミュニストと朝鮮人コミュニストが東アジアに刻んだ足跡が物語調に語られる。中国共産党・朝鮮労働党と日本共産党の関係悪化が進むと、日本朝鮮研究所の運営から共産党が退き党員の吉岡も日本朝鮮研究所を去ることになる。

【補注】一九五四年に神山派として共産党を除名された歴史家・渡部徹（一九一八—九五年）は、日本共産党と中国共産党の関係が断絶した直後に、以下のような鋭い指摘を行っている（渡部徹「日本共産党について——ある旧党員の体験と今日の問題性」『現代の理論』三四号、一九六六年一一月）。「中ソ論争の過程で中国に肩入れしてから、中国の支援で財政的にはかなり安定したと思う。そして、これをスプリングボードにして、党出版物を中心に、党は出版大資本に成長したと思える。自主独立の財源を持つようになったのだ。党員はおそらく出版物で搾取されることになるが、その分だけ、中共の援助をアテにする必要はなくなる。今日のいわゆる自主独立路線の物質的基礎はここにあろう。同時に、体制内で大資本として機能するのだから、体制に親和的になるほかない。体制の急激な変革は、大資本にとり冒険であり、危険ということになり、そのために何にも優先して、党勢拡大、『赤旗』や出版物の売上げ拡大などに血道をあげなければならないのは当然だろう」。この渡部の指摘は、七〇年代以降の共産党の出版ビジネスの拡大を予測していたかの如きである。

ソ連とも中国とも袂を分かち「自主独立」を掲げた日本共産党と朝鮮労働党の関係は深まるかに見えた。個人崇拝を否定したスターリン批判に反発する朝鮮労働党は、ソ連共産党批判では日本共産党と立場を同じくしていたし、文化大革命で急進化する中国共産党にも危機感を抱いていたからだ。しかし、唯一思想体系を確立（一九六七年六月）して個人崇拝体制を強化した金日成が「南進」による武力での朝鮮半島統一を画策（一九六八年一月、南派ゲリラ事件）したことで、共産党は朝鮮労働党に対しても批判的立場に転じることになる。

【補注】一九七〇年の「よど号」事件に不快感を抱き、一九七一―七二年にかけての金日成首相還暦祝賀贈物運動に反発して北朝鮮との距離をひろげつつあった共産党は、一九七〇年代半ば以降、日本で唯一思想体系をひろめる活動がはじまったことを「対外追従主義」と批判した。一九八三年一〇月にビルマ（現ミャンマー）のラングーン（現ヤンゴン）で北朝鮮が韓国大統領一行をねらったテロ事件を起こすと（ラングーン事件）、共産党は宮本委員長の名で北朝鮮批判を公然と行い、一九八五年一一月の日本共産党第一七回大会では、朝鮮労働党を「覇権主義」と名付けて正式に非難して、以降日本共産党と北朝鮮／朝鮮労働党の関係は疎遠になる。これと入れ替わるように深まり続けたチャンネルが、日本社会党と朝鮮労働党のつながりである。南派ゲリラ事件以降、北朝鮮／朝鮮労働党は社会党への接触を深め、一九七八年の社会党第五次訪朝団では、共産党が批判する唯一思想体系を「高く評価」する共同コミュニケを発した。そしてラングーン事件では、事件をでっち上げとする北朝鮮の主張をそのまま紹介するに至る。一九九〇年九月の金丸・田辺訪朝団（自民党の金丸信、社会党前委員長の田辺誠らの訪朝団）の実現により翌年に日朝国交交渉が開始されたことを考えると、社会党と北朝鮮／朝鮮労働党のつながりは、非公式の外交ルートとして機能していたといえるだろう。

ソ連共産党、中国共産党、朝鮮労働党と関係を絶った日本共産党の「自主独立」路線は、国内的な議会主義路線が一定の成果をあげたことで担保された。一九六九年一二月の第三二回総選挙では前回の五議席から一四議席へと議席数を三倍増させたうえ、一九七〇年四月の京都府知事選挙でも勝利した共産党は、七月に、はじめて公開のかたちで第一一回大会を開催した。この大会では、七〇年代に革新統一戦線によって民主連合政府をつくるという展望と方針が明らかにされた。その背景には、一九六〇年代後半から七〇年代にかけての、革新自治体の広範な誕生があった。また、この大会では、党の最末端の組織の名称が、「細胞」から「支部」に改められているが、このことは、もはや共産党が革命をイメージさせるような政党ではなくなったことを象徴しているといえるだろう。続く一九七二年一二月の第三三回総選挙では、共産党候補と共産党・革新共同推薦候補の合計で三九議席を獲得するなど、党勢は著しく伸びた。ジャーナリズムの共産党への関心も高まり、一九七五年一二月に立花隆「日本共産党の研究」の『文藝春秋』での連載がはじまり、党外から「党史」が叙述されたことで、皮肉にも非合法時代の宮本の「影」の部分——一九三三年一二月のスパイ査問事件——が明るみに出る。この事件も絡んで、一九七七年一二月三〇日、袴田も除名処分となり、非合法時代の「最後の中央委員」であった宮本と袴田の関係も、ここで終わった。

　こうして非合法時代から共産党を幹部として生き抜いたのは、野坂と宮本だけとなった。しかし、野坂は、スターリンの「大粛清」で「同志」山本懸蔵を密告したとして、ソ連崩壊後の一九九二年一二月に除名された。そして、国際共産主義運動の崩壊に殉じたかのように、野坂は一九九三年一一月に一〇一歳の波乱の生涯を終えたのである。

おわりに――「帝国の共産党」の遺産

〈戦争と革命〉か〈平和的共存〉か――国際共産主義運動と東アジア／日本

ここまで歴史を見通してきて痛感するのは、東アジア／日本のコミュニストの活動は国際共産主義運動の路線に強く規定されてきた、という事実にほかならない。以下、本書で述べてきた事柄を、社会主義国と資本主義国の対抗・協調関係に注目した〈戦争と革命〉と〈平和的共存〉をキーワードとして、あらためて整理しておこう。

第一期（一九一七―二二年）は、〈戦争と革命〉の時代である。ロシア一〇月革命によりソヴィエト・ロシアが成立し、世界革命組織としてコミンテルンが創立されて、資本主義が発達したヨーロッパでの革命の実現が期待された。シベリア内戦での勝利で東アジアへの進出を実現したソヴィエト・ロシア／コミンテルンは、シベリアから上海に進出して東アジア各国での共産党結成を後押しし、一九二一年四月には日本共産党暫定中央執行委員会（第一次日本共産党）を成立させ、同年七月には中国共産党も成立する。

第二期（一九二二―二八年）は、〈平和的共存〉の時代である。ヨーロッパでの革命の実現がほど遠いなかで経済的苦境に陥ったソヴィエト・ロシアは、新経済政策に乗り出して資本主義国との妥協を選択してイギリス、日本などと国交を結び、コミンテルンは、統一戦線戦術のもと中国国民党と中国共産党の「合作」を推し進めることにより中国国民革命を後押しした。コミンテルンの指示もあって合法無産政党の組織化に舵を切った第一次日本共産党は結果的に解党してしまい、地下の非合法共産党を支える大衆的な支持基盤の獲得を目指すコミンテルンは、比較的穏健な方針に基づいて共産党再建を目指すが、福本主義の影響で急進化した日本側は第二次日本共産党の創設を強行する。しかし第二次日本共産党は、モスクワでその急進主義を批判されてモスクワ製の「二七年テーゼ」を受け入れることとなり、名実ともにコミンテルン日本支部となった。

第三期（一九二八―三四年）は、二度目の〈戦争と革命〉の時代である。イギリスがソ連と断交し、中国で第一次国共合作が破綻すると、コミンテルンは「ソ連防衛」を掲げつつ極左主義をとって資本主義国と対抗していった。この時期、世界恐慌の勃発は、資本主義の没落を裏付けるものと捉えられた。東アジア各国の共産党ではモスクワで教育を受けた世代が幹部となって極左主義をとる。満洲事変が勃発するとコミンテルンは「三二年テーゼ」により第二次日本共産党に対ソ戦回避のための後方攪乱を命じ、極左主義の結果としての相次ぐ弾圧により第二次日本共産党は崩壊した。

第四期（一九三四―四七年）は、二度目の〈平和的共存〉の時代である。アメリカとの国交樹立によりソ連が国際連盟への加盟を実現し、ナチスの台頭により反ファシズム人民戦線が誕生すると、日本でも反ファシズム人民戦線運動が展開された。第二次世界大戦中にコミンテルンは解散してソ連は連合国に加わるが、大戦末期以後資本主義国との関係は悪化していく。敗戦後の日本で合法化された共産党は、占領下平和革命論を掲げて国政に進出する。しかし、反ファシズムを前提としていた米ソの〈平和的共存〉は長くは続かなかった。

第五期（一九四七―五三年）は、三度目の〈戦争と革命〉の時代である。ヨーロッパにおいては冷戦構造のもとでの東西対立が深刻化してコミンフォルムが設置され、東アジアにおいては朝鮮半島では分断国家が成立し、中国大陸では共産党が政権を掌握する。朝鮮戦争が勃発して冷戦が「熱戦」に転じると、日本共産党は朝鮮戦争の後方撹乱を担うことになり、中国共産党・ソ連共産党が起草した「五一年綱領」を掲げて軍事路線に転じる。ただし、占領下にあったこともあり、日本共産党は、当初「第五期」への転換を実感できていなかった。一九四九年に唱えられた九月革命説はそのわかりやすい証左である。一九五〇年一月のコミンフォルム批判により「第五期」への転換を唐突に求められた日本共産党は、この批判への対応をめぐって深刻な混乱に陥ることになった。

第六期（一九五三―六一年）は、三度目の〈平和的共存〉の時代である。スターリンが没して朝鮮戦争が休戦すると、米ソは核保有のもとでの共存を選択し、ソ連による革命の輸出は後景に退くことになる。一九二〇年代以来の「一国一党の原則」は終結して、外国人コミュニストは祖国の党の指導に従うべきものとされ、軍事路線を放擲した日本共産党は、朝鮮人・華僑のコミュニストを組織的に分離して、一九五五年の六全協により議会主義に転換する。

ここまでは、主として社会主義国と資本主義国との対抗・協調関係に注目してきたが、これ以降は中ソ対立により生じた社会主義体制内での対抗関係が、日本共産党の動きをより強く規定していくことになる。そのため、以下では日本共産党の立場に即して整理を続けていくこととしよう。

第七期（一九六一―六六年）は、日本共産党にとっては内に〈平和的共存〉・外に〈戦争と革命〉の時代である。背景には、核のもとでの平和共存路線をとってきた米ソがふたたび対立関係に転じたうえ、核開発技術をめぐって中ソの対立が激化したことがあった。日本共産党は、国内的にはブントの急進主義を批判しつつ、中ソ対立では革命の輸出を志向する中国の立場を支持して、一九六四年にはソ連派を除名する。

第八期（一九六七年以降）は、日本共産党にとっては内外ともに〈平和的共存〉の時代となる。文化大革命により急進的軍事路線をとった中国との関係が断絶し、南派ゲリラ事件を起こした北朝鮮とも距離を置いた日本共産党は、国内で議会主義政党として議席を伸ばし、革新自治体に象徴される革新勢力の統一戦線も実現して社会主義への〈平和的移行〉を掲げた。その党勢は一九七〇年代に最高潮に達し、一九七九年の第三五回総選挙では史上最高の三九議席を獲得するまでになる。

一九六〇年代後半からの反戦平和運動・市民運動の系譜

さて、一九六〇年代中頃以降顕著となった日本共産党の「一国化」は、国内的には革新勢力の統一戦線を実現して一定の成果をあげた一方、国際共産主義運動には背を向けるという結果を招いた。その意味で、日本共産党の「一国化」の影響が最も強く及んだのは、国際共産主義運動の情勢と連動して成立・展開してきた反戦平和運動においてであったといえる。一九二八年のコミンテルン第六回大会で採択された「帝国主義戦争に反対する闘争と共産主義者の任務」にはじまるプロレタリア国際主義に基づく反戦平和運動は、戦後のある時期まで「戦争挑発者」としての資本主義国と「平和勢力」としての社会主義国という認識のもと、日本では共産党の強い影響力のもとで展開されてきた。しかし、一九六〇年代以降、「平和勢力」のなかで生じた中ソ対立の影響をまともに受けた反戦平和運動は混乱をきたし、一九六五年二月のアメリカ軍による北爆によって本格化するベトナム戦争に際しても、効果的な運動を組織することはできなかった。

一方、北爆に際していち早く行動を起こしたのは、非共産党系の人びと――とりわけ一九五〇年代を共産党員・シンパとして生き、その後共産党を離れた人びと――であった。本書では、共産党員として日本平和委員会常任の立場にあった吉川勇一（一九五一年入党）が、一九六四年に共産党を除名されたのちべ平連の事務局長として活躍することにふれたが、このような例はひとり吉川にとどまるものではない。私は、国際港・神戸港を擁する神戸をフィールドとして戦前にはじまる反戦平和運動の展開を検討してきたなかで（黒川二〇一九）、一九五〇年代の共産党員が共産党を離れたのちに党派や組織から距離を置いた「市民」の運動としてベトナム反戦運動を担う例を、仏文学者の小島輝正や物理学者の水戸巌らをはじめとして多く見いだしてきた。

【補注】小島は一九四七年頃に東京で入党して日本民主主義文化連盟などで活動したのち、一九五〇年に神戸大学に着任し、一九六一年に構造改革派とともに共産党を離れた。水戸は一九五一年に東京大学に入学後間もなく入党し、吉川とともに東大細胞で活動した経験を持ち、六〇年安保闘争のさなかに離党した直後、甲南大学に着任して神戸にやってきた。一九六七年一〇月の第一次羽田闘争の直後、東京大学原子核研究所に転任していた水戸は、逮捕された学生らに接見や差し入れを行うために「羽田一〇・八救援会」を作り、これが一九六九年に救援連絡センターへと発展した。

大阪でも神戸と同様に多くの「共産党脱党者」がベトナム反戦運動を担ったことを、自身も「共産党脱党者」であり一九六四年に設立された原水爆禁止全面軍縮大阪府協議会（大阪軍縮協）の事務局を長く務めた和田長久が指摘している（黒川二〇二〇）。

一九六〇年代後半以降の反戦平和運動・市民運動の担い手は「共産党脱党者」にとどまらない。被爆地広島で朝鮮人被爆者への支援運動に加わった深川宗俊（二〇一頁参照）や四國五郎（二一〇頁参照）も、朝鮮戦争下の広島で朝鮮戦争「反戦」運動に加わった経験を持つ共産党員であるし、朝鮮人被爆者・李実根は、朝鮮戦争勃発直後の小倉で反戦ビラを撒き、日本共産党民族対策部の指導下にあった祖国防衛委員会のもと、広島での火焔瓶闘争を担い逮捕された経験を持つ。一九七五年、はじめての朝鮮人被爆者組織として広島県朝鮮人被爆者協議会が李の奔走により発足した際、李は自身が所属する朝鮮総連の「上層部とトラブルのようになった」というが（李二〇〇六）、『鎮魂の海峡――消えた被爆朝鮮人徴用工二四六名』（一九七四年）を著して被爆朝鮮人徴用工問題を提起していた深川と四國は李を支援して朝鮮人被爆者問題に取り組んだ。四國は、広島県朝鮮人被爆者協議会が編んだ証言集『白いチョゴリの被爆者』（一九七九年）の表紙絵も描いている。米軍基地のある山口県岩国市の結核療養所で共産党員として朝鮮戦争「反戦」運動を担い政令第三二五号違反容疑で逮捕された経験を持つ詩人御庄博実は、一九七七年に詩友深川の要請により広島共立病院に医師丸屋博として着任し、一九九〇年代以降には在韓被爆者への医療支援運動に息長く取り組んでいった。このように朝鮮戦争「反戦」運動の経験が朝鮮人被爆者問題につながっていく脈絡も（黒川二〇一七「朝鮮人被爆者が／を語る」）、日本における「共産党経験」の意味を捉えなおすためのひとつの手がかりとなるだろう。

「日本の革命運動の伝統の革命的批判」の射程

さて、本書「はじめに」で引いた中野重治「雨の降る品川駅」に立ち戻ろう。「雨の降る品川駅」発表の直後、四・一六事件で検束された中野重治は、一九三一年夏に日本共産党に入党した。一九三二年四月の日本プロレタリア文化連盟（コップ）弾圧に際する検挙では二年にわたり拘留されたが、一九三四年五月に共産主義からの転向を表明して出獄する。出獄直後、中野の再生は、次の一文によって予告された。

もし僕らが、自ら呼んだ降伏の恥の社会的個人的要因の錯綜を文学的綜合の中へ肉づけすることで、文学作品として打ち出した自己批判を通して日本の革命運動の伝統の革命的批判に加われたならば、僕らは、その時も過去は過去としてあるのではあるが、その消えぬ痣を頬に浮べたまま人間および作家として第一義の道を進めるのである。

（中野重治「『文学者に就て』について」、『行動』一九三五年二月号）

国家権力に屈したという意味で無惨な転向をした中野が、「日本の革命運動の伝統の革命的批判」を、自らの「人間および作家として」の生の中心に見据えたことは、その死に至るまでの中野の思想的・文学的営為を、強く長く規定していくことになる。

中野の「日本の革命運動の伝統の革命的批判」を射程に入れた思想的営為は、一九六四年九月の共産党除名を機にさらに深められた。除名後最初の長編作品が、『群像』一九六五年一月号から連載されはじめた『甲乙丙丁』である。中野がこれを執筆した原動力のひとつに、『日本共産党の四〇年』に代表される共産党の公式「党史」の叙述に対する拭い難い違和感があったことが、次の引用からわかるだろう。

法廷という制限つきのあの小歴史（一九三〇年の日本共産党公判闘争での市川正一による「党史」陳述と、それをまとめた日本共産党アジ・プロ部『日本共産党小史』のこと——引用者）のほうがまだしも良かったのではないか。（中略）それから三十年して、党創立四十周年記念に出来た四十年史のほうがずっと落ちている。（中略）そこで何が書かれたか、あらゆることが書かれて肝腎なことが脱落した。角が削られて全体が丸くなった。ごきごきの歴史が、何だか別のすべすべしたものになった。すべっこい、つるりとした歴史……

（中野重治『甲乙丙丁』第三回、『群像』一九六五年三月号）

「すべっこい、つるりとした歴史」とは、綱領的文書や中央の決定を時系列に並べただけでは、運動を支えたプロレタリア国際主義と「個」の歴史が見えてこないことへの中野なりの違和感の表現にほかならない。この違和感は、一九七二年七月に『日本共産党の五〇年』を一読した際、次のように爆発した。

「第一章　日本共産党の創立」、その第一項「創立当時の日本の支配的制度」、その書き出し七行目でそもそも引っかかったのだった。日本の「労働者は植民地同様の低賃金」、こう書いたとき、この筆者たちは、学説のことはさておき、在日朝鮮人労働者のことをてんで肉感的に思い出さなかったのだろうか。日本人労働者が、「植民地同様の低賃金」だったとして、そのとき朝鮮人労働者たちは、朝鮮で、また日本で、何的低賃金だったとこの筆者たちは言いたいのだろうか。だいたい、「日本の支配的体制」が、どれだけの朝鮮人を日本へ追いたて、ほとんど強制的に連れこんでいたかが一行も書いていない。

（中野重治「在日朝鮮人と全国水平社の人びと」、『通信方位』一九七二年八月）

宮本のイニシアチブのもとで編纂が進んだ『日本共産党の五〇年』は、それまでの共産党の独善的「党史」認識を改める第一歩となったと評価される。実際、第一次日本共産党の創立者のひとりとして堺利彦が顕彰されたのは、『日本共産党の五〇年』が刊行された一九七二年のことであり（犬丸義一「堺利彦（進歩と革命の思想――日本編八）」『前衛』一九七二年一〇月号）、堺の名を党史に刻んだことを歴史家として終生の誇りとした犬丸義一は、堺の顕彰が実現したのは「宮本委員長の英断」であったとまで筆者に語った。そのような意味を持つ『日本共産党の五〇年』で、なぜ植民地の問題、そして朝鮮人との共闘の歴史を見過ごしたのか――。

これをきっかけに、中野は一九二〇年代以来の朝鮮人の経験と日本共産党の関係を見通し、日本共産党そして自らをも含む日本人党員が「朝鮮人における民族革命の問題、日本からの独立運動の問題」を「わかっていなかった」ことを自省する。それはまさに「日本の革命運動の伝統」である植民地民族の「不在」を、自らの経験に引きつけ自省しようとした「革命的批判」であった。なぜなら、朝連強制解散の光景を描いた中野は（二一八頁参照）、広島での朝鮮戦争「反戦」運動（二三〇頁）を担った日本人・朝鮮人と出会い、その際の厳しい弾圧を知っていたのだ。だからこそ、その当時の自身の経験を省りみて「私自身、朝鮮人といっしょにいくらか働いていた。しかしそれが足りなかった、党全体としても足りなかったと今になって思う」（「民族問題軽視の傾き」『新日本文学』一九七三年一二月号）と、一コミュニストとしての自己批判を党のなかでの相互批判に開きたいと願い、このような「革命的批判」に踏み切ったのだ。この中野の自己批判にいち早く反応した共産党は、「反党分子」中野への批判キャンペーンを展開し、「自作の愛読者にどう責任を取るのか」と中野に意地悪く問いかけた。かつて『日・朝・中三国人民連帯の歴史と理論』（二九一頁参照）では、「日・朝・中の共同の反帝反日の闘いの立場」を象徴する詩として「雨の降る品川駅」を引用して紹介したのに――。それに加えて、戦後渡航の朝鮮人文学研究者・尹学準からも、「雨の降る品川駅」の一節「日本プロレタリアートの後だて前だて」とは、朝鮮人を日本革命の最前線に立たせようとする利用主義であると強く批判された中野は、最晩年の一九七七年に至って、次のように「雨の降る品川駅」を書いた自らへの「自己批判」を行うに至る。

> 仮りに天皇暗殺の類のことが考えられるとして、なぜ詩を書いた日本人本人にそれを考えさせなかったか、なぜそれを、国を奪われたほうの朝鮮人の方に移そうとしたか。そこに私という国を奪った側の日本人がいたということだった。
>
> （中野重治「著者うしろ書」、『中野重治全集』二四巻、一九七七年）

そして中野は没し、この中野の「自己批判」は日本のコミュニストの朝鮮認識の「誤り」を象徴する言説として独り歩きをはじめていく。たしかに中野には自己批判する権利があっただろう。「雨の降る品川駅」のような深みを持って帝国日本に抗するプロレタリア国際主義を描きえた人物は、彼を措いてほかにはいなかったのだから。しかし、彼の自己批判に便乗して日本のコミュニストの朝鮮認識の「誤り」を言い募るような言説に、論者による自身の政治的「正しさ」の誇示以上の意味を認めることができるだろうか。そのような批判は、あの時代にともかくも生きられた〈帝国に抗する社会運動〉とその基盤にあったプロレタリア国際主義を不当に貶める役割しか果たさないのではないだろうか。一九七〇年前後から在日コリアンに対する日本社会の差別が厳しく問い直されるなかで中野が前述のような自己批判を行うに至った必然性はよく理解できるにせよ、その時期に中野があのような自己批判を行ったということと、いまわれわれが「雨の降る品川駅」をどう読むかということとは、基本的には別の事柄として考える必要がある。そもそも「日本プロレタリアートの後だて前だて」という一節も、作品発表当時は朝鮮人同志への篤い信頼の表現として受けとめられたはずで、朝鮮人活動家を鉄砲玉扱いしようとしたといった解釈は、第11章で示したような「五一年綱領」下の武装闘争をどう総括するかといった問題とも絡まりあってなされた、きわめて七〇年代的な解釈であるといえる。〈帝国に抗する社会運動〉とその基盤にあったプロレタリア国際主義を総体として捉えなおしてきた本書が、そのような七〇年代的な解釈に縛られなければならない必然性はない。

【補註】日韓基本条約批准直前の一九六五年五月、歴史家・朴慶植が『朝鮮人強制連行の記録』を上梓して戦時下の朝鮮人強制連行の事実を明らかにした。さらに、一九六八年に金嬉老が警官による朝鮮人差別に抗議して旅館に立てこもった金嬉老事件や、一九七〇年に韓国から日本に密入国して原爆症の治療を受けようとした孫振斗（広島で被爆した）と支援者が取り組んだ被爆者健康手帳の交付を求める裁判（孫振斗裁判、一九七八年最高裁で孫の勝訴が確定）など、韓国・朝鮮人や在日コリアンに対する差別が厳しく問い直された。一方で「一九六八年」を象徴するベトナム反戦運動や全共闘運動からは、「加害者としての自己」を問い直す視点が生まれ、帝国日本による戦争責任となお手つかずの戦後責任を問う思想／運動も生まれる（黒川二〇一七「地方都市から戦後社会を問う」）。金嬉老や孫振斗を支援した日本人は、このような「一九六八年」を生きた人びとであったし、尹学準が中野を「利用主義」として批判したのは、「加害者」の側に中野を位置づけたということでもあった。新左翼運動の影響を受けた華僑青年の一部は、「華僑青年闘争委員会」を組織して日本の新左翼諸党派に対して「加害者としての自己」の責任を負うよう突きつけた（華青闘告発）。

実際、「雨の降る品川駅」の読者は、日本人だけではなかった。第5章でも紹介したように、ＫＡＰＦ（朝鮮プロレタリア芸術同盟）東京支部の後継組織無産者社は、その機関誌『無産者』の創刊号（一九二九年五月号）に、「雨の降る品川駅」を翻訳掲載した。『改造』に掲載された日本語版が伏字だらけの無惨な姿であったのに対し、『無産者』の朝鮮語版は伏字のない完全に近いかたちで発表された。林和が「雨の降る品川駅」への応答として「雨傘さす横浜埠頭」（『朝鮮之光』一九二九年六月号）を発表していることも、すでに紹介した通りである。

「雨の降る品川駅」は、一九二〇年代末から三〇年代にかけて読まれただけでなく、戦後もひろく読まれた。とりわけ一九四〇年代後半から五〇年代にかけて共産党系の人びとを主な担い手として展開されたサークル詩運動においては、模範のひとつとしてつねに想起される作品であり、多くのサークル詩人たちが「雨の降る品川駅」を踏まえた創作を行った。第10章で紹介した被爆地広島のサークル詩人増岡敏和もそのひとりである（黒川二〇一六「東アジアの「熱戦」とサークル運動」）。そして、「雨の降る品川駅」を踏まえて作品を書いたのは、日本人のサークル詩人だけではなかった。たとえば、戦後の大阪で詩作をはじめ、開高健らの同人誌（『えんぴつ』）に参加した経験も持ち、大阪朝鮮詩人集団の主要な書き手のひとりであった権敬沢は、同詩人集団機関誌『ヂンダレ』二号（一九五三年三月、三人社より復刻版が刊行されている）に、筆名金民植の名で、容易に「雨の降る品川駅」を想起させる作品「大阪駅の別れ——米日韓会談粉砕抗議団を送る」を発表している。

冬の夜空に
　暗雲　重く垂れ
冷い霧雨は
　鉄路に　さんざんと降りしぶく

　降りしぶく雨に濡れ
黒い鋼鉄の機関車は
　ごうごうと汽笛を鳴らし

鉄のうたを噴きあげる

　さよなら
　君らは東京え行く

霧雨は　さんざんと降りしぶき
鉄路に　別れの歓声がまきあがる
激励のどよめきは海のようにも遙りかえし
憎悪と愛が　ここに飛沫をあげる

蒸気は風に流れ
車輪は動く

車輛は動き
列車は出発の響を遠くつたえる

　朝鮮に流れる血潮は

きびしく俺らの皮膚を疼かせ
旗をつたはり胸を疼かせ
涙となり骨までしみとおる

虐げられた者の
誰もいない冬の海のような悲しみ
天にくだける怒り。

それらを爆弾のように抱きしめ
君らは出発する。

鋼鉄の合唱に送られ
君らは出発する。

権敬沢は、まだ朝鮮戦争が休戦に至っていない一九五三年初頭に、中野の「雨の降る品川駅」を想起しながら、この抵抗詩を書いた。本書で縷々述べてきた通り、一九五四—五五年に東アジア国際共産主義運動の構造変動が起こってコミュニストが民族別に切り分けられるまで、中野が「雨の降る品川駅」で示したヴィジョンは、ひろく共有されていたのだ。だが、「雨傘さす横浜埠頭」を書いた林和は北朝鮮に渡り国内派のひとりとして粛清され、日本での生活に見切りをつけた権敬沢は初期の帰国船で北朝鮮に「帰国」していき、その後再び詩作品を発表する機会を得ることはなかった。

本書で試みてきたのは、あまりにも強い政治的負荷がかかるなかで砕け散った〈帝国に抗する社会運動〉とその基盤にあったプロレタリア国際主義の経験の断片を可能な限り拾い集め、後世の党派的な評価軸にしたがって裁断するのとは異なるかたちで位置づけなおす作業であったといえるかもしれない。本書の有名・無名の登場人物たちの、いままでは顧みられることの少ない営みが、本書がきっかけとなって顧みられることがあるとするなら、本書執筆の意図は十分に達せられたといえよう。

【補註】『日・朝・中三国人民連帯の歴史と理論』を執筆した吉岡吉典（一九二八―二〇〇九年）は、韓国の『ハンギョレ新聞』のインタビューに応じて、「在日朝鮮人は共産党の「恩人」ではあるが、党の記録から抜け落ちているのは、彼ら朝鮮人が「外国人」であるから」と答えたという（尹二〇〇八）。その吉岡は二〇〇九年三月一日、三・一運動九〇周年シンポジウムに出席した直後、ソウルで客死した。

主要参考文献

朝倉　授「尹基協射殺事件の真実」加藤哲郎・伊藤晃・井上学編『社会運動の昭和史　語られざる深層』白順社、二〇〇六年所収。

飛鳥井雅道『日本プロレタリア文学論』八木書店、一九八二年。

アニー、クリジェル『インターナショナルの歴史』白水社、一九六五年。

安仁屋政昭「戦前沖縄における無産運動」『沖縄史料編集所紀要』八号、一九八三年三月。

荒木義修『占領期における共産主義運動—増補版』芦書房、一九九四年。

安東仁兵衛『戦後日本共産党私記』正・続、現代の理論社、一九七六・八〇年。

安東仁兵衛『戦後日本共産党私記』文春文庫、一九九五年。

飯塚　靖「回想記解題　国谷哲資「北京追憶—若者が体験した戦後日中関係秘史」」『アジア社会文化研究』二〇号、二〇一九年三月。

石川禎浩『中国共産党成立史』岩波書店、二〇〇〇年。

石川禎浩『革命とナショナリズム　一九二五—一九四五』（シリーズ中国近現代史③）岩波書店、二〇一〇年。

石河康国『労農派マルクス主義』社会評論社、二〇〇八年。

石堂清倫『わが異端の昭和史』（正）（続）勁草書房。一九八六年。

石堂清倫『中野重治との日々』勁草書房、一九八九年。

石堂清倫『中野重治と社会主義』勁草書房、一九九一年。

石堂清倫、中野重治、原泉編『西田信春書簡・追憶』土筆社、一九七〇年。

出井治人『間庭末吉の生涯—北武蔵野が生んだ変革の先駆者』私家版、一九九〇年。

伊藤　晃『天皇制と社会主義』勁草書房、一九八八年。

伊藤律書簡集刊行委員会編『生還者の証言—伊藤律書簡集』五月書房、一九九九年。

犬丸義一『日本人民戦線運動史』青木書店、一九七八年。

犬丸義一、小林栄三、飯塚繁太郎『「日本共産党の研究」の研究』徳間書店、一九八〇年。

犬丸義一『日本共産党の創立』青木書店、一九八二年。

犬丸義一『第一次共産党史の研究—増補日本共産党の創立』青木書店、一九九三年。

犬丸義一解題「日本共産党第三回（「五色温泉」）大会決定の規約・宣言」『大原社会問題研究所雑誌』第五七九号、二〇〇七年二月。

井上　學「一九三〇年代日朝共産主義者の邂逅—三宅鹿之助と李載裕」加藤哲郎・伊藤晃・井上学編『社会運動の昭和史　語られざる深層』白順社、二〇〇六年所収。

井上　學『日本反帝同盟史研究』不二出版、二〇〇八年。

井上　學「一九四五年一〇月一〇日「政治犯釈放」」『三田学会雑誌』一〇五巻四号、二〇一三年一月。

今村英雄『予防拘禁所の記録』政経ヘラルド社、一九七六年。

岩村登志夫『日本人民戦線史序説』校倉書房、一九七一年。

岩村登志夫『在日朝鮮人と日本労働者階級』校倉書房、一九七二年。

岩村登志夫「コミンテルンと太平洋労働者会議」渡部徹・飛鳥井雅道編『日本社会主義運動史論』三一書房、一九七三年所収。

岩村登志夫『コミンテルンと日本共産党の成立』三一書房、一九七八年。

宇野田尚哉「東アジア現代史のなかの「小野日記」」小野信爾『京大生・小野君の占領期獄中日記』京都大学学術出版会、二〇一八年所収。

呉圭祥『ドキュメント在日本朝鮮人連盟 一九四五―一九四九』岩波書店、二〇〇九年。

大類善啓『ある華僑の戦後日中関係史―日中交流のはざまに生きた韓慶愈』明石書店、二〇一四年。

荻野富士夫『外務省警察史―在留民保護取締と特高警察機能』校倉書房、二〇〇五年。

尾崎庄太郎『われ、一粒の麦となりて―日中戦争の時代に生きた中国研究家の回想』結書房、二〇〇七年。

小田切秀雄『私が見た昭和の思想と文学の五十年』集英社、一九八八年。

小田中聡樹「第一次共産党事件」『日本政治裁判史録 大正』第一法規出版、一九六九年所収。

小田中聡樹「三・一五事件、四・一六事件」『日本政治裁判史録 昭和・前』第一法規出版、一九六五年所収。

鬼丸武士『上海「ヌーラン事件」の闇―戦間期アジアにおける地下活動のネットワークとイギリス政治情報警察』書籍工房早山、二〇一四年。

小野信爾『五四運動在日本』汲古書院、二〇〇三年。

小野容照『朝鮮独立運動と東アジア 一九一〇―一九二五』思文閣出版、二〇一三年。

夏 衍『夏衍自伝 日本回憶』東方書店、一九八七年。

夏 衍『夏衍自伝 上海に燃ゆ』東方書店、一九八九年。

郭承敏『ある台湾人の数奇な生涯』明文書房、二〇一四年。

郭杰、白安娜『臺灣共産主義運動與共産國際（一九二四―一九三二）研究・檔案』中央研究院臺灣史研究所、二〇一〇年。（中国語）

勝本清一郎『こころの遠近』朝日新聞社、一九六五年。

加藤哲郎『コミンテルンの世界像』青木書店、一九九一年。

加藤哲郎『モスクワで粛清された日本人―三〇年代共産党と国崎定洞・山本懸蔵の悲劇』青木書店、一九九四年。

加藤哲郎「一九二二年九月の日本共産党綱領」『大原社会問題研究所雑誌』四八一―四八二号、一九九八年一二月―一九九九年一月。

加藤哲郎「第一次共産党のモスクワ報告書」『大原社会問題研究所雑誌』四八九・四九二号、一九九九年八月・一九九九年一一月。

加藤哲郎「史料紹介「非常時共産党」の真実—一九三一年のコミンテルン宛報告書」『大原社会問題研究所雑誌』四九八号、二〇〇〇年五月。

加藤哲郎「体制変革と情報戦」『岩波講座 帝国日本の学知』第四巻、岩波書店、二〇〇六年所収。

加藤哲郎「「党創立記念日」という神話」加藤哲郎・伊藤晃・井上学編『社会運動の昭和史 語られざる深層』白順社、二〇〇六年所収。

加藤哲郎「国家権力と情報戦—「党創立記念日」の神話学」『情況』第三期七巻三号、二〇〇六年五月。

加藤哲郎『情報戦と現代史』花伝社、二〇〇七年。

加藤哲郎『ワイマール期ベルリンの日本人—洋行知識人の反帝ネットワーク』岩波書店、二〇〇八年。

加藤哲郎『日本の社会主義—原爆反対・原発推進の論日』岩波書店、二〇一三年。

加藤哲郎『ゾルゲ事件—覆された神話』平凡社、二〇一四年。

加藤哲郎「米国共産党日本人部研究序説—藤井一行教授遺稿の公開によせて」『アリーナ』二〇号、二〇一七年一一月。

加藤哲郎「二〇世紀社会主義・革命運動史を二一世紀にどう描くか—河西英通著『「社共合同」の時代』に寄せて」『大原社会問題研究所雑誌』七三七号、二〇二〇年三月。

川口孝夫『流されて蜀の国へ』私家版、一九九八年。

川越敏孝『回想—戦中・戦後の日中を生きて』岩波ブックセンター、二〇一五年。

川島高峰編『米軍占領下の反戦平和運動 朝鮮戦争勃発前後』現代史料出版、二〇〇〇年。

河西英通『「社共合同」の時代—戦後革命運動史再考』同時代社、二〇一九年。

国谷哲資「北京追憶―若者が体験した戦後日中関係秘史」『アジア社会文化研究』二〇号、二〇一九年三月。

栗原浩英『コミンテルン・システムとインドシナ共産党』東京大学出版会、二〇〇五年。

黒川伊織「日本共産党「二二年綱領草案」問題再考」『大原社会問題研究所雑誌』五九二号、二〇〇八年三月。

黒川伊織「一九二四年二月の日本共産党綱領草案」『大原社会問題研究所雑誌』六〇八号、二〇〇九年六月。

黒川伊織「「第一次共産党」史のメタヒストリー」同志社大学人文科学研究所『社会科学』四〇巻三号、二〇一一年二月。

黒川伊織「〈まいおちるビラ〉と〈腐るビラ〉―朝鮮戦争勃発直後の反戦平和運動と峠三吉・井上光晴」『社会文学』三八号、二〇一三年七月。

黒川伊織「尼崎における日本共産党「五〇年分裂」の展開」杉本昭典（市田良彦・黒川伊織編）『時代に抗する―ある「活動者」の戦後史』航思社、二〇一四年所収。

黒川伊織「一九二〇年代日本思想史と第一次国共合作」『日本思想史学』四六号、二〇一四年九月。

黒川伊織『帝国に抗する社会運動―第一次日本共産党の思想と運動』有志舎、二〇一四年。

黒川伊織「東アジアの「熱戦」とサークル運動―朝鮮戦争下の抵抗の経験」宇野田尚哉・川口隆行・坂口博・鳥羽耕史・中谷いずみ・道場親信『「サークルの時代」を読む―戦後文化運動研究への招待』影書房、二〇一六年所収。

黒川伊織「いやがらせの思想―「ベトナムに平和を！」神戸行動委員会の経験」『大原社会問題研究所雑誌』六九七号、二〇一六年一一月。

黒川伊織「朝鮮人被爆者が／を語る」川口隆行編著『〈原爆〉を読む文化事典』青弓社、二〇一七年所収。

黒川伊織「地方都市から戦後社会を問う―神戸の街から」国立歴史民俗博物館『企画展示「一九六八年」―無数の問いの噴出の時代』国立歴史民俗博物館、二〇一七年。

黒川伊織「反戦平和運動における抵抗と文化／抵抗の文化―神戸港から見た世界」『歴史学研究』二〇一九年一〇月。

黒川伊織「大阪のベトナム反戦運動―労働運動と市民運動の交点で」関西大学経済・政治研究所『研究双書』一六九集、二〇二〇年所収。

久保 亨『社会主義への挑戦 一九四五―一九七一』（シリーズ中国近現代史④）岩波書店、二〇一一年。

久留島義忠「人民戦線時代の革命的海員の国際活動」角岡田賀男編『海上労働運動不屈のあゆみ』私家版、一九八二年所収。

高 榮蘭『「戦後」というイデオロギー―歴史／記憶／文化』藤原書店、二〇一〇年。

小島 亮『ハンガリー事件と日本―一九五六年・思想史的考察』現代思潮新社、二〇〇三年。

小谷一郎『一九三〇年代中国人日本留学生文学・芸術活動史』汲古書院、二〇一〇年。

小谷一郎『一九三〇年代後期中国人日本留学生文学・芸術活動史』汲古書院、二〇一一年。

小谷一郎『創造社研究―創造社と日本』汲古書院、二〇一三年。

国民文化調査会編『左翼文化戦線―その組織と活動』国民文化調査会、一九五六年。

小山弘健『戦後日本共産党史』三月書房、一九五八年。

小山弘健『戦後日本共産党史（増補版）』芳賀書店、一九六六年。

小山弘健『戦前日本マルクス主義と軍事科学』エスエル出版会、一九八五年。

小山弘健『戦後日本共産党史』（新版）こぶし書房、二〇〇八年。

佐野学・鍋山貞親「緊迫せる内外情勢と日本民族及び其労働者階級―戦争及び内部改革の接近を前にしてコミンターン及び日本共産党を自己批判する」私家版、一九三三年。

島田 顕「モスクワのコミンテルン史料―スペイン内戦関連文書の現状」『大原社会問題研究所雑誌』五二五号、二〇〇二年八月。

下斗米伸夫『アジア冷戦史』中央公論新社、二〇〇四年。

下斗米伸夫『日本冷戦史―帝国の崩壊から五五年体制へ』岩波書店、二〇一一年。

社会思想対策調査会調査『日本共産党事件巨頭被告佐野学等の控訴公判廷に於ける陳述の概要』私家版、一九三四年。

「初期コミンテルンと東アジア」研究会編『初期コミンテルンと東アジア』不二出版、二〇〇七年。

杉本昭典（市田良彦・黒川伊織編）『時代に抗する―ある「活動者」の戦後期』航思社、二〇一四年。

角岡田賀男編『海上労働運動不屈のあゆみ―海員刷新会結成から、戦後の海上ゼネストまで』私家版、一九八二年
高崎宗司・朴正鎮編『帰国運動とは何だったのか―封印された日朝関係史』平凡社、二〇〇五年。

高津正道『旗を守りて―大正期の社会主義運動』笠原書店、一九八四年。

竹内栄美子『戦後日本、中野重治という良心』平凡社、二〇〇九年。

田中真人『一九三〇年代日本共産党史論』三一書房、一九九四年。

田中真人「日本共産主義運動史研究・最近の一〇年」加藤哲郎・伊藤晃・井上学編『社会運動の昭和史　語られざる深層』白順社、二〇〇六年所収。

田中真人「日本共産党「五〇年分裂」はいかに語られたか」『キリスト教社会問題研究』五五号、二〇〇六年一二月。

田中隆一「一九三〇年代中国東北における抗日民族統一戦線と「婦女工作」―朝鮮女性解放運動との関連で」『女性史学』二九号、二〇一九年七月。

譚璐美『父の国から来た密使』新潮社、一九九七年。

中国中日関係史学会編『新中国に貢献した日本人たち―友情で綴る戦後史の一コマ』日本僑報社、二〇〇三年。

陳濤先生追悼録刊行会編『陳濤先生追悼録』非売品、一九九一年。

ヂンダレ研究会編『「在日」と五〇年代文化運動―幻の詩誌『ヂンダレ』『カリオン』を読む』人文書院、二〇一〇年。

寺出道雄「「第一次共産党」に関する聞き取り稿本」『三田学会雑誌』一〇三巻一号、二〇一〇年四月。

寺出道雄「戦前期日本共産党に関する聞き取り稿本」『三田学会雑誌』一〇三巻三号、二〇一〇年一〇月。

寺出道雄「「三二年テーゼ草案」と「三二年テーゼ」に関する談話」『三田学会雑誌』一〇四巻一号、二〇一一年四月。

寺出道雄、徐一睿「毛沢東の野坂参三宛て書簡」『三田学会雑誌』一〇四巻一号、二〇一一年七月。

東洋書館編『回想の徳田球一』東洋書館、一九五五年。

外村大『在日朝鮮人社会の歴史学的研究』緑蔭書房、二〇〇四年。

富田武「コミンテルンと日本共産党―旧ソ連アルヒーフ資料から」『歴史評論』第六二七号、二〇〇二年七月。

富田武・和田春樹編訳『資料集コミンテルンと日本共産党』岩波書店、二〇一四年。

中西功『中国革命の嵐の中で』青木書店、一九七四年。

永山正昭『星星之火』みすず書房、二〇〇三年。

名倉一三「私の履歴書―海員刷新会員の一人が歩んだ道」角岡田賀男編『海上労働運動不屈のあゆみ』私家版、一九八二年所収。

名越健郎『クレムリン秘密文書は語る―闇の日ソ関係史』中央公論社、一九九四年。

西川洋「共産党員・同調者の実態―警保局資料による分析」渡部徹編『一九三〇年代日本共産主義運動史論』三一書房、一九八一年所収。

西川洋「在日朝鮮人共産党員・同調者の実態―警保局資料による一九三〇年代前半期の統計的分析」『人文学報』五〇号、一九八一年三月。

西里竜夫『革命の上海で―ある日本人中国共産党員の記録』日中出版、一九七七年。

西村秀樹『大阪で闘った朝鮮戦争』岩波書店、二〇〇三年。

萩原遼『北朝鮮に消えた友と私の物語』文藝春秋、一九九八年。

萩原遼『拉致と核と餓死の国北朝鮮』文藝春秋、二〇〇三年。

黄敏湖『在満韓人社会와民族運動』國学資料院、一九九八年（韓国語）。

朴慶植『在日朝鮮人運動史 八・一五解放前』三一書房、一九七九年。

朴慶植『解放後在日朝鮮人運動史』三一書房、一九八九年。

朴正鎮『日朝冷戦構造の誕生一九四五――一九六五　封印された外交史』平凡社、二〇一二年。

反戦同盟記録編集委員会編『反戦兵士物語―在華日本人反戦同盟員の記録』日本共産党中央委員会出版部、一九六三年。

樋口雄一『金天海―在日朝鮮人社会運動家の生涯』社会評論社、二〇一四年。

日野二郎『共産党の秘密指令―増補版』労働展望社、一九五〇年。

福本勝清解説『中西功訊問調書―中国革命に捧げた情報活動』亜紀書房、一九九六年。

藤井一行「コミンテルンと日本人粛清」『アリーナ』二〇号、二〇一七年一一月。

藤井冠次『伊藤律と北京・徳田機関』三一書房、一九八〇年。

藤井省三『エロシェンコの都市物語』みすず書房、一九八九年。

藤井英男「日本人民戦線運動の経験」『運動史研究』五号、一九八〇年。

不破哲三『日本共産党にたいする干渉と内通の記録―ソ連共産党秘密文書から』新日本出版社、一九九四年。

堀内　稔「一九三〇年代・朝鮮共産党の再建運動」むくげの会編『朝鮮一九三〇年代研究』三一書房、一九八二年所収。

馬伯援『三十三年的贅話』台湾新竹、一九八四年。（中国語）

牧瀬恒二「予防拘禁所での体験から」『運動史研究』一六号、三一書房、一九八五年所収。

松尾尊兊『大正デモクラシー』岩波書店、一九七四年。

松尾尊兊「創立期日本共産党史のための覚書」『京都大学文学部紀要』第一九号、一九七九年。

松尾尊兊『普通選挙制度成立史の研究』岩波書店、一九八九年。

松尾尊兊『大正時代の先行者たち』岩波書店、一九九三年。

松尾尊兊『民本主義と帝国主義』みすず書房、一九九八年。

松尾尊兊「コスモ倶楽部小史」『京都橘女子大学研究紀要』第二六号、二〇〇〇年。

松村高夫「満州における共産党と「満鉄マルクス主義」」加藤哲郎・伊藤晃・井上学編『社会運動の昭和史　語られざる深層』白順社、二〇〇六年所収。

松本健二『戦後日本革命の内幕』亜紀書房、一九七三年。

丸山　昇『ある中国特派員―山上正義と魯迅』（増補版）田畑書店、一九九七年。

水谷尚子『「反日」以前―中国対日工作者たちの回想』文藝春秋、二〇〇六年。

水野直樹「「雨の降る品川駅」の事実しらべ」『季刊三千里』二一号、一九八〇年二月。

水野直樹「在間島日本領事館と朝鮮総督府―「間島共産党事件」をめぐる協力と対立」『人文学報』一〇六号。二〇一五年四月。

道場親信『占領と平和―「戦後」という経験』青土社、二〇〇五年。

満田郁夫「事實としての「雨の降る品川驛」」『梨の花通信』四〇号、二〇〇一年七月。

村田陽一編『コミンテルン資料集』全六巻・別巻、大月書店、一九七八―八五年。

村田陽一編『資料集　コミンテルンと日本』全三巻、大月書店、一九八六―八八年。

村田陽一編『資料集 初期日本共産党とコミンテルン』大月書店、一九九三年。

森　宣雄『地のなかの革命―沖縄戦後史における存在の解放』現代企画室、二〇一〇年。

森宣雄・鳥山淳編『「島ぐるみ闘争」はどう準備されたか―沖縄が目指す〈あま世〉への道』不二出版、二〇一三年。

安嶋外喜雄『左翼文化運動―日本共産党文化統一戦線の実相』民主労働者協会、一九五五年。

矢野笹雄遺稿集刊行委員会『文学に生き革命に生きる―矢野笹雄の遺稿と回想』私家版、一九九〇年。

山泉　進「大杉栄、コミンテルンに遭遇す（付）李増林聴取書・松本愛敬関係資料」『初期社会主義研究』一五号、二〇〇二年。

山根俊郎『カラスよ屍を見て啼くな―朝鮮の人民解放歌謡』長征社、一九九〇年。

山内昭人『リュトヘルスとインタナショナル史研究―片山潜・ボリシェヴィキ・アメリカレフトウィング』ミネルヴァ書房、一九九五年。

山内昭人『初期コミンテルンと在外日本人社会主義者―越境するネットワーク』ミネルヴァ書房、二〇〇九年。

山内昭人『戦争と平和、そして革命の時代のインタナショナル』九州大学出版会、二〇一六年。

山辺健太郎編『現代史資料　社会主義運動』全七巻、みすず書房、一九六四―六八年。

山辺健太郎『社会主義運動半生記』岩波書店、一九七六年。

山本武利『占領期メディア分析』法政大学出版局、一九九六年。

尹　健　次『思想体験の交錯―日本・韓国・在日一九四五年以降』岩波書店、二〇〇八年。

尹　健　次「民戦から朝鮮総連へ―路線転換の歩み」『在日朝鮮人史研究』四三号、二〇一三年。

吉田健二「『民衆新聞』の主筆として―砂間一良氏に聞く（上）（下）」『大原社会問題研究所雑誌』六〇一・六〇三号、二〇〇八年一二月・二〇〇九年一月。

吉田健二「証言：日本の社会運動　終戦の和平工作と政治犯釈放のころ―山崎早市氏に聞く（一）（二）」『大原社会問題研究所雑誌』六二六―六二七号、二〇一〇年一二月―二〇一一年一月。

吉田健二「証言：日本の社会運動　戦時抵抗と政治犯の釈放―岩田英一氏に聞く（一）（二）（三）」『大原社会問題研究所雑誌』六五三・六五五―六五六号、二〇一三年三月・五―六月。

米谷匡史『アジア／日本』岩波書店、二〇〇六年。

李　実　根『プライド―共生への道　私とヒロシマ』汐文社、二〇〇六年。

脇田憲一『朝鮮戦争と吹田・枚方事件』明石書店、二〇〇四年。

渡部　徹『日本労働組合運動史―日本労働組合全国協議会を中心として』青木書店、一九五四年。

渡部　徹「一九三〇年代日本共産党論―壊滅原因の検討」渡部徹編『一九三〇年代日本共産主義運動史論』三一書房、一九八一年所収。

渡部義通述『思想と学問の自伝』河出書房新社、一九七四年。

和田長久『原子力と核の時代史』七つ森書館、二〇一四年。

和田春樹『歴史としての野坂参三』平凡社、一九九六年。

和田春樹・高崎宗司『検証日朝関係六〇年史』明石書店、二〇〇五年。

主要人物略伝

【日本人】

伊藤　律（一九一三—八九年）　日本共産党中央委員。旧制一高在学中に共産青年同盟に加入し、一九三八年党再建運動で検挙される。敗戦後の八月二〇日に仮出獄して徳田球一の右腕として戦後初期の共産党で活躍し、「社共合同」を推進した。一九五一年に北京機関に移り、徳田の病状悪化後に北京で幽閉され、一九八〇年に奇跡的に帰国を果たした。著書に『伊藤律回想録—北京幽閉二七年』（一九九三年）などがある。

風間丈吉（一九〇二—六八年）　第二次日本共産党最高指導者。高等小学校卒業後に労働者になり友愛会に加盟、東方勤労者共産大学（クートヴェ）に留学しソ連共産党党員候補となったのち帰国して、「武装共産党」壊滅後の党中央委員会を率いる。一九三二年一〇月検挙され、一九三四年四月転向を理由に除名される。戦後は労農前衛党、世界民主研究所などで反共の立場で運動を行った。著書に『モスコウにつながる日本共産党の歴史』（一九五一年）、『「非常時」共産党』（一九七六年）などがある。

春日庄次郎（一九〇三—七六年）　日本共産党中央委員。旧制立命館中中退。日本労働組合評議会で活動し東方勤労者共産大学（クートヴェ）に留学、帰国後第二次日本共産党に入り三・一五事件で検挙される。一九三七年一月非転向で満期出獄すると日本共産主義者団を結成して党再建運動を行うが一九三八年九月に検挙され、一九四五年一〇月宮城刑務所を出獄する。「五〇年分裂」では国際派（春日派）に立ち、のち構造改革路線に接近して一九六一年に除名される。除名後は統一社会主義同盟を経て共産主義労働者党に参加した。著書に『社会主義への日本の道—日本共産党綱領草案への意見書』（一九六一年）、『草の実』（一九八六年）、追悼集『追悼　春日庄次郎』（一九七六年）がある。

片山　潜（一八五九—一九三三年）　コミンテルン執行委員会幹部会員。苦学の末一八八四年渡米してイェール大学で学びキリスト教に入信した。一八九五年に帰国すると、草創期の労働運動を担い、一九〇一年に社会民主党結成に参加した。一九〇四年の第二インタナショナルアムステルダム大会では、ロシアのプレハーノフと握手を交わして日露戦争への反対を訴え、一九〇七年以降は議会進出論の立場をとって幸徳秋水ら直接行動派と対立する。一九一一―一二年の東京市電争議を指導して検挙され、出獄後の一九一四年に渡米し日本に戻ることはなかった。渡米後はボリシェヴィズムを受容してアメリカ共産党に参加し、在米日本人社会主義者団を指導して一九二一年末にソヴィエト・ロシアに入国する。以降、コミンテルン執行委員会幹部会員として、日本共産党や朝鮮共産党を担当した。著書に、『日本の労働運動』（一九〇一年）、『自伝』（一九二二年）などがある。

神山茂夫（一九〇五―七四年）　日本共産党中央委員。旧制成城中卒業後、労働者となり全協、第二次日本共産党、全協刷新同盟で活動する。一九三五年七月に検挙され、一九四一年五月に党再建運動で再検挙される。戦後は天皇制国家の位置づけをめぐる論争（志賀・神山論争）で知られ、衆議院議員一期を務めるが、一九五四年「神山派」として除名される。一九五八年に復党するが、部分的核実験禁止条約を支持して一九六四年に除名された。除名後は日本共産党（日本のこえ）を経て、クラブ有声社でミニコミ『通信方位』を出し続けた。著書に『天皇制に関する理論的諸問題』（一九四七年）、『戦争と弾圧に抗して―満洲事変下の日本の革命運動』（一九五三年）などがあり、死後に『神山茂夫著作集』全四巻（一九七五年）も編まれた。

近藤栄蔵（一八八三―一九六五年）　第一次日本共産党最高指導者、プロフィンテルン常任委員。高等小学校卒業後に渡米し、働きながらカリフォルニア農学校を卒業する。一時日本に戻るも再渡米して片山潜と出会い、在米日本人社会主義者団に入り、日本での共産党結成を目指して一九一九年に帰国した。帰国後は山川均に働きかけて日本共産党暫定中央執行委員会を発足させ、事実上日本共産党の最初の最高指導者となるが、一九二二年以降は冷遇され一九二三年のソ連入り後はプロフィンテルンで活動した。一九二六年一一月に帰国すると第二次日本共産党から離れ、日本労農党、全国労農大衆党で活動したのち国家社会主義に転じる。一九四二年八月に検挙され、戦後は公職追放ののち全国戦災者事業団を組織して社会福祉事業を行った。著書に『コムミンテルンの密使』（一九四九年）などがある。

佐野　学（一八九二―一九五三年）　第二次日本共産党最高指導者、コミンテルン執行委員会幹部会員。旧制七高から東京帝大に進み、大学院在学中に新人会設立に参加した。卒業後は満鉄嘱託を経て早大講師となり、第一次日本共産党に入党した。「特殊部落民解放論」（一九二一年）は全国水平社の創立を促す論考となり、『日本社会史序論』（一九二二年）は唯物史観に基づく日本史研究の嚆矢として評価される。一九二三年以降はウラジオストクやモスクワで活動し、帰国後は共産主義グループを経て第二次日本共産党の最高指導者となった。コミンテルン第六回大会で幹部会員に選出され、一九二九年六月に帰国途上の上海で検挙され、日本に送還された。獄中最高幹部として日本共産党公判闘争を指導し、一九三三年六月に転向声明を発表して衝撃を与えた。一九四三年に満期出獄して、敗戦後は労農前衛党や日本政治経済研究所で反共運動を指導した。『佐野学集』全六巻（一九三〇年）、『佐野学著作集』全五巻（一九五七―五八年）などがある。

志賀義雄（一九〇一―八九年）　日本共産党中央委員。旧制一高を経て東京帝大卒。新人会、共産青年同盟で活動し、亀戸事件に衝撃を受け第一次日本共産党に入党した。卒業後は産業労働調査所を経て、『マルクス主義』編集発行人などアジ・プロ部の活動を担い、三・一五事件で検挙された。刑期満了後も予防拘禁され徳田らと獄内細胞を結成し、一九四五年一〇月の政治犯釈放により出獄する。コミンフォルム批判の際には「志賀意見書」を発して主流派と対立し、六全協により公然活動に復帰した。一九六四年ソ連派として除名され、日本共産党（日本のこえ）を結成した。衆議院議員六期を務めた。

志田重男（一九一一―七一年）　日本共産党中央委員。高等小学校一年修了後旋盤工となる。第二次日本共産党、全協で活動して一九三三年に検挙された。満期出獄後予防拘禁されて一九四四年に出獄し、敗戦後は共産党大阪府委員会を再建した。「五〇年分裂」では主流派として地下活動に入って軍事路線を指導し、総点検運動による党内の粛清をはかった。六全協後に地下活動から復帰するが、「待合遊興」など不明朗な党資金の使い込みを批判されて一九五六年失踪、一九五七年除名された。『志田重男遺稿集』（一九七五―七六年）がある。

田中清玄（一九〇六―九三年）　第二次日本共産党最高指導者。旧制弘前高から東京帝大に進み亀井勝一郎とともに新人会に入り、四・一六事件後には党中央委員会を再建して「武装共産党」を率いる。一九三〇年七月に検挙され一九三四年に転向、一九四一年に出獄後は政界ともつながりを持ち、戦後は実業界で大成功を収めて政界のフィクサーとして知られた。著書に『田中清玄自伝』（一九九三年）などがある。

徳田球一（一八九四―一九五三年）　日本共産党書記長。沖縄に生まれ苦学の末日大を卒業して弁護士となり、日本社会主義同盟や水曜会に参加して社会主義への関心を深める。第一次日本共産党にはじまり、共産主義ビューロー、共産主義グループを経て第二次日本共産党の創立に関わるが、一九二八年二月に検挙され、敗戦まで「獄中一八年」を非転向で過ごしたことでカリスマ的存在となる。戦後日本共産党の書記長に就任すると、「徳球」の愛称で親しまれるが、その党運営には「家父長的」との批判ものちに浴びせられる。「五〇年分裂」後は北京に密航して国内の臨時中央指導部の指導にあたるが、持病の悪化により一九五三年一〇月に同地で客死した。その死は六全協（一九五五年七月）まで伏され、六全協後に遺骨が日本へと帰還した。著書に『獄中一八年』（一九四七年）が、死後に『徳田球一全集』全五巻（一九八五―八六年）が編まれている。養女の西沢摩耶子は西沢隆二夫人である。

中野重治（一九〇二―七九年）　作家・詩人、日本共産党中央委員。旧制四高から東京帝大に進み在学中から創作活動を行いながら新人会で活動する。卒業後は日本プロレタリア芸術連盟、全日本無産者芸術連盟などで活動し第二次日本共産党に入党する。一九三二年四月に検挙され獄中で転向し出獄するが、一九三七年一二月には執筆禁止命令を出された。戦後に新日本文学会の創設に関わり共産党に入党して、参議院議員一期を務める。「五〇年分裂」では国際派の立場を取りながら創作を続け、一九六四年に除名されたのちは、日本共産党（日本のこえ）に参加し、のちクラブ有声社で政治的・社会的発言を続けた。『中野重治全集』全二八巻に加え、評伝に竹内栄美子『戦後日本、中野重治という良心』（二〇〇九年）、松下裕『評伝中野重治』（二〇一一年）などがある。

鍋山貞親（一九〇一―七九年）　第二次日本共産党最高指導者。小学校卒業後労働者となり大阪で友愛会やＬＬ会に加入して社会主義に接近した。第一次日本共産党に入党して総同盟、評議会など労働運動の現場で活動し、共産主義グループを経て第二次日本共産党の創立に加わり最高幹部のひとりとなるが、四・一六事件で検挙され、獄中にあった一九三三年六月に佐野学とともに転向声明を発表した。一九四〇年に出獄し、戦後は労農前衛党、世界民主研究所などで反共の立場で運動を行った。著書に『私は共産党をすてた』（一九四九年）などがあり、死後に『鍋山貞親著作集』（一九八九年）も編まれている。

西沢隆二（一九〇三―七六年）日本共産党中央委員。旧制二高中退後に全協、日本プロレタリア芸術連盟、日本プロレタリア作家同盟、第二次日本共産党などで活動し、一九三四年一月に検挙される。刑期満了後も予防拘禁され、敗戦後に出獄すると徳田球一の女婿となり、「五〇年分裂」では北京機関で活動した。一九六六年に除名されたのちは、毛沢東思想学院を創設するとともに日中貿易商社・五同産業を経営して全共闘運動・入管闘争に資金援助を行った。ぬやま・ひろしの筆名で知られる詩人でもあり、獄中で編んだ『編笠』（一九四六年）所収の「若者よ」で知られる。

野坂参三（一八九二―一九九三年）日本共産党名誉議長・コミンテルン執行委員会幹部会員。慶大卒業後に友愛会に入り、渡航先のイギリスでイギリス共産党に入党した。帰国後は総同盟、第一次日本共産党で活動し、一九二四年には調査・研究機関として産業労働調査所を発足させた。第二次日本共産党に入党して三・一五事件で検挙されるが眼病を理由とする保釈後に入露し、コミンテルンのエージェントとして戦時中のアメリカ・中国で活動する。一九四六年一月に一八年ぶりに帰国し、「占領下平和革命論」を掲げて四〇年代後半共産党の路線をリードした。「五〇年分裂」では主流派に立ち、北京機関で活動したのち、一九五五年に帰国した。一九五八年には日本共産党議長に就任し、衆議院議員三期、参議院議員四期を務めたが、一九九二年に山本懸蔵をスパイとして告発したとして除名され間もなく死去した。著書に『風雪のあゆみ』全八巻（一九七一―八九年）などがある。

野呂栄太郎（一九〇〇―三四年）第二次日本共産党最高指導者。慶大在学中から産業労働調査所で日本資本主義に関

する調査・研究に従事し、卒業論文「日本資本主義発達史」をまとめた。一九三〇年一月入党し、翌月刊行された『日本資本主義発達史』により日本資本主義論争の表舞台に躍り出ると、一九三二年からは『日本資本主義発達史講座』の編纂に携わり、講座派の中心となる。並行して弾圧が相次ぐ党中央委員会を引き継ぎ、一九三三年一一月に検挙され、官憲による拷問の末釈放後間もなく死亡した。野呂の思想の全体像は、戦後刊行された『野呂栄太郎著作』全三集（一九四九年）および『野呂栄太郎全集』（一九六五―六七年）により紹介された。

袴田里見（一九〇四―九〇年）　第二次日本共産党最高指導者・日本共産党中央委員。攻玉社中中退後に東京合同労組で活動し、東方勤労者共産大学（クートヴェ）に留学した。一九二八年五月に帰国後すぐに検挙され、一九三二年一〇月に出獄すると宮本顕治とともに党中央委員会を担い、一九三五年三月獄外にあった「最後の中央委員」として検挙される。一九四五年一〇月に宮城刑務所を出獄し、「五〇年分裂」では国際派としてただひとりモスクワに召喚され「五一年綱領」起草に立ち会った。一九五七年六月に北京機関から帰国してくると第七回大会で幹部会に選出され長く党幹部の地位を保ったが、一九七七年に宮本と対立して除名された。

福本和夫（一八九四―一九八三年）　第二次日本共産党最高指導者。旧制一高・東京帝大卒業後、旧制高校教授としてワイマール・ドイツに留学し、フランクフルト大学社会研究所でルカーチ、コルシュらに学ぶ。一九二四年の帰国後はマルクス主義の本場ドイツで身につけた知識をもとに日本の『資本論』研究を批判して言論界に現れると、山川均の「方向転換論」を批判して、少数の前衛による理論闘争と政治闘争の必要を説いて多くの学生マルキストに影響を及ぼした。第二次日本共産党の幹部となるが、福本の主張はコミンテルンに批判され、三・一五事件で検挙された。一九四一年に刑期満了とともに予防拘禁されるが一九四二年に出獄した。一九五〇年に共産党に復帰するが、「五〇年分裂」では独自グループとして統一協議会を組織して主流派とも国際派とも対立し、一九五八年に党籍が消滅したとみられる。以降、日本ルネッサンス史研究に従事した。著書に『社会の構成及び変革の過程』（一九二六年）、『経済学批判のために』（一九二八年）、『日本ルネッサンス史論』（一九六七年）などがあり、著作集も編まれている。

宮本顕治（一九〇八―二〇〇七年）　日本共産党中央委員・日本共産党書記長・日本共産党幹部会委員長・日本共産党議長。旧制松山高から東京帝大に進み、「敗北の文学」（一九二九年）により文壇デビューした。一九三一年の第二次日本共産党の入党後は壊滅期の党中央を支え、一九三三年一二月にスパイ査問事件により検挙された。一九三四年に作家の中條百合子（宮本百合子）と獄中結婚し、獄外の百合子との往復書簡はのち『十二年の手紙』（一九五〇年）にまとめられた。一九四五年一〇月に網走刑務所から釈放後は党理論誌『前衛』主幹などを務め、「五〇年分裂」では国際派の立場に立ち閑職に追われた。六全協を経て一九五七年の第七回大会で党の指導権を確立し一九五八年に党書記長に就任、一九六四年に志賀義雄らソ連派を除名、一九六六年に西沢隆二ら中国派を除名して党の「自主独立」路線を進める。一九七〇年の第一一回大会で党幹部会委員長に就任してその体制を盤石とした。一九八二年党議長に就任し、一九九七年に引退した。死後に『宮本顕治著作集』全九巻（二〇一二―一三年）が編まれた。

山川　均（一八八〇―一九五八年）　第一次日本共産党最高指導者。同志社中退後上京して日本社会党に参加し、一九〇八年の赤旗事件で検挙される。一九一六年再上京して堺利彦が経営する売文社に参加し、日本社会主義同盟を経て近藤栄蔵とともに日本共産党暫定中央執行委員会を組織して第一次日本共産党を事実上成立させた。日本共産党の最初の綱領的文書である「二二年九月綱領」を起草し、のちには合法無産政党の組織化を決断した。第一次日本共産党の解党後は党再建運動と距離を置くも、一九二六年に共産主義ビューローに加入するが、第二次日本共産党には参加せず、『労農』を創刊して非共産党系マルクス主義者の糾合に努め労農派を形成した。一九三七年第一次人民戦線事件で検挙され、敗戦後は日本社会党の創立に参加し、民主人民戦線の創設を訴えたが実現せず、一九五一年に大内兵衛らとともに社会主義協会を結成した。『山川均全集』全二〇巻（一九六六―二〇〇三年）があり、最新の評伝に石河康国『マルクスを日本で育てた人―評伝・山川均』（二〇一四年）、米原謙『山川均―マルキシズム臭くないマルキストに』（二〇一九年）がある。

山本懸蔵（一八九五―一九三九年）　第二次日本共産党最高指導者。小学校卒業後上京して労働者となり友愛会に加入、一九一八年には米騒動で検挙された。出獄後は故郷に近い日立銅山などで労働運動を続け、総同盟の左派として第一次日本共産党で活動する。評議会、第二次日本共産党で活動し、三・一五事件の際にソ連入りして以降モスクワで日本共産党代表として活動した。一九三七年逮捕され命を落とした。ウラジオストクで知り合った妻の関マツも逮捕され強制収容所に送られるが、のち名誉回復され、帰国を望みながらモスクワで亡くなった。

渡辺政之輔（一八九九―一九二八年）第二次日本共産党最高指導者、コミンテルン執行委員候補。小学校卒業後セルロイド工場で働きながら新人会、友愛会に参加し、南葛労働協会の一員として第一次日本共産党に入党した。第一次共産党事件で検挙されたため亀戸事件を免れ、出獄後は南葛労働協会を東京東部合同労組に発展させ、評議会、第二次日本共産党の創立に参加した。一九二八年モスクワからの帰国途上、台湾の基隆で警官隊に追い詰められ亡くなった。「渡政」と呼ばれ相当の人望を集めた彼の没後、その死去日は「渡政デー」とされ、大衆的カンパニアが実行された。

【朝鮮人】

林　和（一九〇八―五三年）詩人。一九二六年朝鮮プロレタリア芸術同盟に加入し、一九二九年に東京に留学する。一九三一年に帰国後は朝鮮プロレタリア芸術同盟書記長を務める。一九四六年にソウルで朝鮮文学家同盟を組織し、一九四七年に三八度線を越えて北朝鮮に入るが、一九五三年に南朝鮮労働党系（国内派）への粛清により処刑された。林和をモデルとした創作に、松本清張「北の詩人」（一九六二年）がある。

金天海（一八九九年―不明）日本共産党中央委員、朝鮮人運動指導者。一九二二年に東京に留学して日大に学ぶ。朝鮮人の労働運動に身を投じて東京朝鮮労働同盟会に参加し、在日本朝鮮労働総同盟中央委員として争議の指導を行った。並行して朝鮮共産党に入党するが一九二八年一〇月に検挙される。出獄後『朝鮮新聞』（朝鮮語）を発刊するが、一九三六年八月再び検挙され、刑期満了後は予防拘禁される。一九四五年一〇月政治犯釈放により府中刑務所を出獄すると、在日本朝鮮人連盟、日本共産党で活動し、一九四九年の在日本朝鮮人連盟強制解散の際に公職追放される。一九五〇年五月北朝鮮に渡って朝鮮労働党中央委員などを歴任するが、一九七〇年以降その消息はとだえた。評伝に樋口雄一『金天海――在日朝鮮人社会運動家の生涯』（二〇一四年）がある。

金斗鎔（一九〇三年―不明）　日本共産党中央委員候補、朝鮮人運動指導者。旧制三高を経て東京帝大に入学し、新人会、日本プロレタリア芸術連盟で活動する。朝鮮プロレタリア芸術同盟東京支部の設立に参加し、一九二九年以降は在日本朝鮮労働総同盟の日本労働組合全国協議会への解消を推進するなど、労働運動の場で活動した。解放後は在日本朝鮮人連盟、日本共産党で活動し、事実上共産党による朝鮮人への指導を担った。一九四七年北朝鮮に渡り、北朝鮮労働党中央委員候補を務めるが、以降その消息はわからない。

金若水（一八九二―一九六四年）　一九一四年東京の正則英語学校に留学、一九一六年中国に渡り三・一運動直後に帰国して朝鮮労働共済会に参加した。一九二一年再び東京へ渡って社会主義運動を展開して、一九二三年の帰国後は朝鮮共産党の創立に参加するが、検挙・投獄が続く。解放後は韓国民主党に参加して南朝鮮単独選挙に反対し、一九四八年には国会副議長となるが、一九四九年に南朝鮮労働党フラクションの容疑で逮捕され、朝鮮戦争勃発後に北朝鮮に入った。以降北朝鮮で在北平和統一促進協議会常任幹事を務めた。

【中国人】

王学文（一八九五―一九八五年）　一九一〇年に東京に留学し、旧制一高を経て京都帝大で河上肇に学ぶ。大学院在学中の一九二七年夏に共産主義青年団に入り、直後に帰国して中国共産党に入党し、上海で創造社、日支闘争同盟に加入し大学等で教鞭を執った。一九三七年延安に入り、中共中央党校・日本労農学校で指導する。戦後は中国共産党中央委員会宣伝部、中国科学院などを歴任し、中国における『資本論』研究の大家として知られた。

趙安博（一九一五―九九年）　東京に留学して旧制一高に学び、中退後帰国して中国共産党に入党し、八路軍従軍を経て、延安の日本労農学校で指導する。戦後は中国共産党対外連絡部で北京機関を指導し、一九五四年には中国紅十字団代表団として廖承志らと来日して、日中共産党の連絡に従事した。文化大革命で失脚するが、のち名誉回復された。回想に「趙安博回想録」（水谷尚子『「反日」以前――中国対日工作者たちの回想』二〇〇六年）がある。

廖承志（一九〇八―八三年）　廖仲愷、何香凝の両親のもと東京で生まれ、一九一九年帰国する。一九二七年早大第一高等学院入学のため再び東京に来るが、翌年には帰国して中国共産党に入党し、ヨーロッパでの活動に従事したのち、モスクワの孫逸仙大学に学んだ。一九三二年帰国後は長征に参加し、のち香港で抗日民族統一戦線の結成に関わった。一九四九年には中国共産党の華僑工作の責任者となり、一九五四年に中国紅十字団代表団として二六年ぶりの訪日を果たした。一九六二年には高碕達之助との間に「ＬＴ貿易覚書」を締結して日中貿易を推進し、一九六四年以降は日中友好協会会長を務めた。中国随一の知日家であった。

【台湾人】

楊春松（一八九九―一九六一年）　日本統治下の台湾に生まれ、一九二六年に上海に渡って中国国民党、中国共産党に加入する。中国共産党では日本から帰国してきた王学文の同僚だった。台湾共産党に加入後台湾に戻り、一九二九年の二・一二事件（台湾農民組合への弾圧）で検挙される。一九三〇年上海へ再渡航して反帝大同盟に参加し、一九三二年に検挙され台湾に送還される。一九三八年に出獄後東京へ移り、日本の敗戦後は東京華僑連合会の設立を主導した。一九四六年以降日本共産党で活動しながら華僑・留学生細胞の結成を指導し、一九五〇年中国へ渡り北京機関で活動、その後中国共産党に移って対日活動に従事した。評伝に楊国光『ある台湾人の軌跡――楊春松とその時代』（一九九九年）がある。

あとがき

本書執筆のお話を有志舎の永滝稔さんからいただいたのは、二〇一六年の年の瀬だった。その後、私の闘病が続き、永滝さんには随分とご心配をおかけした。あらためて振り返ると、本書は二〇〇三年に大学院に進学してから私が取り組んできた諸研究――一九二〇年代社会主義運動史研究・戦後文化運動研究・戦後共産党史研究・ベトナム反戦運動研究――のひとつの到達点となっている。ここまで完成をお待ちくださった永滝さんに、心からお詫びと感謝を申し上げる。

大学院修了後のこの一〇年間、私の生活はさまざまな方々のご厚情によって支えられてきた。まずは、無給研究員として在籍する神戸大学大学院国際文化学研究科の専任教員・事務職員の皆様に感謝を申し上げる。そして、学位取得の翌月から私を雇用し、経済的安定のもとでの研究を可能にしてくださった山﨑謙次さん、堀内稔さんに感謝を申し上げる。堀内さんには、ハングルの翻訳も助けていただいた。資料面でのさまざまなお願いは、大阪産業労働資料館（エル・ライブラリー）の谷合佳代子さん、千本沢子さんが引き受けてくださった。「日本一貧乏な図書館」を切り盛りするお二人に感謝を申し上げる。あわせて、エル・ライブラリーへの皆様の支援をお願いしたい。

本書には繰り返し「雨の降る品川駅」が登場するが、これには私の個人的な経験が反映されている。私の母は、広島でべ平連に参加した経験を持つ。そのような「母の歴史」を知ったのは、二〇〇八年の秋「今、中野重治の「雨の降る品川駅」を読んでいる」と私がふと言った際、しばし黙り込んだ母が、「もう時効だから言うけど、実は私はべ平連だった」と返してきた時だった。それ以来、時折当時のことを話すようになった母が、私の本棚を眺めて「昔あの本を読んだ」と指さしたのが、増岡敏和（二三〇頁参照）が編んだ『峠三吉作品集』であり、深川宗俊の『鎮魂の海峡―消えた被爆朝鮮人徴用工二四六名』（三〇〇頁参照）であった。そして、このような一連の経験――「一九二〇年代」のプロレタリア国際主義を象徴する「雨の降る品川駅」が、母の「一九七〇年代」の経験を思い起こさせ、そして「一九七〇年代」の母が見つめていた「一九五〇年代」の記憶を呼び覚ましていく――を顧みるなかで、私は「雨の降る品川駅」こそが、中野がグラムシを参照しつつ提起した「新しい世代と古い世代とを正当につなぐ「歴史的媒介環」」（「二つの世代をつなぐ環の欠如」『新日本文学』一九七三年二月号）なのではないかと直感したのだ。

　この着想を具体化する示唆を与えてくださったのが、本書でも言及してきた犬丸義一先生（一九二八―二〇一五年）と直原弘道さん（一九三〇―二〇一七年）である。ともに敗戦後に入党し、「五〇年分裂」では国際派の立場をとられた。朝鮮戦争下で反戦運動・文化運動を担った直原さんは、六全協後に党に復帰するものの、構造改革論（本人は「春日派だ」とおっしゃっていたが）に接近して党を離れ、統一社会主義同盟を結成された。『講座現代のイデオロギー』（二八二頁参照）の執筆者でもあるお二人が私に語ってくださったご経験の数々を思い返しながら、そしてお二人が私に託してくださった史料の山に囲まれながら、本書の構想に悩む日々が続いた。

そのような時期に、二〇一九年度歴史学研究会大会現代史部会での報告の機会を得たことは、本書の構想を大きく前進させる力となった。戸田山祐さんをはじめとする現代史部会の皆様、報告者の竹本真希子さん、コメントの油井大三郎先生、米谷匡史さんに感謝を申し上げる。

なんとか形になった草稿に目を通してくださったのは、鄭良二さん、森井雅人さん、鄭悠紀さんである。初校の段階では、朝鮮近代史の田中隆一さん、沖縄現代史の戸邉秀明さんのご厚情に大いに助けられた。豊富な知識を惜しみなく私に分け与えてくださった皆様に、感謝を申し上げる。そして、日本共産党で二〇年の専従経験を持つ仲村辰男さんに校正を手伝っていただいた。現在は党籍なしに地域活動を支える仲村さんとの議論により、本書の「その後」——議会政党としての共産党／革新自治体の経験と市民運動との相剋——の解明を、私の次なる課題として見すえることになった。

ところで、私が出会った「五〇年分裂」期のコミュニストのすべてが男性であった。彼らのなかには、革命の美名の下に家族を抑圧し、生活を破綻させた者も多い。党内での抑圧的体制を批判しながら家庭内で「暴君」として振る舞った彼らの思想／行動は、「マッチョな社会運動」（拙稿「「マッチョな社会運動」の「終わりのはじまり」——社会運動の「１９６８年」」『社会運動史研究』二号、二〇二〇年四月）にとどまらず、同時代の日本社会のジェンダーそのものにほかならない。本書ではこの問題にふれる余裕はなかったが、この問題を念頭に置きつつ研究を続けたい。

息子が二〇歳を迎え、そして父の急死から二八年を経る今年、本書をまとめることができて安堵している。思えば、私が朝鮮人強制連行を知ったのは、小学校の頃に父から教えられてであった。父の遺した伊藤秀一『アジアの民族運動』（一九八五年）に、父による多くの書き込みを見つけた時には、父と研究の話ができなかった無念をただかみしめるほかなかった。

最後に、宇野田尚哉なしに本書はあり得なかった。本書が完成するまで、そしてこれから先も、「後だて前だて」としてともに生きる宇野田に、心から感謝する。

二〇二〇年三月

黒川伊織

【付記】本書は、科学研究費補助金　基盤研究（C）課題番号 19K00320「戦争と革命の二〇世紀を生きた表現者たち――左派社会運動と文学運動の交錯」（研究代表者・黒川伊織）による研究成果の一部である。

著者略歴

黒川伊織（くろかわ　いおり）

1974年広島市生まれ　神戸大学大学院総合人間科学研究科博士後期課程修了　博士（学術）

現在、会社員　神戸大学大学院国際文化学研究科協力研究員　大阪産業労働資料館（エル・ライブラリー）特別研究員

〔主要業績〕

『帝国に抗する社会運動―第一次日本共産党の思想と運動』有志舎、2014年。

『「1968年」―無数の問いの噴出の時代』（企画展図録、共著）国立歴史民俗博物館、2017年。

「反戦平和運動における抵抗と文化／抵抗の文化―神戸港から見た世界」『歴史学研究』989号、2019年。

戦争・革命の東アジアと日本のコミュニスト

1920－1970年

2020年9月25日　第1刷発行

2023年3月15日　第2刷発行

著　者　黒川伊織

発行者　永滝　稔

発行所　有限会社　有　志　舎

〒166-0003　東京都杉並区高円寺南4-19-2

クラブハウスビル1階

電話　03(5929)7350　FAX　03(5929)7352

http://yushisya.webnode.jp

ＤＴＰ　閏月社

装　幀　奥定泰之

印　刷　モリモト印刷株式会社

製　本　モリモト印刷株式会社

ISBN978-4-908672-43-9

索　　引

〈人　名〉

凡例：日本人名は50音順，中国人名は日本語読みの50音順，朝鮮人名は韓国の漢字音に基づいてカタカナで表記した姓名の50音順に配列した．

ア　行

カ　行

サ　行

タ　行

ナ　行

ハ　行

マ　行

ヤ　行

ラ　行

ワ　行

〈事　項〉

ア　行

カ　行

サ　行

タ 行

ナ　行

ハ　行

マ　行

ヤ　行

ラ　行

関係年表

	日本共産党／日本の動き	国際共産主義運動／世界の動き
1914年	9月　片山潜、アメリカに事実上亡命	7月　第1次世界大戦勃発
1915年	1月　中国に「21カ条」要求	9月　ツインメルバルト会議
1917年		11月　ロシア10月革命（ソヴィエト政権樹立）
		1月　ウィルソン「14カ条」発表
1918年	7月　米騒動はじまる 8月　シベリア出兵はじまる	11月　ドイツ革命（共和国樹立）、第1次世界大戦終結
1919年		1月　ドイツ共産党創立、パリ講和会議開催 3月　朝鮮3・1運動、コミンテルン創立大会 4月　大韓民国臨時政府樹立 5月　中国5・4運動 7月　第1次カラハン宣言
1920年	3月　戦後恐慌はじまる 10月　大杉栄、上海に渡航 12月　日本社会主義同盟創立大会	4月　極東共和国成立(～22年11月) 7-8月　コミンテルン第2回大会
1921年	4月　日本共産党暫定中央執行委員会成立 5月　近藤栄蔵、上海に渡航 10月　反軍ビラ事件（暁民共産党事件） 12月　グレイ事件	1月　イタリア共産党結成 3月　ロシア共産党新経済政策決定、ドイツ共産党3月闘争 6-7月　コミンテルン第3回大会 7月　中国共産党創立、プロフィンテルン創立 11月　ワシントン会議開催
1922年	8月　日本共産党第1回大会開催 10月　シベリア駐屯日本軍の撤兵完了	1月　極東諸民族大会 10月　イタリア、ファシストの「ローマ進軍」 11-12月　コミンテルン第4回大会 12月　ソ連成立
1923年	2月　日本共産党第2回大会（市川大会）開催 3月　日本共産党臨時党大会（石神井臨時党大会）開催	1月　孫文・ヨッフェ共同宣言

	6月　第1次共産党事件	
	9月　関東大震災、亀戸事件・甘粕事件	
	10月　日本共産党第「3」回大会開催	10月　ドイツ共産党蜂起
	10月　日本政府、普選断行声明	11月　孫文「連ソ・容共・扶助工農」の三大政策発表
	12月　虎ノ門事件	
1924年		1月　第1次国共合作成立、レーニン没、イギリス労働党内閣成立（〜10月）
		2月　イギリス・イタリア、ソ連承認
	3月　第1次日本共産党解党	
		5月　中ソ国交樹立
		6-7月　コミンテルン第5回大会
		7月　アメリカ、排日移民法実施
		10月　フランス、ソ連承認
1925年	1月　日ソ基本条約調印（日ソ国交樹立）、上海会議で日本共産党再建方針決定	
	2月　在日本朝鮮労働総同盟結成	3月　孫文没
	4月　治安維持法公布	4月　第1次朝鮮共産党創立
	5月　日本労働組合評議会結成、男子普通選挙法公布	5月　中国5・30事件はじまる
	6月　ヤンソン、東京のソ連大使館に着任	
		7月　広東国民政府樹立
	9月　共産主義ビューロー成立、『無産者新聞』創刊	
	12月　農民労働党結党（即日結社禁止）	12月　ソ連共産党第14回大会、スターリンの「一国社会主義」論を採択
1926年	1月　京都学連事件	
	3月　労働農民党結党	2月　第2次朝鮮共産党成立
		5月　朝鮮共産党満洲総局成立
		7月　国民革命軍、北伐開始
	12月　日本共産党第3回大会（五色温泉大会）開催＝第2次日本共産党成立、社会民衆党・日本労働党結成	12月　第3次朝鮮共産党成立
1927年		2月　武漢国民政府樹立、反帝国主義植民地抑圧反対国際大会開催（ブリュッセル）

	3月　金融恐慌はじまる	3月　国民革命軍、南京占領（南京事件）
		4月　4・12クーデター、南京国民政府樹立
	5月　第1次山東出兵、対支非干渉全国同盟成立、朝鮮共産党日本総局活動開始	5月　イギリス、ソ連と断交
		7月　武漢国民政府、中国共産党・コミンテルンと絶縁、コミンテルン「27年テーゼ」決定
		8月　中国共産党、南昌起義
		9月　武漢国民政府、南京国民政府に合流
		10月　第1次間島共産党事件
	12月　『労農』創刊	11-12月　陸豊・海豊ソヴィエト、広州ソヴィエト成立
		12月　ソ連共産党第15回大会、トロツキーを除名。国民政府、ソ連へ断交を通告
1928年	2月　非合法機関紙『赤旗』創刊、第16回総選挙（初の普通選挙）、朝鮮共産党・高麗共産青年会日本支部検挙	2月　第4次朝鮮共産党成立
	3月　3・15事件、全日本無産者芸術連盟（ナップ）結成	3月　プロフィンテルン第6回大会開催
	4月　評議会・労働農民党・全日本無産青年同盟解散命令、第二次山東出兵、日本共産党台湾民族支部（台湾共産党）創立	
	5月　ナップ機関誌『戦旗』創刊	5月　中国、済南事件
	6月　治安維持法緊急勅令により改正、改造社『マルクス・エンゲルス全集』全29巻刊行	6月　中国共産党第6回大会開催
		7-9月　コミンテルン第6回大会
		8月　不戦条約調印
		9月　第2次間島共産党事件
	10月　渡辺政之輔、基隆で没	10月　ソ連、第1次5カ年計画開始
	11月　天皇即位の礼（御大典）	
	12月　日本労働組合全国協議会（全協）結成	12月　中国、東北易幟
	この年　アメリカ共産党日本人部確立	
1929年	2月　中野重治「雨の降る品川駅」発表（『改造』1929年2月号）	1月　トロツキー国外追放
	4月　4・16事件	

	6月　佐野学、上海で逮捕	
	7月　田中清玄・佐野博が共産党中央委員会を掌握（武装共産党）	7月　コミンテルン執行委員会、ブハーリンを解任
		10月　世界恐慌勃発
	11月　日本反帝同盟正式発足	11月　中国共産党、陳独秀を除名
	12月　在日本朝鮮労働総同盟、解消声明を発して全協に合流	
	年末　ドイツ共産党日本人部確立	
1930年	2月　共産党シンパ事件により文化運動関係者検挙	3月　第3次間島共産党事件
		5月　第4次間島共産党事件
	6月　全協刷新同盟結成	6月　中国共産党、李立三路線を採用
	7月　武装共産党検挙により『赤旗』停刊	7月　紅軍、長沙を占領→長沙ソヴィエト樹立
		9月　中国共産党、李立三路線を放棄
1931年	1月　風間丈吉が共産党中央委員会を掌握（非常時共産党）、『赤旗』再刊	1月　中国共産党中央委員会、王明が実権掌握
	6月　日本共産党公判闘争開始（～32年7月、10月第1審判決）	6月　ヌーラン事件により上海のコミンテルン拠点に打撃
	9月　満洲事変勃発	
	10月　朝鮮共産党日本総局解散	
	11月　日本プロレタリア文化連盟（コップ）結成	11月　毛沢東、中華ソヴィエト共和国樹立
1932年	1月　第1次上海事変	3月　「満洲国」建国宣言
	3月　コップ関係者検挙	
	5月　5・15事件	7月　コミンテルン「32年テーゼ」発表
		8月　アムステルダム反戦大会
	10月　銀行ギャング事件	
	11月　岩田義道拷問死	
1933年	1月　山本正美、共産党中央委員会を再建	1月　ヒトラードイツ首相に就任、ドイツ共産党非合法化
	2月　小林多喜二拷問死、全協一斉検挙、熱河侵攻	
	3月　国際連盟脱退	
	5月　野呂栄太郎、共産党中央委員会を掌握	
	6月　佐野学・鍋山貞親、獄中で転向声明発表	9月　極東反戦大会開催、中国共産

		党満洲省委員会により東北人民革命軍組織
	11月　野呂栄太郎検挙（34年2月没）	11月　アメリカのソ連承認、片山潜モスクワで没
	12月　スパイ査問事件により宮本顕治逮捕	
1934年	5月　日本共産党中央奪還全国代表者会議（多数派）成立	5月　京城帝大事件
	9月　野坂参三、アメリカ入り	9月　ソ連国際連盟加盟
	10月　宮内勇・山本秋（多数派）検挙	10月　中国共産党、長征開始（～36年10月）
1935年	2月　『赤旗』187号で停刊	1月　毛沢東、中国共産党の実権掌握
	4月　袴田里見検挙	
	夏　海上共産主義グループ結成	7-8月　コミンテルン第7回大会
	10月　「多数派」解散、関西地方委員会へ	8月　中国共産党「8・1宣言」
1936年	1月　関西地方委員会検挙	
	2月　2・26事件	
		3月　東北人民革命軍、東北抗日聯軍に再編成
		7月　スペイン内戦開始（～39年3月）
		12月　西安事件
1937年	7月　盧溝橋事件により日中戦争全面化	8月　中国共産党の紅軍、八路軍に改編
		9月　第2次国共合作成立
	11月　山本懸蔵逮捕（39年3月銃殺）、日本軍南京占領	
	12月　第1次人民戦線事件（日本無産党、日本労働組合全国評議会関係）	
1938年	1月　第1次近衛声明	
	2月　第2次人民戦線事件（教授グループ）	
		3月　ソ連での日本人逮捕のピーク
	4月　国家総動員法公布	
	9月　日本共産主義者団検挙（春日庄次郎ら）	

	10月　第1次京浜グループ検挙（芝寛・古在由重ら）	
		12月　中国、日本人民反戦同盟結成
1939年		9月　第2次世界大戦勃発
1940年		3月　野坂参三、延安入り
	5月　第2次京浜グループ検挙（山代吉宗・山代巴ら）	
	9月　阪神地方党再建グループ検挙（岸本茂雄ら）	
		11月　延安に日本労農学校開校
1941年		6月　独ソ戦開始
	10月　ゾルゲ事件検挙	
		11月　合作社事件
	12月　太平洋戦争開戦、予防拘禁実施	
1942年		4月　中国共産党、整風運動開始
		6月　在華日本人共産主義者同盟結成
		9月　第1次満鉄調査部事件
1943年		6月　コミンテルン解散
		7月　第二次満鉄調査部事件
1944年	11月　尾崎秀実・ゾルゲの死刑執行	
1945年		4月　中国共産党第7回大会、野坂「民主的日本の建設」演説
		5月　ドイツ降伏
	8月　日本降伏	9月　野坂モスクワ帰還
	10月　政治犯釈放、自由戦士出獄歓迎人民大会、在日本朝鮮人連盟結成	
	11月　日本社会党結党大会	
	12月　日本共産党第4回大会、衆議院議員選挙法改正公布（旧植民地出身者の参政権停止）、新日本文学会結成	
1946年	1月　野坂参三帰国	
	2月　日本共産党第5回大会（占領下平和革命論）、部落解放全国委員会結成	
		3月　チャーチル「鉄のカーテン」演説
	4月　第22回総選挙（共産党5議席）	
		5月　ソ連軍、旧満州から撤退完了
	6月　連合国占領軍の占領目的に有	

	害な行為に対する処罰等に関する勅令（勅令311号）公布	7月　中国、国共内戦再開
	8月　日本労働組合総同盟（総同盟）・全日本産業別労働組合会議（産別）結成	8月　北朝鮮労働党成立（平壌）
	10月　産別10月闘争	
		11月　南朝鮮労働党成立（ソウル）
1947年	1月　2・1スト中止命令	
	2月　徳田球一・志賀義雄『獄中18年』刊行	2月　台湾2・28事件
		3月　トルーマン・ドクトリン発表
	4月　第23回総選挙（共産党4議席）	
	6月　片山社会党連立内閣成立	
	7月　日本共産党創立25周年記念大会	
		10月　共産党・労働者党情報局（コミンフォルム）設置
	12月　日本共産党第6回大会（地域人民闘争方針）	
1948年		1月　米陸軍長官ロイヤル演説「日本を反共の防壁に」
	2月　産別民主化同盟結成	
	3月　芦田連立内閣成立	
	4月　ソ連帰還者生活擁護同盟結成、阪神教育闘争	4月　済州島4・3事件
		5月　南朝鮮単独選挙実施
	6月　日本共産党華僑・留学生細胞結成	
		8月　大韓民国成立
	9月　全日本学生自治会総連合（全学連）結成	9月　朝鮮民主主義人民共和国成立
	12月　経済安定9原則発表	
1949年	1月　第24回総選挙(共産党35議席)	1月　中国人民解放軍北京入城、ミコヤン北京訪問
	2月　朝鮮人の共産党集団入党はじまる	
	3月　ドッジ=ライン実施	
	4月　団体等規正令公布・施行	
	5月　行政機関職員定員法公布	
	6月　日鋼広島争議、「9月革命説」提起	6月　劉少奇使節団、モスクワ訪問
	7-8月　下山事件、三鷹事件、松川事件	7月　朝鮮労働党成立
	9月　団体等規正令により在日本朝	

	鮮人連盟強制解散、「中西意見書」による党中央批判	9月　ソ連、原爆保有公表
		10月　中華人民共和国成立
		11月　世界労連アジア大洋州労働組合会議(北京、「劉少奇テーゼ」発表)
	12月　共産党民族対策部組織	12月　毛沢東ソ連訪問
1950年	1月　コミンフォルム批判への「所感」発表	1月　コミンフォルムによる日本共産党批判（「日本の情勢について」）発表、中国共産党この批判を支持
	1-4月　「志賀意見書」による党中央批判	
	5月　マッカーサー、共産党非合法化声明	
	6月　臨時中央指導部設置、ＧＨＱによる共産党員公職追放、朝鮮戦争勃発により『アカハタ』刊行停止、祖国防衛委員会結成	6月　朝鮮戦争勃発
	7月　日本労働組合総評議会（総評）結成、レッド・パージ開始	
		8月　国際労働組合左翼労働団体支援基金発足
	9月　国際派、全国統一委員会結成直後に『人民日報』9・3論評発表で組織瓦解	
		10月　中国人民志願軍が朝鮮戦争参戦、徳田ら北京へ密航
	10月　勅令第311号、政令第325号（占領目的阻害行為処罰令）に改正	11月　野坂「共産主義者と愛国者の任務―力には力をもって闘え」発表
1951年	1月　在日朝鮮統一民主戦線（民戦）結成大会	
	2月　主流派単独で日本共産党第4回全国協議会（四全協）開催、軍事方針を決定	
		4-8月　モスクワで日本共産党新綱領起草作業（ソ連共産党・中国共産党）
		8月　コミンフォルム機関紙、四全協決議を支持、国際「諸派」解体
	9月　サンフランシスコ会議開催、講和条約・日米安全保障条約調印	
	10月　日本共産党第5回全国協議会（五全協）開催、「51年綱領」採択	
	11月　出入国管理令施行、日本社会党分裂	
1952年	2月　軍事テーゼ「中核自衛隊の組	

	織と戦術」公表、反植民地デー以降武装闘争が激化	
	4月　講和条約発効・独立回復	
	5月　『アカハタ』復刊、メーデー事件	5月　自由日本放送開始
	6月　吹田事件	
	7月　徳田「日本共産党創立30周年に際して」『恒久平和と人民民主主義のために』に掲載され武装闘争中止へ、大須事件、破壊活動防止法公布・施行、公安調査庁設置	
	10月　第25回総選挙(共産党0議席)	
		12月　北京での伊藤律軟禁はじまる(〜79年)
1953年		3月　スターリン没
	4月　第26回総選挙（共産党1議席）	
	6月　第1次総点検運動開始	7月　朝鮮戦争休戦協定
		8月　北朝鮮、国内派（朴憲永、林和ら）・ソ連派（許嘉誼）逮捕、ソ連水爆保有
		10月　フルシチョフソ連共産党第1書記に選出、徳田球一北京で客死
	12月　第2次総点検運動開始	
1954年		2月　中国、高崗自殺
	3月　ビキニ事件	
		6月　ネルー・周恩来会談で「平和5原則」共同声明
	9月　神山派除名	7月　インドシナ戦争休戦（北緯17度線での分断)、南日北朝鮮外相「在外公民」声明
	10月　中国紅十字団（李徳全使節団）訪日	10月　フルシチョフの北京訪問、平和共存路線への転換
		この年はじめ　ソ連共産党、金日成個人崇拝を批判
1955年	1月「党の統一とすべての民主勢力との団結」(1・1方針）公表、軍事路線自己批判	
	2月　第27回総選挙（共産党2議席、改憲阻止のための革新協力選挙）	
		4月　アジア＝アフリカ会議開催
	5月　民戦解散、在日朝鮮人総連	5月　ワルシャワ条約機構設立

	合会（朝鮮総連）結成	
	7月　共産党民族対策部解散、日本共産党第6回全国協議会（六全協）開催＝議会主義への転換	
	8月　第1回原水禁世界大会開催	
	8月　部落解放全国委員会、部落解放同盟に改称	
	10月　社会党統一	
	11月　自由民主党結成（保守合同）	
		12月　自由日本放送終了、北朝鮮「主体（チュチェ）演説」
1956年		2月　ソ連共産党第20回大会、スターリンへの個人崇拝批判
		4月　コミンフォルム解散
	5月　神山派除名取り消しを発表（神山の復党は58年3月）	5月　中国「百花斉放、百家争鳴」
		6月　北朝鮮、8月宗派事件（ソ連派・延安派の粛清）
	9月　椎野悦朗党中央委員を罷免、志田重男「離党」確認	
	10月　砂川町第2次測量中止、日ソ共同宣言調印（日ソ国交回復）	10月　ハンガリー事件
	12月　上田耕一郎『戦後革命論争史』上巻刊行（57年1月下巻刊行）	12月　イタリア共産党第8回大会トリアッティ「社会主義へのイタリアの道」発表
1957年		3月　北京学校閉鎖
		6月　中国、反右派闘争はじまる
	9月「日本共産党党章草案」発表	
	12月　革命的共産主義者同盟（革共同）結成	12月「社会主義国の共産党・労働者党会議の宣言」（12カ国モスクワ宣言）発表、平和的共存・社会主義への平和的移行を主張
1958年		2月　中国、北朝鮮からの撤兵を通告
		3月　ソ連、核実験の一方的停止を通告
	5月　第28回総選挙（共産党1議席）	
	6月　全学連6・1事件、党中央による全学連幹部処分へ	
	7月　日本共産党第7回大会、「党章草案」をめぐり紛糾	
	12月　共産主義者同盟（共産同・ブント）結成	

1959年		1月　キューバ革命
	3月　安保改定国民会議結成	
	5月　『現代の理論』創刊（9月、規律違反として強制的に廃刊）	
		9月　中ソ対立表面化
	12月　北朝鮮への第1回帰国船、新潟を出港	
	12月　東京・港地区委員会除名（60年4月ブントに合流）	
1960年	1月　民主社会党（民社党）結成、三菱長崎造船所細胞離党（長崎造船社会主義研究会結成）、三池争議はじまる	4月　中国、ソ連の平和共存路線を批判
		5月　ソ連領内でアメリカ偵察機撃墜
	6月　新安保条約自然成立	
	7月　福岡大正炭鉱細胞離党	
	9月　愛知県渥美細胞離党	
	10月　浅沼稲次郎刺殺事件、アピール「さしあたってこれだけは」発表（→規律違反で処分）	11月　「共産党・労働者党代表者会議の声明」（81カ国モスクワ声明）発表
	11月　第29回総選挙（共産党3議席）	
	12月　政府、国民所得倍増計画決定	
1961年	2月　社会党、構造改革論を決定（社会主義への平和的移行）	
	4月　アメリカ大使ライシャワー日本着任	5月　韓国軍事クーデター、朴正熙実権掌握
	5月　大阪中電細胞脱党	
	7月　春日庄次郎離党届（除名）、新日本文学会党員グループなど各地で反対派の離党声明・抗議声明発表	8月　「ベルリンの壁」構築
	8月　日本共産党第8回大会、「日本共産党綱領草案」満場一致で採択	9月　ソ連核実験再開
	10月　社会主義革新運動準備会創立総会	
	11月　日本朝鮮研究所設立	
1962年		3月　アルジェリア戦争終結
	4月　全日本労働総同盟組合会議（全労、民社党系）結成	
	5月　統一社会主義同盟結成	
	7月　『日本共産党の40年』発表	

	8月　第8回原水禁世界大会、ソ連核実験への抗議をめぐって紛糾	
		10月　キューバ危機
1963年	1月　共産党中央委員会『平和と社会主義の諸問題』を「日本語版」から「日本版」に変更	
	3月　波多然ら離党声明	
		7月　部分的核実験禁止条約調印
	8月　共産党、部分的核実験禁止条約不支持表明（中国共産党支持を公然化）、第9回原水禁世界大会共産党系のみで開催＝原水禁分裂	
	9月　宮本顕治「自主独立」の立場を表明（ＮＨＫ教育テレビに出演）	
		10月　北朝鮮、ソ連を「現代修正主義」と批判
	11月　第30回総選挙（共産党5議席）、『アカハタ』でも「自主独立」明文化	11月　ケネディ暗殺
		12月　朴正熙、韓国大統領に就任
1964年	4月　共産党、4・17スト反対声明	
	5月　国会で志賀義雄・鈴木市蔵、部分的核実験禁止条約に賛成票→志賀・鈴木除名	
	6月　渡部義通、野間宏、国分一太郎、佐多稲子、丸木位里ら党中央批判	
	7月　志賀・鈴木、日本のこえ同志会結成	
	9月　神山茂夫・中野重治除名	
		10月　フルシチョフ解任、中国の原爆実験成功
	11月　公明党結成大会、第7次日韓会談開始（アメリカの圧力）、日本共産党第9回大会（「自主独立」を掲げて教条主義を批判）	
1965年	2月　アメリカ軍北ベトナム爆撃（北爆開始）、原水爆禁止国民会議（原水禁）結成	1月　韓国、南ベトナムへの工兵隊派兵決定（7月戦闘部隊派遣決定）、毛沢東による劉少奇批判
	6月　日韓基本条約調印	
	8月　日本民主主義文学同盟結成	
		9月　インドネシア9・30事件（共産党員への弾圧）
		11月　文化大革命の口火切られる
1966年	3月　宮本顕治訪中、毛沢東と会談	

	→日本共産党と中国共産党の関係悪化	
	7月　政府、三里塚を空港用地として閣議決定	
		8月　中国、紅衛兵100万人集会
	9月　原田長司ら除名（→日本共産党山口県委員会（左派）へ）	
	10月　北京留学中の党員4名・大塚有章・西沢隆二ら除名、日中友好協会分裂、日本共産党第10回大会	10月　アメリカでブラックパンサー党結成
1967年	1月　第31回総選挙（共産党5議席）	
	2月　善隣会館事件、『世界革命運動情報』発刊	
	4月　東京都知事に美濃部亮吉（社共推薦）当選	
		6月　朝鮮労働党、「唯一思想体系」採択
	10月　第1次羽田闘争、羽田10・8救援会発足	
1968年	1月　東大医学部学生自治会無期限スト突入、米原子力空母エンタープライズ佐世保寄港	1月　北朝鮮、南派ゲリラ事件
		4月　チェコスロバキア「プラハの春」
	5月　日大全学共闘会議結成	5月　パリ5月革命
	8月　宮本顕治訪朝	8月　ソ連軍・ワルシャワ条約機構軍、チェコ侵攻
	→日本共産党と朝鮮労働党の関係悪化	11月　北爆全面停止
1969年	1月　東大安田講堂、機動隊により封鎖解除	1月　ベトナム和平拡大パリ会談
	2月　救援連絡センター発足	
		3月　ダマンスキー島事件（中ソの国境紛争）
	6月　沖縄全軍労24時間スト	
		9月　ホー・チ・ミン没
	12月　第32回総選挙（共産党14議席）、社会党50議席減の惨敗	
1970年		4月　米軍・南ベトナム軍カンボジアに侵攻、北爆再開
	6月　部落解放同盟正常化全国連絡会議（正常化連）結成	
	7月　日本共産党第11回大会、はじめて公開で開催、中央委員会幹部会委員長（新設）に宮本顕治、書	

	記長に不破哲三を初選出	
1971年	1月　日韓条約による協定永住権申請締切	
	2月　三里塚第1次行政代執行	
	6月　沖縄返還協定調印、共産党「プロレタリア独裁」を「プロレタリア・ディクタトゥーラ」へ変更	
1972年	2月　浅間山荘事件	2月　ニクソン訪中
	5月　沖縄の施政権返還（沖縄県発足）、民青系活動家への「査問」（新日和見主義事件）	
	7月　『日本共産党の50年』発表	
	9月　日中共同声明調印	
	10月　第33回総選挙（共産党38議席）、共産党躍進・社会党復調	
1973年	1月　ベトナム和平協定調印	
	8月　金大中事件	
	10月　6大都市、すべて革新市長に	10月　第4次中東戦争勃発→オイル・ショック
1974年	6月　春日一幸（民社党）、宮本顕治の「スパイ査問事件」への関与を国会で質問	
1975年	4月　ベトナム戦争終結	
	7月　日本共産党と創価学会との合意についての協定発表	
	12月　立花隆「日本共産党の研究」連載開始（『文藝春秋』）	
1976年	2月　ロッキード事件	
		4月　第1次天安門事件（周恩来追悼禁止措置への抗議を弾圧）、カンボジアでポル＝ポト政権成立
		9月　毛沢東没、「四人組」逮捕
	12月　第34回総選挙（共産党17議席）	
1977年		8月　文化大革命終結宣言
	12月　袴田里見除名	
1979年	10月　第35回総選挙（共産党39議席）	
1980年	1月　社公合意（社会党と公明党の連立政権を目標とした合意）	
	5月　宮本顕治、「民主連合政府の当面の中心政策」発表	5月　韓国光州事件
	6月　第36回総選挙（共産党29議席）	
1982年	7月　日本共産党第16回大会、中央	

	委員会名誉議長（新設）に野坂参三、中央委員会議長に宮本顕治、中央委員会幹部会委員長に不破哲三が就任	
1983年	12月　第37回総選挙（共産党26議席）	
1984年	9月　原水協代表理事吉田嘉清解任・除名→江口朴郎、古在由重離党	
1985年		3月　ソ連共産党書記長にゴルバチョフ就任、ペレストロイカ開始
		9月　プラザ合意
1986年		4月　チェルノブイリ原発事故
	7月　第38回総選挙（共産党26議席）	
		12月　ソ連、サハロフ夫妻の流刑解除
1987年		6月　韓国民主化宣言
		7月　台湾戒厳令解除
1989年		6月　第2次天安門事件
		8月　東ドイツ市民約1000人、オーストリアに脱出→東欧民主化へ
		11月　「ベルリンの壁」崩壊
1990年	2月　第39回総選挙（共産党16議席）	
1991年		12月　ソ連解体
1992年	8月　野坂参三に関する旧ソ連・コミンテルン文書の連載開始（『週刊文春』～10月）	
	12月　野坂参三除名	
1993年	1月　不破哲三「日本共産党に対する干渉と内通の記録」連載開始（『赤旗』～6月）	
	2月　村田陽一編『資料集　初期日本共産党とコミンテルン』刊行（1980年代後半に閲覧可能となったコミンテルン文書を収録）	
	7月　第40回総選挙（共産党15議席）	
1994年	2月　和田春樹「歴史としての野坂参三」発表（『思想』）	

戦後日本共産党中央機関紙誌一覧

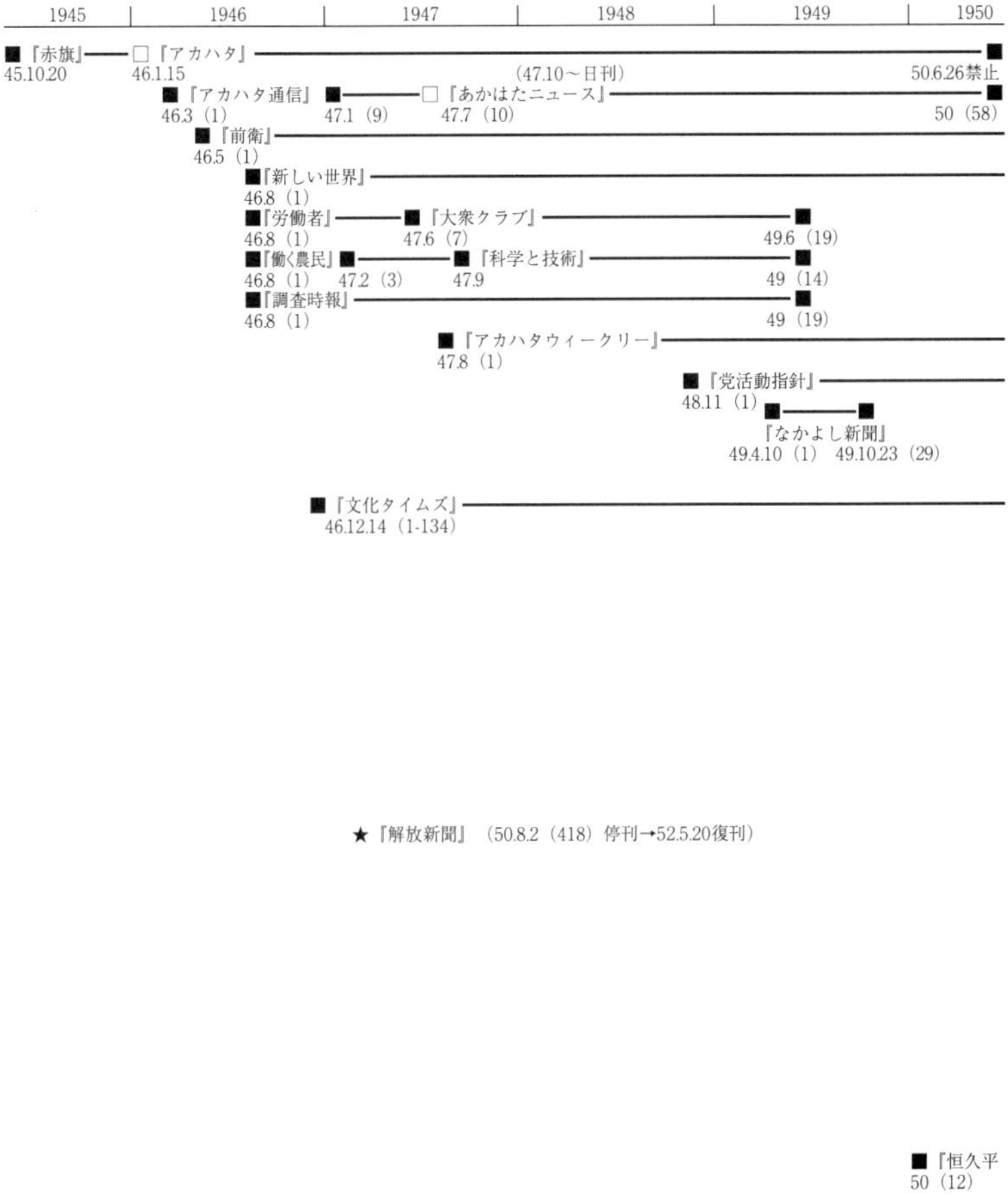

注：1950-51 年にかけて東京・大阪・兵庫・広島などで出回った『革命戦士』（日本共産党中国地方委員会）など国際派の事実上の中央機関紙は採録できていない。

一部の機関誌は偽装のため、以下のように誌名を変えていた。『党建設者』＝1-5『岩塩』・6（無題）・7-10『実務必携（小）』・験と観察』・33『あすの装い』。『内外評論』＝12, 14『古書目録　地質・土壌関係古書の部（春野書店）』・17-20『造林（林野会編）』・37-38『工学便覧』。『恒久平和と人民民主主義のために』＝別タイトル『国際週報』・『若葉』・『世界問題研究所資料』・

1951 | 1952 | 1953 | 1954 | 1955

■ 52.5.1

■ 54（76）

■ 50.9.13禁止（116）

■ 51.9.4禁止

■『平和と独立』50.8.12（1）— 52.3.27（138）■『平和と独立のために』52.3.28（139）— ■ 55.5.12（407）

■『新文化』50.7.24禁止（135-146）

■『民主日本』50.7?-50.9.30禁止（1-60）

■『自由』50.10.4-11.7禁止（1-21）

■『平和の友』50.12.21禁止（1-15）

■『平和のこえ』50.12?-51.1.23禁止（1-12）

■『人民新聞』51.1.29-3.27禁止（1-20）

■『平和新聞』51（1）

■『平和にっぽん』51（1-5）

■『内外評論』51.2.8（12）→51.11.14禁止

■『国民評論』52.4?（39）— ■ 54.3（60）

■『党建設者』51.6.10（1）— ■ 52.9.15（33）

■『党建設者』53（1-16）

■『党建設』53.9?（1-52）— ■ 55

■『世界通信』51

【軍事委員会文書】

『孟子抄』・『栄養分析表』・『料理献立表』・『Vノート』・『さくら貝』

『人生案内』・『山鳩』・『新しいビタミン療法』・『味の粋　たべある記』

■『組織者』52.3?〜53.11

■『軍事ノート』52.5.21〜（3-7）

■『国民の武装のために』52.5.24〜

■『中核』53.4〜

■『国民の星』54?〜

■『国会だより』52

■『国民の友』52.6?〜

和と人民民主主義のために』— ■ 55（343）

■『アルプス・ノート』52.7-8（3-6）

■『組織ノート』52.7-9（14-18）

■『労農通信員』52.8?-53.12（5-44）

■『星』52.12-53.5

■『政策時報』53

■『調査と政策』53.9? - - - ■

■『世界の友』53

11-15『電気工学便覧（小）』・16-19『電気溶接』・20『苗木のそだてかた』・21-25『益鳥と害鳥』・26-27『水害対策』・28-31『実
愛護協会報）』・21-24『短波（電波技術テキスト）』・25-29『健康法（国民体育促進協会）』・30-36『球根栽培法（家庭園芸研究
『国際知識』・『世界通信』・『金融世界』・『週刊世界』。